华章图书

一本打开的书,一扇开启的门,
通向科学殿堂的阶梯,托起一流人才的基石。

www.hzbook.com

INTELLIGENT RISK MANAGEMENT
Credit Scoring Techniques and Risk Strategy

智能风控

评分卡建模原理、方法与风控策略构建

张伟 ◎ 著

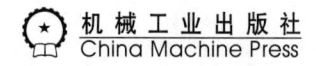

机械工业出版社
China Machine Press

图书在版编目（CIP）数据

智能风控：评分卡建模原理、方法与风控策略构建 / 张伟著 . -- 北京：机械工业出版社，2021.11
（金融科技）
ISBN 978-7-111-69567-7

I. ①智… Ⅱ. ①张… Ⅲ. ①金融风险 - 风险管理 Ⅳ. ① F830.9

中国版本图书馆 CIP 数据核字（2021）第 231678 号

智能风控：评分卡建模原理、方法与风控策略构建

出版发行：机械工业出版社（北京市西城区百万庄大街 22 号　邮政编码：100037）
责任编辑：韩　蕊　　　　　　　　　　　　责任校对：殷　虹
印　　刷：三河市宏达印刷有限公司　　　　版　　次：2022 年 1 月第 1 版第 1 次印刷
开　　本：186mm×240mm　1/16　　　　 印　　张：15
书　　号：ISBN 978-7-111-69567-7　　　　定　　价：89.00 元

客服电话：（010）88361066　88379833　68326294　　　投稿热线：（010）88379604
华章网站：www.hzbook.com　　　　　　　　　　　　读者信箱：hzjsj@hzbook.com

版权所有·侵权必究
封底无防伪标均为盗版
本书法律顾问：北京大成律师事务所　韩光 / 邹晓东

赞誉

本书提供了模型设计、开发、验证、部署、监控、优化的完整解决方案，更对模型可解释性、模型优化思路以及业务策略决策进行了深入讲解，细节之处能引起风控从业者的共鸣。

——冯海杰　360数科高级模型算法工程师

我非常欣慰地看到，本书作者作为智能风控行业资深业务和技术专家，将自己多年智能风控工作经验凝结成精华，并与广大从业者分享。本书系统地介绍了评分建模技术的方方面面，逻辑严谨、结构清晰、条理性强。贴近业务是本书的一大特色，读者可以将书中内容运用到实际工作当中。

——徐加余　上海新金融风险实验室风控专家、研究总监

本书结合风控场景及策略应用，系统地介绍了评分卡构建的全流程，并提供了可执行的代码，是一本针对风险模型开发和策略构建的技术指南和实战手册。

——toad开发团队（数禾科技AI平台负责人周伟鹏，

中原消金风险模型贷中负责人周夕钰，

平安消金量化策略负责人董少乾）

本书详细介绍了评分建模技术在风险量化管理中的全流程应用，包括数据、模型、策略等方面，是评分建模技术实战应用领域不可多得的参考书。

——谢世晨　评分卡建模R和Python包scorecard/scorecardpy作者

伴随着银行业的高速发展和金融科技的精准赋能，评分建模技术在国内信贷业务中已经得到了广泛应用。本书作者立足于零售信贷业务风险全流程，从业务需求理解到模型设计、开发、验证和落地部署，读罢酣畅淋漓，推荐大家阅读。

——孙耀武　DataVisor（维择科技）高级风控顾问，公众号"正阳咨询"维护者

本书从业务理解、方案设计到特征工程、模型开发，再到模型部署、监控及调优等方面，对信贷风控中的评分建模进行了全方位的介绍，兼具实用性和操作性。本书是信贷领域不可多得的优秀著作，是作者秉着工匠精神对自己实践经验和思考心得的精彩记录，值得从业者深入研读。

——李晨　融资租赁行业风险分析师，公众号"风控猎人"维护者

数字化风险管理是当代金融科技绿色发展的主命题之一，其中评分建模技术和量化风控策略体系，是决定风险管理数字化效能与程度的两大支柱。本书在建模全流程、金融场景数据、模型策略应用做出了非常有价值的总结，相信能帮助读者快速建立数字化风控的思维和扎实的方法论。

——梁辰龙　FAL 创始人

本书强调了评分建模和风控策略要注重对业务需求的深入分析，并且系统性地介绍了评分建模的相关知识，引导读者树立全局性、系统性的思维，帮助读者从点到面，理解评分建模。

——赵丹　公众号"丹心一片红彤彤"维护者

本书凝聚了作者在智能风控领域工作十多年的心得和体会，详细地介绍了评分建模的全流程及其在风控策略中的应用，辅以实战案例，是市面上不可多得的关于评分模型的图书。

——蔡主希　前京东数科/滴滴金融风控模型专家，《智能风控与反欺诈》作者

本书详细地讲解了评分卡模型的构建方法，由浅入深、理论和实践结合，全方位地展现如何从 0 到 1 打造风险评分模型，是一本很好的风控建模参考图书。

——郑江　资深风控专家兼资深产品专家，《智能风控平台架构、设计与实现》作者

Foreword 序

"这是最好的时代,也是最坏的时代。"

伴随着中国金融改革的持续深化,在政策引导、需求拉动、技术推动、银行内驱等多方面因素的共同作用下,国内银行零售信贷特别是消费金融行业蓬勃发展。具体来说,在政策引导方面,国家大力支持和推进普惠金融及消费金融发展,不断规范互联网金融行业发展,陆续出台了一系列面向银行零售信贷(特别是互联网金融)的行业政策和法律法规,发布了一系列金融科技的行业技术标准和规范。在需求拉动方面,随着新生代人群逐渐成为社会消费主力军,社会信用消费理念和信用消费习惯不断深入,移动互联网线上消费逐渐成为常态,国内消费金融需求空间和发展潜力巨大。在技术推动方面,近些年金融科技技术特别是移动互联网、大数据、人工智能等技术在金融行业得到了广泛应用,为金融行业风控、营销、运营方面带来了深层次的变革,极大地提升了金融服务的效率。在银行内驱方面,各大银行和互联网机构陆续将零售业务作为发展重点,积极布局消费金融业务,积极进行业务转型,纷纷将金融科技赋能能力作为银行数字化转型的核心竞争力。

我们需要看到事情的另一面——近些年来,互联网金融不规范发展带来的社会问题不容忽视,金融科技标准和应用安全问题也亟待规范,金融科技核心技术的基础理论研究和应用研究仍然面临挑战,金融机构本身对金融科技的应用能力有待进一步提升。金融机构业务转型、金融科技赋能、数字化转型虽取得了一定的阶段性成果,但未来面临的问题和风险也需要积极应对,而应对这些机遇和挑战的其中一个很重要的手段是金融科技的应用。

金融业务发展的核心在于风险管理,其中信用评分技术是风险计量的关键技术,发展至今已六十余年,在金融业得到广泛和深入的应用,已成为金融风险管理和分析人员必备的核心技能。信用评分是以个人或企业信息为基础的一项分类工作,它广泛应用于个人信贷、信用卡、消费金融、对公信贷等业务场景。

传统信用评分主要是以统计方法为基础,近年来越来越依赖机器学习的方法,并且伴随着大数据和另类数据的应用焕发出新的生命力。除信用评分模型之外，还要专门建立反欺诈模型，以及面向营销端的评分模型等。

评分模型是一个复杂的系统性工程，包含了从源数据的收集与使用、模型的构建与开发、模型有效性的度量与验证、模型工程化上线实施以及模型风险管理等方面。此外，近些年来伴随着智能风控理念的深化，传统评分技术和智能风控技术相结合已逐渐成为风控分析人员技能的标配。

本书作者是我在上海交通大学上海高级金融学院的学生，研究领域是风险管理和金融科技，在金融风险管理特别是智能风控方面从业十余年，对信用风险和市场风险管理以及对传统风控和智能风控有较为深厚的理论基础和丰富的实战经验。本书基于其多年风险管理和智能风控实践经验，对上述问题进行了全面阐述，理论基础扎实，逻辑结构清晰，全面介绍了覆盖信用评分所涉及的数据基础、特征衍生、模型设计、模型开发、模型验证、模型部署、模型监控、模型优化等技术，是风险评分领域不可多得的实战手册和参考书，推荐风险分析从业者和在校学生使用。

李祥林

上海交通大学上海高级金融学院实践教授

中国金融研究院副院长

Foreword 序 2

我国消费金融业务自 2015 年步入快车道以来，在之后的 5 年间一直保持约 20% 的年均增速。2020 年中国消费信贷市场迎来转折之年。市场面临低利率环境下利润空间收窄、市场竞争加剧以及不良资产快速增长三大挑战。消费信贷市场将告别高增长，逐步转向规范化的成熟经营模式。

在新的市场环境下，金融科技全面赋能消费金融价值链，将成为银行、消费金融公司、互联网小贷等消费信贷机构未来 5 年的核心竞争力之一。以大数据、人工智能、区块链等为代表的新一代信息技术将广泛应用于消费金融全价值链，赋能金融机构优化客户经营、提高运营效率、加强风险管控能力。以风控应用为例，人工智能、大数据等技术将进一步应用于客户身份识别、反欺诈、风险监控及预警等信贷全流程的各个环节。智能风控作为金融科技的核心能力，经过最近几年的发展，虽然在概念上已经被广泛接受，但在具体实践中仍然困难重重。其中最根本的原因是智能风控是一项系统工程，不仅技术是必要的基础，对业务流程、体制机制、监管政策、商业模式等的深入理解也是不可或缺的。只有将技术理论与应用场景相结合，有的放矢地进行实施，才能创造出最大的商业价值。

本书作者拥有十余年金融风险管理和智能风控领域业务策略、量化建模、解决方案、风控体系建设等工作经验，是消费金融及金融科技行业的专家。他在本书中，以通俗的语言将丰富的实践经验和扎实的理论基础进行总结，介绍了信贷风险模型的各种类型和应用范围及场景。

本书结合统计学理论及前沿的建模工具及算法知识，透彻地解析了信贷风险模型的核心概念、基本原理理论、数理形式及应用范畴，特别是在模型的建立和应用方面使用了大量的篇幅，详细介绍了模型建立的具体步骤以及可能出现的各种实际问题及解决方案。在实践应用方面，我认为是本书与其他类似的专业图书最大的区别所在，很多这一领域里的专业图书只注重介绍模型的理论模式，在实际应用方面的阐述和分析则篇幅有限。本书在模型应用方面提供了详尽的解析并列举了实际案例，可称为在信贷风险管理领域里难得一见的实用性很强的参考文献。

本书对金融、信贷方面的学术研究和实际商业操作都具有很高的参考价值，信贷领域的专业风险管理、业务从业人员以及职业经理人将会从本书中汲取丰富的专业理论支持和应用实例借鉴。

对于中国消费信贷机构来说，只有适应时代的发展，努力提升自身的硬实力，才能在全新发展阶段中捕捉机遇。而其中最重要的一项能力就是数字化、智能化风险管理体系的建立及迭代升级，不断提升数据模型在核心风控决策中的应用。比如全渠道获客，针对全域流量的精细化、智能化经营，提升获客风控协同；差异化存量客户运营，建立精细化存量客户分群并有针对性地进行差异化经营及客制化产品创新；智能化贷后管理，建立并优化模型驱动的精细化客户分群，匹配差异化的催收策略。

我相信，通过阅读本书及不断地自我实践，读者能够在自己的岗位和机构有所突破，为中国消费信贷的发展贡献一份力量。

乔　杨

乐信集团首席风控官（CRO）

大数据在金融营销和风控领域已取得了非常成功的应用，国内很多金融从业者乐观地认为中国在金融大数据应用上已经实现了弯道超车，成为行业的引领者。殊不知国内很多人对于大数据的含义和精髓并没有完全理解，甚至片面地认为大数据时代就应拼命引入各种数据，谁使用了最多的数据，谁就是胜利者。

随着零售信贷跑马圈地时代的终结以及国家对数据监管力度的加强，数据成为了有限资源。对数据的精耕细作才是大数据时代的精髓这一理念终于被中国金融业界普遍接受，而评分模型和各类机器学习模型的使用，就是对数据进行精耕细作的终极模式之一。

在过去的20年里，国内金融界从对模型并没有什么概念，到现在将模型应用于各种场景，甚至不断追求使用各种新奇高级复杂的模型，似乎只有拿"机器学习""深度学习"等词语来做噱头才有人愿意关注，忘记了基于逻辑回归的评分卡模型本来就是机器学习方法的一种。回想当年我在美国拿到经济学博士学位后，曾在美国某大学教大一学生的经济学，在任教的第一个月里，我被好问的美国学生提出的无数个貌似简单的问题轰得怀疑人生，不得不重新把所学过的经济学理论重新思考一遍。

我与本书作者张伟曾在某知名咨询公司共事多年，张伟成功带领团队为多家头部商业银行等金融机构成功实施了多个以风险模型、风控策略为核心的风险分析咨询项目，其精湛的专业水平和严谨的专业态度给我留下了非常深刻的印象，我非常高兴看到他把自己多年来对评分模型和智能风控技术的思考和总结汇聚成本书并分享给风险管理的同行。

正如我上面所述，模型和策略的开发是一个系统工程，需要兼具业务经验、统计理论、算法运用和数据认知多方面知识技能，同时模型的设计和开发也是一个不断反思不断积累经验的过程。沙滩上建不起摩天大楼，扎实的基本功永远有价值，也永远不会过时。相信这本书能够成为业内人士"再入门"的理想的参考书，也能够成为有志于加入金融信贷和智能风控行业的毕业生们的"入行敲门砖"。

余旭鑫　博士
同盾科技副总裁兼同盾咨询总经理

前言

为什么要写本书

近些年来，智能风控技术在金融风险管理中的应用越来越广泛。智能风控利用金融大数据、机器学习、深度学习、强化学习、时序数据分析、异常检测、社交网络分析、图深度学习、知识图谱、自然语言处理、文本挖掘等智能分析建模技术，以及分布式计算、实时流式计算、实时决策引擎、设备行为分析等数据工程技术，赋能金融风控管理，极大地提升了风险决策的准确性和效率。而评分卡模型作为智能风控技术的基础部分，以其良好的可解释性和稳定性广泛应用于金融领域。系统地掌握评分卡建模技术是很有必要的，既有助于直接进行量化建模，为金融风控提供决策支持，又有助于加深对风险建模的理解和认识，提升风险建模能力。

十多年前我初入金融风控领域，便是从评分卡建模开始上手的，至今一直从事风险量化建模、风控策略设计、风险解决方案相关工作。在早期做评分卡建模时，我对评分卡没有太深刻的认识。正所谓"无知者无畏"，我认为评分卡建模是很简单的事情。随着工作经验的不断积累，我逐渐尝试从更高层面分析和建模：1）从宏观建模全生命周期流程及全面风控体系的角度构建模型；2）开始深入探究和思考建模的技术细节；3）更加重视从业务角度（而非纯技术角度）思考建模问题。此外，我开始更深刻地理解评分卡建模技术的精妙之处，并对建模技术进行了系统性的思考、梳理和总结，也正是因为有了系统性的思考和总结，才有了本书的初稿。

近几年我经常参加智能风控和数据分析的线下交流活动，也曾受邀作为讲师为金融机构做内部风控培训，了解到很多风险建模人员都对评分卡建模缺乏深刻的理解。市面上已有的介绍评分卡建模技术的图书或者侧重理论介绍，实战内容很少，或者过于聚焦零散的技术片段和细枝末节，不够系统。不少朋友希望能有一本全面系统地介绍建模全流程和方法的图书，并能兼顾业务和技术，本书就是在此背景下完成的。

我曾在 FICO 和 Accenture 任职十余年，熟悉银行传统风控体系的思想、方法、技术和工具，近几年我又在国内领先的金融科技公司负责智能风控解决方案、风险策略设计和风险建模技术的创新研究，深刻体会到，在理解金融风险业务本质特征的基础上，既能继承传统金融风控核心技术，又能在人工智能背景下创新智能风控技术，实现"传统风控+智能风控"双引擎驱动，对从事金融风控的人员而言是很有必要的。在本书策划编辑杨福川的邀请下，我基于这些工作经验以及对智能风控的理解写了本书，供广大已从事或拟从事智能风控工作的读者参考，以期促进行业交流和人才技能提升。

读者对象

本书主要面向以下读者：

- 在金融机构（特别是商业银行、信用卡中心、持牌消费金融机构等）从事风险量化建模、风险数据分析、风控业务策略设计的人员；
- 在金融科技公司、互联网公司等科技类公司从事风险量化建模、风险数据分析、风控业务策略设计的人员；
- 对智能风控技术感兴趣的其他人员；
- 智能风控相关专业的在校学生。

本书特色

- **注重实战，代码丰富**：本书基于作者十余年风险建模和风控策略经验，对评分卡建模技术进行了系统的梳理和总结，所介绍的内容都是实际风险建模工作中能用到的。另外还给出了丰富的 Python 代码示例，具有较强的实践性。
- **结构清晰，逻辑严谨**：本书不仅包括模型本身的设计、开发、验证，还包括模型的工程部署、监控和优化，按建模方法论的流程对建模的各环节依次进行介绍。
- **新视角、新观点、新思考**：本书在部分技术点上提出了一些新看法和新观点，特别是我对模型的系统化思考、对拒绝推断的理解、对业务需求的理解等方面，以期抛砖引玉，引起更广泛的交流和探讨。
- **融入最新建模技术**：评分卡建模是相对传统的建模技术，我结合当前机器学习领域热点技术，介绍了特征工程、高维机器学习等最新技术。

如何阅读本书

本书内容分为 6 个部分。

第 1 章介绍评分卡入门知识，包括评分卡模型的概念和定义、评分卡建模全流程、对模型的评价等，以概念性内容介绍为主，帮助读者初步了解评分卡的基本概念。

第 2 章介绍零售信贷业务基础知识，包括银行零售信贷领域产品特征、业务流程，以及信用风险概念、欺诈风险概念，帮助读者理解评分卡的应用场景和要解决的业务问题。

第 3～11 章介绍评分卡建模全流程，是全书核心内容，覆盖业务需求理解、数据理解、特征工程、模型设计、模型开发、模型验证、模型部署、模型监控、模型优化等模型全生命周期的各个环节。该部分以技术介绍为主，帮助读者系统地掌握模型需求、设计、开发、测试、部署和应用全流程技术。

第 12～14 章介绍评分卡建模关键问题，包括拒绝推断问题、可解释性问题，以及模型开发过程中诸如分布不均衡、模型性能下降等常见问题及应对方案。

第 15 章介绍高维机器学习，讨论了当前业界除评分卡外使用频率较高的高维机器学习技术，并重点介绍了 XGBoost 和 LightGBM 模型。

第 16 章介绍风险策略应用，以贷前自动化审批场景为例，介绍了基于风险评分的自动化审批策略构建方法，帮助读者理解评分卡模型在风险策略设计中的应用。

本书是量化建模方法论的系统性总结和介绍，无论是对于已经从事评分卡建模多年的"老兵"，还是刚入行或即将入行的"新手"，都具有较好的参考价值。本书既可以作为系统性介绍评分卡建模技术的教科书，带领读者进行系统学习，也可以作为案头工具书，供读者在工作过程中随时查阅和参考。

勘误和支持

由于作者的水平有限，加之撰写时间仓促，书中难免会出现一些错误、疏漏或者不准确的地方，欢迎各位读者和专家批评指正。可以通过如下方式与作者交流或获得支持。

❏ 本书专属代码托管 GitHub：https://github.com/jackzhang83/ScoreCard。
❏ 知乎：https://www.zhihu.com/people/boypet。

致谢

本书内容基于我十余年风险建模和风控策略经验。首先要感谢领我进门的前辈，既包括我工作过的公司的领导、技术专家和业务专家，也包括在我参与过的 20 余个大中型银行项目实施过程中与我深入交流的行方领导和业务专家。

特别感谢上海交通大学上海高级金融学院李祥林（David X. Li）教授、乐信集团首席风控官乔杨先生和同盾科技副总裁余旭鑫博士百忙之中抽出时间为本书作序。李祥林教授是信用风险特别是信用衍生品估值定价领域的知名学者和行业领先实践者，其基于 Copula 的信用衍生品定价原理在行业得到广泛应用。乔杨先生曾在 Discover 和京东数科工作多年，他撰写的《数据化风控》是风控建模从业者必读参考书。余旭鑫博士很重视咨询的专业性和价值，对于模型风险有独到见解，是国内模型风险管理（MRM）的积极倡导者。

其次感谢来自智能风控和数据分析行业交流圈的朋友。我一直推崇"三人行，必有吾师"之训，非常乐于参与或组织行业交流，也有幸认识了许多业内同行，在交流过程中思想的碰撞对我有很大启发。

感谢机械工业出版社华章公司的策划编辑杨福川，他在近一年的时间中不断地鼓励我，并对本书的写作提出了一些建设性的意见。感谢本书责任编辑韩蕊，她认真审校了全书，并提出了不少中肯的建议。

最后感谢我的妻子邢梦娟和我的女儿。写作需要牺牲不少陪伴家人的时间，她们非常理解和支持我；写作是一个既享受又折磨人的过程，她们给予我不少鼓励和督促。

张　伟（笔名：上善若愚）

2021 年 11 月

目 录

赞誉
序 1
序 2
序 3
前言

第 1 章　评分卡建模理论基础 …………1
1.1　评分卡建模常见面试问题 ………1
1.2　关于模型的系统性理解 …………2
1.3　与建模密切相关的 4 个领域 ……3
1.3.1　机器学习 ……………………3
1.3.2　数据挖掘 ……………………4
1.3.3　数据分析 ……………………4
1.3.4　统计分析 ……………………5
1.3.5　四者之间的联系与区别 ……5
1.4　评分模型与评分卡模型 …………6
1.4.1　评分模型和评分卡模型的定义 …6
1.4.2　评分卡模型的分类 …………6
1.4.3　评分卡模型的适用性 ………7
1.4.4　评分卡模型的价值 …………8
1.4.5　评分卡模型的应用 …………9
1.5　评分卡建模全流程 …………………9
1.6　对评分卡模型的评价 ………………10
1.7　本章小结 ……………………………11

第 2 章　零售信贷业务基础和风险管理 ………12
2.1　银行零售信贷产品的产品特征和业务流程 ………12
2.1.1　个人贷款 ……………………13
2.1.2　信用卡 ………………………17
2.2　信用与信用风险 ……………………21
2.2.1　信用风险识别 ………………22
2.2.2　信用风险评估 ………………23
2.2.3　信用风险监测 ………………24
2.2.4　信用风险控制 ………………24
2.2.5　征信 …………………………25
2.3　欺诈与欺诈风险 ……………………26
2.3.1　欺诈风险的分类 ……………27
2.3.2　欺诈风险的防范 ……………27
2.3.3　欺诈风险与信用风险比较 …27
2.4　本章小结 ……………………………28

第 3 章　业务需求理解 29

3.1　业务需求理解概述 29
3.2　明确拟解决问题和分析目标 29
3.3　业务访谈的设计和实施 30
3.4　整体分析方案设计 31
3.5　本章小结 32

第 4 章　数据基础决定模型效果上限 33

4.1　关于数据的系统性认识 33
 4.1.1　数据基本特征 33
 4.1.2　常见数据问题 36
4.2　传统信贷业务数据 37
 4.2.1　贷款可用数据 38
 4.2.2　信用卡可用数据 38
4.3　征信数据 39
 4.3.1　征信数据概述 39
 4.3.2　一代人行征信 40
 4.3.3　二代人行征信 41
 4.3.4　一、二代人行征信的差异及映射转换 42
 4.3.5　人行征信数据的使用 43
4.4　内外部大数据 44
 4.4.1　大数据概述 44
 4.4.2　银行内部大数据 45
 4.4.3　银行外部大数据 45
4.5　数据质量诊断 46
 4.5.1　数据质量诊断目的 46
 4.5.2　数据质量诊断方法 47
4.6　业务数据分析 48
 4.6.1　业务数据分析目的 48
 4.6.2　业务数据分析方法 49
4.7　本章小结 49

第 5 章　利用特征工程提取有效的风险特征 50

5.1　特征工程概述 50
 5.1.1　特征与特征工程 50
 5.1.2　数据处理与特征工程流程 51
 5.1.3　特征工程的理论体系 51
 5.1.4　特征工程的抽象范式 52
5.2　特征预处理与转换 53
 5.2.1　常见数据质量问题 53
 5.2.2　特征清洗与预处理 53
 5.2.3　特征编码 54
 5.2.4　特征转换 55
5.3　特征提取与生成 56
 5.3.1　业务专家经验定义 56
 5.3.2　工程化自动化衍生 56
 5.3.3　表征学习 58
5.4　特征评价、选择与降维 62
 5.4.1　特征评价 62
 5.4.2　特征选择与降维 63
5.5　自动化特征工程技术与工具 65
 5.5.1　自动化特征工程概述 65
 5.5.2　自动化特征工程工具 66
5.6　本章小结 74

第 6 章　评分卡模型设计 75

6.1　模型设计概述 75
 6.1.1　模型设计的定义 75
 6.1.2　模型设计的工作内容 76

6.2	排除规则与样本范围	76
	6.2.1 排除规则和样本范围的定义	76
	6.2.2 申请评分卡模型排除规则	77
	6.2.3 行为评分卡模型排除规则	77
	6.2.4 催收评分卡模型排除规则	78
6.3	模型细分	79
6.4	表现期定义与 Vintage 分析	80
	6.4.1 表现期定义	80
	6.4.2 Vintage 分析	80
6.5	滚动率	83
	6.5.1 滚动率定义	83
	6.5.2 滚动率分析	84
	6.5.3 滚动率计算常见问题	84
6.6	观察期的定义与选择	85
	6.6.1 观察期的定义	85
	6.6.2 观察期的选择	85
6.7	模型设计汇总计数	86
	6.7.1 汇总计数定义	87
	6.7.2 汇总计数的特别说明	87
6.8	建模方式和模型原型选择	87
6.9	本章小结	88

第7章 评分卡模型开发 89

7.1	模型开发概述	89
7.2	样本分区	90
7.3	样本抽样	91
7.4	变量预筛选	93
7.5	变量分箱	94
7.6	变量再筛选	96
7.7	变量转换 WOE	97
7.8	使用逻辑回归进行模型拟合	97

	7.8.1 多重共线性检验	97
	7.8.2 逻辑回归建模	98
	7.8.3 模型训练结果	100
7.9	模型验证	101
	7.9.1 排序性	101
	7.9.2 区分能力	101
	7.9.3 稳定性	103
	7.9.4 分值集中度	103
	7.9.5 分值分布	104
	7.9.6 离散度	104
7.10	评分标尺	105
7.11	模型导出 PMML 并测试	107
7.12	评分卡建模专用 Python 包	108
	7.12.1 scorecardpy 工具包	108
	7.12.2 toad 工具包	108
	7.12.3 RiskModeler 工具包	109
7.13	评分卡建模实例	109
	7.13.1 使用 scorecardpy 进行评分卡建模	109
	7.13.2 使用 toad 进行评分卡建模	113
7.14	评分卡建模常见问题	119
7.15	本章小结	122

第8章 评分卡模型验证 123

8.1	模型验证概述	123
	8.1.1 模型性能的影响因素	123
	8.1.2 模型质量的评价	124
	8.1.3 模型验证的目的	125
8.2	模型性能的技术性评价指标	125
	8.2.1 分类模型	125

8.2.2	回归模型	133
8.3	模型验证方法	133
8.4	模型全面独立验证体系	134
	8.4.1 模型全面独立验证与开发期验证	135
	8.4.2 模型全面独立验证的内容和范围	135
	8.4.3 模型全面独立验证的阶段划分	135
8.5	本章小结	136

第9章 评分卡模型部署

9.1	模型部署概述	137
9.2	模型部署工作流程	139
9.3	规则化部署方案	141
	9.3.1 在信贷业务系统流程中硬编码	141
	9.3.2 在独立通用决策引擎系统中部署	141
9.4	标准化部署方案	142
	9.4.1 模型描述标准	142
	9.4.2 导出模型文件	144
	9.4.3 模型文件的解释执行	146
9.5	模型部署常见问题	148
9.6	本章小结	148

第10章 评分卡模型监控

10.1	模型监控概述	149
10.2	前端监控	150
	10.2.1 总体评分分布	150
	10.2.2 总体评分分布稳定性	151
	10.2.3 总体平均分及偏移	151
	10.2.4 总体分值集中度	152
	10.2.5 变量取值分布	152
	10.2.6 变量取值分布稳定性	153
	10.2.7 变量加权平均分和偏移	153
10.3	后端监控	154
	10.3.1 总体评分风险表现	154
	10.3.2 总体评分区分能力指标	155
	10.3.3 总体评分排序性	155
	10.3.4 变量风险表现	156
	10.3.5 变量区分能力指标	156
10.4	监控数据和特征	156
10.5	监控服务运行	157
10.6	本章小结	158

第11章 评分卡模型优化

11.1	模型优化概述	159
11.2	模型优化的触发条件	159
11.3	模型性能下降原因	160
11.4	判断是否需要优化	160
11.5	确定模型优化方案	161
11.6	优化调整对现有决策的影响	161
11.7	对基于评分的决策进行调整	161
11.8	本章小结	162

第12章 评分卡模型的拒绝推断

12.1	什么是拒绝推断	163
	12.1.1 拒绝推断的过程	163
	12.1.2 拒绝推断的合理假设	164
	12.1.3 拒绝推断的本质	165
12.2	为什么要做拒绝推断	165

12.3 如何做拒绝推断 …………………… 166
　　12.3.1　Fuzzy 扩展法 ……………… 166
　　12.3.2　简单扩展法 ………………… 166
　　12.3.3　分段扩展法 ………………… 167
　　12.3.4　拒绝推断的其他方法 ……… 168
12.4 拒绝推断应注意的问题 …………… 169
12.5 本章小结 …………………………… 170

第 13 章　评分卡模型的可解释性 …… 171

13.1 模型可解释性 ……………………… 171
　　13.1.1　什么是模型可解释性 ……… 171
　　13.1.2　为什么模型需要可解释性 … 172
　　13.1.3　模型可解释性分类 ………… 173
　　13.1.4　模型可解释性算法 ………… 174
13.2 评分卡模型可解释性 ……………… 184
　　13.2.1　全局可解释性 ……………… 185
　　13.2.2　局部可解释性 ……………… 186
　　13.2.3　业务特殊考虑 ……………… 188
　　13.2.4　基于 PMML Scorecard 的
　　　　　　可解释性 …………………… 188
13.3 本章小结 …………………………… 190

第 14 章　评分卡模型的其他常见
　　　　　 问题 …………………………… 191

14.1 分值分布不均衡问题 ……………… 191
14.2 特定群体或局部分数段区分能力
　　 弱问题 ……………………………… 192
14.3 训练 – 测试 – 时间外评分分布
　　 差异 ………………………………… 192
14.4 训练 – 测试 – 时间外评分性能
　　 差异 ………………………………… 193

14.5 模型迭代漂移现象 ………………… 195
14.6 潜在建模作弊问题 ………………… 195
14.7 本章小结 …………………………… 195

第 15 章　从传统评分卡模型到高维
　　　　　 机器学习模型 ……………… 196

15.1 传统评分卡模型和高维机器学习
　　 模型的结合 ………………………… 196
　　15.1.1　技术和业务发展背景 ……… 196
　　15.1.2　摒弃两种极端观点 ………… 197
　　15.1.3　传统评分卡模型与高维机器
　　　　　　学习模型的比较 …………… 198
　　15.1.4　两种工具结合使用 ………… 199
15.2 高维机器学习模型 XGBoost …… 200
　　15.2.1　XGBoost 算法原理 ………… 200
　　15.2.2　XGBoost 包简介 …………… 202
　　15.2.3　使用 XGBoost 包建立预测
　　　　　　模型 ………………………… 205
15.3 高维机器学习模型 LightGBM … 205
　　15.3.1　LightGBM 算法原理 ……… 206
　　15.3.2　LightGBM 包简介 ………… 206
　　15.3.3　使用 LightGBM 包建立预测
　　　　　　模型 ………………………… 209
15.4 本章小结 …………………………… 211

第 16 章　基于评分的风控策略应用 … 212

16.1 模型、规则、策略、政策 ………… 212
16.2 基于评分的贷前自动化审批
　　 策略 ………………………………… 213
　　16.2.1　贷前审批环节需要解决的
　　　　　　问题 ………………………… 213

16.2.2 线上信贷业务流程和风控流程 ………… 213
16.2.3 基于评分构建贷前审批策略 ………… 215
16.2.4 贷前审批策略经济效益测算 ………… 217
16.3 智能风控领域的更多策略 ……… 218
16.4 本章小结 …………………… 218

第 1 章 Chapter 1

评分卡建模理论基础

评分卡模型在金融行业特别是银行零售信贷风控中的应用非常广泛。自 20 世纪 60 年代 FICO 评分卡模型开始在信贷领域应用至今，评分卡建模的方法体系已经非常成熟。近几年伴随着国内零售信贷特别是互联网金融、消费金融和信用卡业务的不断创新，各类信贷产品的产品结构和风险结构也愈发复杂多样，进而对评分卡建模技术提出了更高的要求。评分卡建模的一般通用方法应与我国本土化信贷实践相结合，创新风险建模方案，提升风险决策的有效性和效率。

本章基于评分卡建模的一般理论，结合我在国内银行零售信贷风险管理领域多个项目的实践经验，介绍评分卡建模全流程体系，是评分卡建模的概要性介绍。

1.1 评分卡建模常见面试问题

本节围绕评分卡建模，列举常见的评分卡建模问题。这些问题覆盖业务和技术两方面，常常作为评分卡建模面试问题出现，要求从业者对评分卡模型的原理有较深入的理解。读者可以根据这些面试问题评估自己对评分卡模型理解和掌握的程度。评分卡建模常见面试问题如表 1-1 所示。

表 1-1 评分卡建模常见面试问题

类别	问题
信贷业务类	问题 1：如何理解信用风险；哪些方面的特征可以反映信用质量
	问题 2：如何理解欺诈风险；欺诈风险和信用风险的联系和区别是什么；欺诈模型和信用模型的联系和区别是什么；在进行建模时，如何定义欺诈的目标

（续）

类别	问题
信贷业务类	问题3：不同信贷产品的特征与结构是什么；不同产品的风险特征差异是什么；请详细解释现在业界最关注的纯信用类贷款（消费贷、信用卡等）与各类信用消费类产品的风险差异
建模技术类	问题1：评分卡建模使用了逻辑回归模型，模型左侧取 Ln [PD/(1 – PD)]，除了数学意义上是通过 sigmoid 逆变换将 PD 取值范围从（0，1）映射到实数集上之外，其背后更深层的经济学含义是什么
	问题2：逻辑回归和神经网络的关系是什么，请现场手动推导逻辑回归算法，并推导评分标准化的过程
	问题3：评分卡模型选择将变量取值转换为 WOE 的目的是什么，为什么要做这样的转换；是否必须进行转换；如果不使用 WOE，还能用哪些替代指标，为什么
	问题4：使用 SAS 等分析软件进行逻辑回归时，需要做哪些方面的统计检验；对回归系数有什么要求；为什么要做这些检验；如果回归系数有正有负，说明了什么问题，需要做哪些调整
	问题5：Vintage 分析是信贷领域最重要的分析指标，Vintage 分析的目的是什么；对于额度类循环贷款（银行授予额度，借款人可以随时提款支用），一笔额度下会有多笔提款支用借据，如何做 Vintage 分析
	问题6：高维集成机器学习模型 XGBoost 和 LightGBM 在业内很流行，在弱征信数据和大样本量环境下，KS 等技术指标通常会优于传统评分卡模型，如何理解传统评分卡模型和高维集成机器学习模型各自的优劣势
	问题7：对于评分卡逻辑回归建模、决策树建模、LightGBM 模型，是否必须做变量归一化，为什么
	问题8：如何理解 PSI 指标；模型上线后，评分不发生较大变化，是否意味着模型一定失效；如何判断模型是否真的失效

如果对上述问题的答案很熟悉，说明你已经掌握了评分卡建模技能，并对评分卡模型有一定程度的理解，可将本书作为工具书参考。如果对上述问题还不太熟悉，建议你细致地阅读本书每个章节，这些问题将会在书中逐一解答。

1.2 关于模型的系统性理解

风险建模分析师对建模过程不会陌生，但被问及"模型是什么"时，未必能立即回答上来，因为很少有人深入思考过这个问题。

模型是对现实事物或事物运动规律的抽象。模型可以是概念性的思维模型，例如管理学领域的 PESTEL 模型、SWOT 模型、BOSTON 矩阵、GE 矩阵等，它们提供了思维的范式。模型也可以是刻画事物运动规律的量化模型，例如数学、物理、化学、计算机和工程科学中各类理论公式，经济学领域生产供给模型，以及金融学领域的风险计量、资产定价等各种理论。模型是向人们提供世界运动规律的范式（公式）。

在量化分析领域，有一句经典名言："所有模型都是错的，但有些模型是有用的。"在自然科学史上，有很多模型符合当时的观测结果和认知，能解释和预测很多事情，用处颇多，但后来被证明是不准确甚至是错误的。

具体到风险和金融领域，虽然所有的模型都是有缺陷的，但是不影响使用，我们只需要确保正确地构建和使用模型。对于风险模型而言，错误的建模和错误的使用方法本身就是"风险"。2008年全球金融危机的诱因，除了金融市场本身投机和金融衍生品的过度使用之外，还包括很重要的一部分：投资银行的估值定价和风险管理模型不完善。

1.3 与建模密切相关的4个领域

与建模密切相关的领域包括统计分析、数据挖掘、机器学习和数据分析，它们对应了不同类型的工作岗位，例如风险建模分析师、数据挖掘工程师、数据分析师、数据运营专员、数据工程师等。本节将重点介绍这几个领域的定义、特征以及相互之间的联系和区别。

1.3.1 机器学习

机器学习是一门人工智能科学，研究如何在经验学习中改善具体算法的性能。机器学习的核心是通过算法来学习和提取数据中的隐含规律，随着数据丰富程度和学习次数的增加，学习的目标函数的效果会持续提升。机器学习算法体系包括监督学习、非监督学习、半监督学习、强化学习等，详见图1-1。

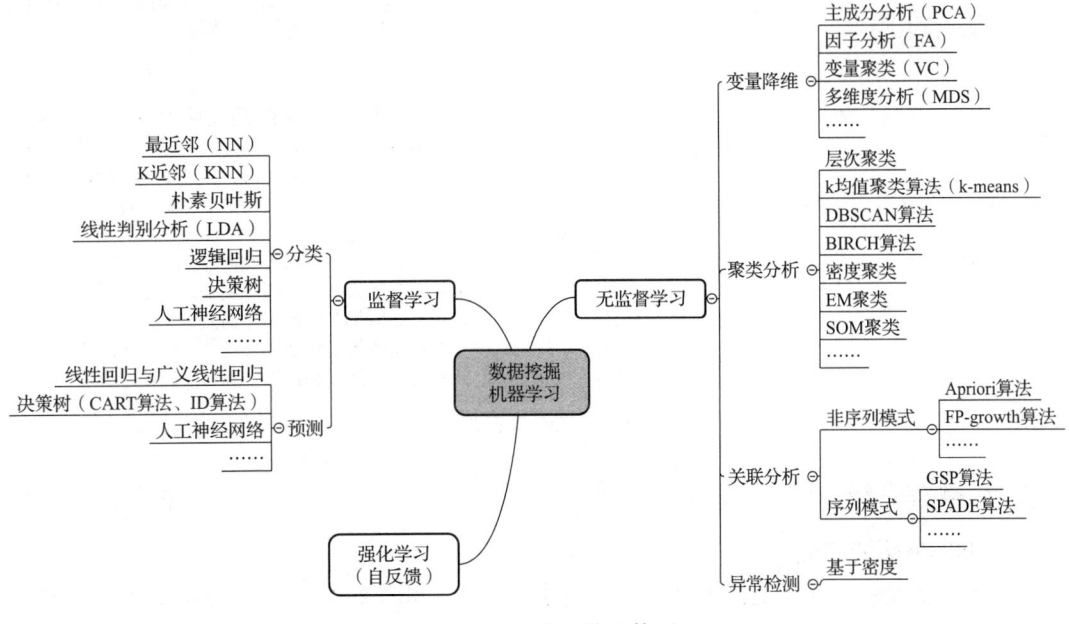

图1-1 机器学习算法体系

目前机器学习领域使用最普遍的 scikit-learn 库将机器学习算法分为聚类、分类、回归和维度削减，此处不展开介绍，感兴趣的读者请参考相关资料。

1.3.2 数据挖掘

数据挖掘是从大量、不完全、有噪声、模糊、随机的数据中提取隐含在其中，人们事先不知道但又有用的信息和知识的过程。

数据挖掘的关键词是"隐含""事先不知道""有用的"。如果一个模型规律是已知的、预定义的且确定的，仅仅是通过数据来校准，则不属于数据挖掘范畴。

数据挖掘的对象按信息存储格式可分为：1）结构化数据，通常以二维表方式存储数据，如关系数据库、面向对象数据库、数据仓库；2）半结构化数据，以标记语言存储的数据，如 XML、JSON、HTML 等存储的数据；3）非结构化数据，如图像、语音、文本等。

数据挖掘包括聚类分群、分类识别、回归预测、关联分析、异常检测、时间序列等，而基础数据的处理等数据工程工作和可视化、最优化、预定义模型等则不属于数据挖掘。数据挖掘的范围如图 1-2 所示。

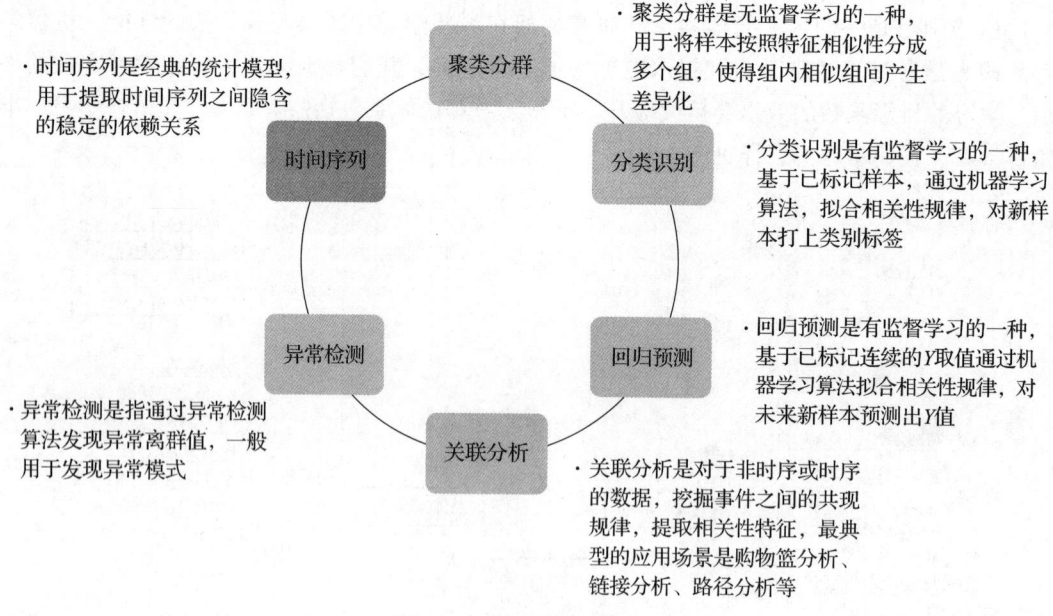

图 1-2 数据挖掘的范围

1.3.3 数据分析

1. 数据分析的定义

数据分析是一个相对宽泛的概念，我们分别从狭义和广义的角度进行介绍。

（1）狭义角度：基于数据，按照特定分析思路和框架，提取有价值的信息。狭义的数据分析可以基于建模、基于指标计算，也可以基于数据可视化报表。

（2）广义角度：还包含数据工程和数据处理，例如定义数据模型、数据架构、数据处理，写 SQL 计算指标等。

通常来说，数据分析仅指"分析"，不含"处理"，也不含"工程"，数据分析的核心本质是从数据到信息、从信息到决策的过程。

2. 数据分析的思维模式

数据分析的思维方式有两种，下面分别进行介绍。

（1）自下而上的数据驱动。获得数据后，从数据出发，分析并挖掘有用的信息，用于辅助决策。

（2）自上而下的问题或目标驱动。在业务上发现特定问题或制订特定业务目标，需要通过数据挖掘背后原因，支持决策依据，形成行动方案。

3. 数据分析与数据运营的联系和区别

数据分析和数据运营都是通过数据来支撑业务需求的。数据分析相比于数据运营是一个更大范围的概念，倾向于强调分析技术的方法属性，关注分析过程以及分析所带来的价值，例如辅助决策。

数据运营关注具体的行动执行和运营过程，更强调业务属性，面向特定业务场景中具体的运营问题，例如用户运营、产品运营、流量运营、内容运营等。

4. 数据分析与数据工程的联系和区别

数据分析更关注分析，虽然很大一部分工作是和数据处理、指标计算相关的。

数据工程更关注工程角度，例如数据模型定义、数据库管理、数据体系架构等，更关注数据如何通过管理和逻辑设计提高系统性能，以便提供基础设施的建设和运行保障，满足业务运营和数据分析的需求。

1.3.4 统计分析

统计分析属于传统学科，与概率论和数理统计密不可分，通常数据都是带有随机因素的，通过数据揭示事物规律。统计实验设计也属于该范畴。

统计分析按照层次可以分为：1）描述性统计，揭示数据分布规律以及数据的统计可视化；2）诊断分析性统计，包括参数估计、假设检验、回归模型、逻辑回归、相关分析、主成分分析等。

统计思维通常基于特定假设（而后还需要进行假设检验），例如样本独立同分布、服从正态分布等。统计分析适合小数据量问题的分析，是统计机器学习的理论基础。

1.3.5 四者之间的联系与区别

1.3.1 节～ 1.3.4 节介绍了机器学习、数据挖掘、数据分析、统计分析的定义和特征，下面简单介绍一下四者之间的联系和区别。

1）统计分析为机器学习、数据挖掘、数据分析提供了分析的工具、方法和手段。

2）机器学习可以基于统计分析，也可以不基于，例如人工智能的符号主义和连接主义、决策树模型就不是统计类模型（虽然用到了统计计数，但和回归模型有本质区别），神经网络模型也不是统计类模型。

3）机器学习是数据挖掘的工具，数据挖掘是机器学习的应用。机器学习更强调底层技术，数据挖掘更贴合业务；与此类似的概念还有自然语言处理与文本挖掘。

4）数据分析可以基于统计分析，也可以不基于。统计分析只是数据分析的一部分，只要是能够提供基于数据提取信息形成决策的，都属于数据分析，例如基于业务指标报表的分析等。

1.4 评分模型与评分卡模型

评分模型和评分卡模型这两个概念既有联系也有区别，下面分别进行介绍。

1.4.1 评分模型和评分卡模型的定义

1. 评分模型

通过量化建模输出的具备一定的预测性和排序性的评分被称为评分模型。评分模型最终输出一个评分，但不一定输出评分卡，例如基于 LightGBM 的评分模型预测的违约概率（Probability of Default，PD）和异常检测中的 LOF 指标评分，二者都不能输出评分卡，但可以输出最终评分，且评分具有预测性和排序性。

2. 评分卡模型

评分卡模型可以通过量化建模产出评分卡，评分卡给出各评分维度的分值。评分卡模型按建模方式分为专家评分卡模型和数据驱动评分卡模型两种。

一般情况下，并不需要对这两个概念做特别区分。

1.4.2 评分卡模型的分类

评分卡模型本身是通用的工具，结合不同的应用场景，会有不同的模型考虑因素，按照不同的标准有不同的分类。

评分卡模型主要分类维度如下。

1）应用阶段：贷前、贷中、贷后、催收等。
2）业务场景：信贷风险管理、营销管理、客户运营等。
3）开发方式：专家评分卡模型、数据驱动评分卡模型。

不同应用场景的评分卡模型用途如表 1-2 所示。

表 1-2 评分卡模型应用场景

应用场景大类	评分卡类型	适用情景
信贷风险管理	申请评分卡	适用于审批准入阶段，用于识别可能产生信贷逾期的高风险客户，并做出有针对性的信贷决策，包括准驳决策、批核额度、风险定价等
	行为评分卡	适用于贷后预警管理阶段，对于当前未逾期客户，预测未来信用恶化的可能性，制订差异化的贷后管理策略，例如贷后预警、信用卡调额等
	催收评分卡	适用于贷后逾期催收阶段，对于当前已处于逾期催收阶段的客户，预测未来信用恶化的可能性，并根据催收策略，设定催收优先级
	欺诈评分卡	适用于反欺诈场景，包括贷前申请反欺诈和贷后交易反欺诈，特别是对于贷前申请反欺诈，识别出高风险的欺诈客户
营销管理与客户经营	营销欺诈评分卡	识别营销薅羊毛、虚假评论、虚假点击、广告作弊等行为
	激活促动评分	预测信用卡激活、促动的概率
	收益评分	衡量用户全生命周期收益高低
	营销响应评分	预测营销对象对产品服务响应的概率
	流失预警评分	预测客户流失概率
	流失后召回评分	预测已流失客户可以被营销召回的概率

其中申请评分卡、行为评分卡、催收评分卡、欺诈评分卡分别被简称为 A 卡（Application Score Card）、B 卡（Behavior Score Card）、C 卡（Collection Score Card）和 F 卡（Fraud Score Card）。

> **注意** 表 1-2 中对于应用场景和用途的分类是列举式的，并非严格意义的分类，因为分类讲究 MECE（Mutually Exclusive, Collectively Exhaustive，不重不漏），所以评分卡模型的应用场景和用途非常多，很难有一个严格的划分方法。

1.4.3 评分卡模型的适用性

图 1-3 所示是对于银行信贷领域，按照产品和业务标准化程度，从最难标准化的对公贷款，到最容易标准化的信用卡业务的排序。

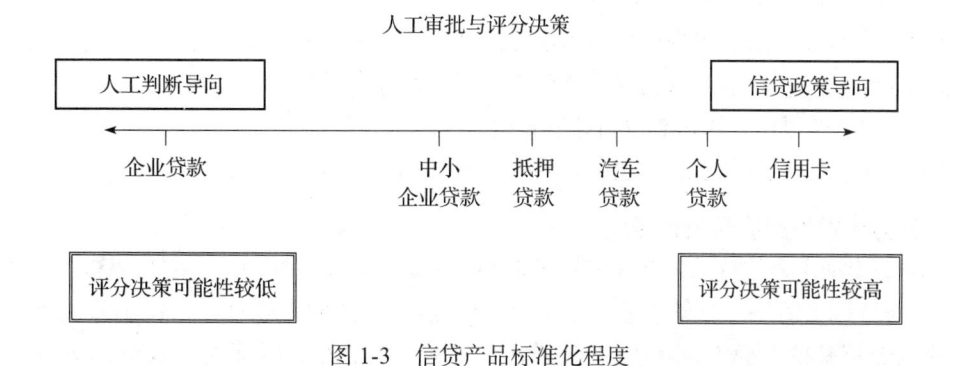

人工审批与评分决策

人工判断导向 ←――――――――――――――――→ 信贷政策导向

企业贷款　　中小企业贷款　抵押贷款　汽车贷款　个人贷款　信用卡

评分决策可能性较低　　　　　　　　　　　评分决策可能性较高

图 1-3 信贷产品标准化程度

因为评分卡建模对数据量有较高要求,所以它更适用于以下 3 个方向。

1)较标准化的业务,例如个人贷款。

2)有充分的业务量和数据量,这样才可以训练出有效的模型,例如信用卡业务量较大,积累了丰富的数据。

3)对运营效能和实时性有较高要求的业务,例如在线消费贷实时审批等。

1.4.4 评分卡模型的价值

下面对评分卡模型和专家规则进行比较。相对而言,评分卡模型在客观性、一致性、效率产能、知识经验可传承性、统一管理控制方面具有优势,具体比较结果如表 1-3 所示。

表 1-3 评分卡模型与专家规则的比较

比较维度	专家规则	评分卡模型
客观性	以主观定性或定量判断为主,容易受个人情绪和认知的局限影响,难以给出统一且量化的标准	完全基于数据和模型,确保客观
一致性	因为个体经验差异,不同的信贷审批专家可能给出不一致的结论,即便是同一个专家,在不同的时间或条件下,也可能会给出不同的结论	完全基于数据和模型,确保一致性
效率产能	对于业务量较大、对审批时效性要求较高的业务,专家审批往往效率受限,产能可能难以满足业务发展的需要	可以实现审批流程完全自动化,不依赖于人工,效率产能高
知识经验可传承性	专家经验很宝贵,但可能随着专家的流失,知识经验难以传承下来	评分标准完全可量化,评分知识可以留存
统一管理控制	一般来说,贷前、贷中、贷后的信贷专家分属不同业务部门,审批流程难以集中管理,也难以统一标准	模型可以集中管理,并可以根据业务需要和运营情况随时进行调整

1. 评分卡模型的缺点

评分卡模型并非没有缺点,相对于专家经验,其不足体现在以下 4 点。

1)适合特定场景,即 1.4.3 节提到的评分卡模型的适用性。

2)对数据有要求,评分卡模型需要基于一定量的样本进行训练,对于未上线的产品,或已上线但无表现,或有表现但坏样本不足的情况,是无法实现评分建模的,此时就必须依赖专家经验。另外,建模对数据的统计分布、同质性都有严格要求。

3)评分卡模型欠缺认知能力和背景知识。

4)评分卡模型难以灵活应变,只能按照预设的方式和路径执行。

2. 评分卡模型的价值和必要性

评分卡模型主要的价值体现在能够提炼和发现新的信息,同时可以实现决策自动化。

1)通过模型算法,能够发现和提取出专家经验未知的风险规律,这正是机器学习和数据挖掘最擅长的。而专家经验具有视觉盲区,不可能在短时间内抽取全部案例并提取规律。

2）评分卡模型通过完全量化的方式，使风险评价可以固化下来部署进决策系统，从而实现决策自动化，提高审批效率。而专家经验会包含很多难以解释的定性因素，难以量化，也难以完全实现自动化。

1.4.5 评分卡模型的应用

评分卡模型在金融领域应用广泛，表1-4所示是评分卡模型在信贷风险管理、营销管理、客户管理、运营管理中的应用。

表1-4 评分卡模型的应用场景

应用场景	具体应用
风险管理	1. 贷前审批 1）贷前申请反欺诈 2）实现自动化、标准化审批准入决策 3）初始信贷额度设置 4）风险定价 2. 贷中管理 1）贷后预警，对可能在未来表现期内逾期还款的客户进行预警，并结合业务策略，设置合理的差异化贷后管理 2）信用卡调额、分期响应 3）交易授权与交易反欺诈 3. 贷后催收 1）催收管理，给出催收评分，并结合业务策略设置合理的催收优先级和差异化催收策略 2）失联评分，提前预测客户失联的可能性
营销管理	1）交叉营销 2）营销响应 3）渠道优化
客户管理	客户生命周期与客户关系管理（客户获取、价值提升、流失挽留） 1）客户获取、客户分群、客户画像 2）客户收益 3）客户价值提升 4）睡眠客户激活唤醒 5）客户流失预警挽留 6）客户流失后召回
运营管理	1）生产预测 2）需求预测 3）库存预测与智能补货等

1.5 评分卡建模全流程

评分卡建模涉及多个环节，覆盖评分卡模型全生命周期，主要流程如表1-5所示。

表 1-5　评分卡建模全流程

建模流程	主要工作
业务访谈	业务访谈阶段的主要目的是明确项目目标，了解业务和数据现状
数据分析	明确建模数据范围和提数需求，收集并整理数据字典，进行数据质量诊断分析，基于数据进行基础的业务分析，以及初步的数据清洗和数据聚合工作
特征衍生	进行变量缺失值、异常值处理 结合专家经验和特征工程化衍生方法进行特征衍生 进行特征的初步筛选（缺失率、PSI 角度、业务可解释性）
模型设计	完成模型设计，其中最核心的环节是 Vintage 分析、滚动率分析和逾期趋势分析，其余还包括模型细分、样本选择、观察期定义、表现期定义、目标定义
模型开发	基于逻辑回归的评分卡模型主体建模流程，包括样本分区与抽样、变量分箱、变量预筛选、变量转换 WOE、逻辑回归、模型验证、评分校准、生成评分卡等环节
模型验证	模型验证是模型开发完成后对模型进行评估和测试，主要包括开发期验证、投产验证、上线后验证等阶段
模型部署	根据不同环境和条件，采取不同的部署方式
模型监控	模型上线后持续监控，包括前端监控、后端监控
模型优化	确定模型效果下降时，需要对模型进行优化，优化程度可分为重新拟合和重新构建

> **注意**
> 1）表 1-5 中的各项说明，除了模型开发的内容主要是针对评分卡模型外，其他步骤和方法对于一般建模也是通用的。
> 2）表 1-5 中并未列出策略设计、开发、实施环节，以及上线的系统改造和流程优化的内容。对于风险决策的开发实施来说，模型只是决策的一部分，本书主要内容是介绍评分卡建模，所以重点关注模型相关的部分。

1.6　对评分卡模型的评价

对评分卡模型的评价分为技术性评价和业务性评价两个角度，具体指标如表 1-6 所示。

表 1-6　对评分卡模型的评价

评价指标类别	评价指标
技术性评价	技术性评价指标有较明确的方法和范围，具体如下 1）区分能力，常用指标为 KS、AUC/GINI、PR 2）准确性，常用指标为混淆矩阵、排序性 3）稳定性，常用指标为 PSI、迁徙矩阵
业务性评价	业务性评价指标更具有灵活性，而且不少是定性要求，具体如下 1）安全性，模型不涉及有争议的内容，并且模型具备抗数据攻击等能力 2）可解释性，主要是评价入模变量的可解释性，以及总体模型是否可以提供可解释机制 3）实施复杂度，越复杂的模型实施工作量越大、可控性越弱，上线后可能存在模型风险 4）实施效果，根据上线后实际业务效果判断是否达成了业务目标

1.7 本章小结

本章对评分卡建模做了概要性介绍，对评分卡模型的定义、分类、实用性、价值以及应用场景做了详细介绍，并讲解了评分卡建模全流程，然后分别从技术角度和业务角度介绍模型的评价指标。

通过本章的学习，读者可以对评分卡模型的概念内涵以及应用有一个初步了解。在后面章节中，我们将介绍必要的零售信贷业务概念和风险管理，然后详细介绍评分卡模型的开发流程。

第 2 章

零售信贷业务基础和风险管理

与其他领域的预测建模相比，金融风险建模有其特殊性，要求风险建模分析师对金融业务，特别是金融风险有深入的理解，包括但不限于对产品特征、信贷政策、业务流程、风险特征等的理解，本章就从这几个方面对银行零售信贷业务进行简要介绍。

2.1 银行零售信贷产品的产品特征和业务流程

银行零售信贷业务的分类如下。

1）从参与机构来看，包括传统商业银行、商业银行信用卡中心、持牌消费金融机构、汽车金融公司，以及近几年出现的互联网金融信贷机构。既包括提供资金的资金端机构，也包括贷超、导流和助贷类机构。

2）从产品形态来看，除了传统的个人贷款和信用卡外，也包括消费金融贷款、虚拟信用卡和信用卡代偿等形态。

3）从业务渠道来看，既包括自建传统线下渠道，也包括自建线上渠道，以及合作商户、电商导流、贷超导流等合作渠道。

4）从信用方式来看，既包括传统抵/质押，也包括纯信用类产品（信用消费贷款、信用卡等），而且随着业务线上化和银行数字化转型的推进，信用类产品占比将会越来越大。

各类零售信贷产品的产品结构和业务流程各有不同，评分卡模型以及风险策略构建过程必须充分考虑这些差异，在业务层面做好顶层设计。

零售信贷产品主要包括个人贷款（含消费贷）和信用卡，这两大类零售信贷产品又包含多种细分产品，各种产品特征和产品条款存在较大差异。本节对这两大类信贷产品的产品特征和业务流程进行介绍。

2.1.1 个人贷款

个人贷款面向的是符合贷款条件的自然人,用于生活消费或生产经营的各类贷款,包括房贷、车贷、个人消费贷、个人经营贷,以及信用卡业务中大额分期业务等。

个人贷款的主要特征是贷款品种多、贷款用途广、贷款便利、还款方式灵活。

1. 个人贷款产品种类

个人贷款产品可以从不同维度进行分类,如图 2-1 所示。

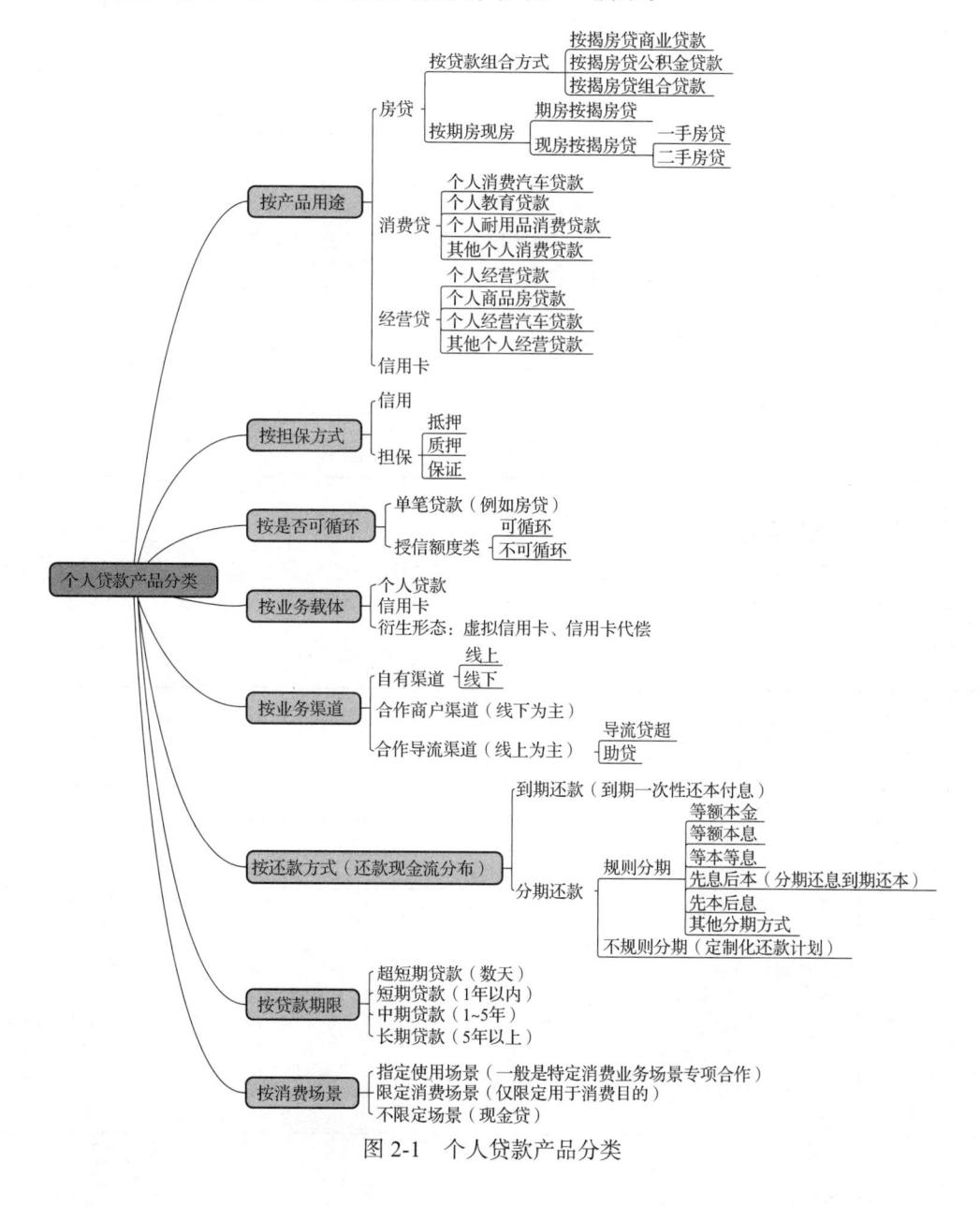

```
个人贷款产品分类
├── 按产品用途
│   ├── 房贷
│   │   ├── 按贷款组合方式
│   │   │   ├── 按揭房贷商业贷款
│   │   │   ├── 按揭房贷公积金贷款
│   │   │   └── 按揭房贷组合贷款
│   │   └── 按期房现房
│   │       ├── 期房按揭贷
│   │       └── 现房按揭贷
│   │           ├── 一手房贷
│   │           └── 二手房贷
│   ├── 消费贷
│   │   ├── 个人消费汽车贷款
│   │   ├── 个人教育贷款
│   │   ├── 个人耐用品消费贷款
│   │   └── 其他个人消费贷款
│   ├── 经营贷
│   │   ├── 个人经营贷款
│   │   ├── 个人商品房贷款
│   │   ├── 个人经营汽车贷款
│   │   └── 其他个人经营贷款
│   └── 信用卡
├── 按担保方式
│   ├── 信用
│   └── 担保
│       ├── 抵押
│       ├── 质押
│       └── 保证
├── 按是否可循环
│   ├── 单笔贷款(例如房贷)
│   └── 授信额度类
│       ├── 可循环
│       └── 不可循环
├── 按业务载体
│   ├── 个人贷款
│   ├── 信用卡
│   └── 衍生形态:虚拟信用卡、信用卡代偿
├── 按业务渠道
│   ├── 自有渠道
│   │   ├── 线上
│   │   └── 线下
│   ├── 合作商户渠道(线下为主)
│   └── 合作导流渠道(线上为主)
│       ├── 导流贷超
│       └── 助贷
├── 按还款方式(还款现金流分布)
│   ├── 到期还款(到期一次性还本付息)
│   └── 分期还款
│       ├── 规则分期
│       │   ├── 等额本金
│       │   ├── 等额本息
│       │   ├── 等本等息
│       │   ├── 先息后本(分期还息到期还本)
│       │   ├── 先本后息
│       │   └── 其他分期方式
│       └── 不规则分期(定制化还款计划)
├── 按贷款期限
│   ├── 超短期贷款(数天)
│   ├── 短期贷款(1年以内)
│   ├── 中期贷款(1~5年)
│   └── 长期贷款(5年以上)
└── 按消费场景
    ├── 指定使用场景(一般是特定消费业务场景专项合作)
    ├── 限定消费场景(仅限定用于消费目的)
    └── 不限定场景(现金贷)
```

图 2-1 个人贷款产品分类

图 2-1 所示的产品分类对于建立评分卡模型时进行模型细分有指导意义，这些分类维度也是信用风险的主要驱动因素，在进行评分卡建模时需重点关注。对于各类细分产品，其市场参与方、产品分类、担保方式的情况如表 2-1 所示。

表 2-1 个人贷款各类产品详情

产品子类	市场参与者	产品分类	担保方式
房贷	商业银行 公积金管理中心	按标的类型：个人住房、商业住房 按贷款方式：商业贷款、公积金贷款、组合贷款 按房产类型：一手房（分期房和现房，也可以分为签约项目和非签约项目）、二手房	一般是抵押方式，且有首付要求（首付按国家政策执行） 首付比例的倒数即杠杆比率
消费贷	传统商业银行消费贷和信用卡 持牌消费金融公司 电商与互联网公司：京东、阿里、苏宁等 互联网金融等	按消费场景分为3C产品、汽车、教育、校园、培训、旅游、医疗、租房、装修等 按消费限定分为指定消费场景、限定消费场景、不限定消费场景（现金贷）	一般以纯信用无担保抵押为主，少量线下业务是抵押
经营贷	传统商业银行个人经营贷 传统商业银行小微企业贷 持牌小贷公司 互联网公司供应链融资	按贷款主体分为个贷和小微企业贷	信用、担保（抵押/质押/保证）
信用卡	信用卡中心 卡组织与清算机构	普卡、联名卡、公务卡、专项分期等	纯信用

2. 个人贷款产品要素

个人贷款产品要素是贷款产品的关键特征，对于每一笔贷款，这些产品特征会体现在贷款合同中，产品要素如表 2-2 所示。

表 2-2 个人贷款产品要素

产品要素	要素说明
贷款对象	个人贷款的对象仅限于自然人，不包括法人，不同的贷款产品所限定的借款人范围和具体准入条件要求不同
贷款额度	明确产品额度范围
贷款期限	明确产品期限范围
贷款利率	明确产品利率范围，明确是固定利率还是浮动利率等
担保方式	个人贷款可采用信用、抵押、质押、保证等方式 信用指无担保方式，仅以借款人信用进行授信 抵押担保指借款人或第三人不转移对财产的占有权，将该财产作为贷款担保，当借款人不履行还款义务时，贷款银行有权依法对该财产折价或以拍卖等方式偿还贷款 质押担保指借款人或第三人转移对法定财产的占有权，将该财产作为贷款的担保，常见质押包括有价证券、收益权等 保证担保指保证人和银行约定，当借款人不履行还款义务时，由保证人按照约定履行或承担还款责任

（续）

产品要素	要素说明
还款方式	同一贷款产品可以有不同的还款方式供借款人选择，包括到期还款和分期还款，分期还款根据本息还款方式不同分为等额本息、等额本金、等比累进、等额累进、按月还息到期还本、组合还款等方式
首付条款	对于有首付要求的贷款产品，例如房贷、车贷等，贷款合同明确首付比例，首付的要求一般由银行依据银监法规定最低首付标准自行调整

上述产品要素也是风险策略构建需要考虑的关键因素，例如在准入环节，需要制订授信额度策略和风险差异化定价策略。在银行展业过程中，也应当根据借款人的实际情况，主要是现金流情况以及风险等级，提供适合的贷款期限、还款方式、首付条款等。

3. 个人贷款业务流程

个人贷款产品业务流程如图 2-2 所示。

前端渠道营销获客 ▶ 申请受理贷前调查 ▶ 贷前审查贷款审批 ▶ 贷中签约支付发放 ▶ 贷款回收贷后管理 ▶ 逾期催收 ▶ 不良处置

图 2-2　个人贷款产品业务流程

（1）前端渠道营销获客

零售信贷业务开展的起点即前端获客渠道，获客方式即进件渠道有以下 4 种。

1）自有线下渠道：通过银行网点的柜台获客，或客户经理线下拓客。

2）自有线上渠道：主要包括网上银行、手机银行、微信银行等。

3）合作商户渠道：主要对于消费贷和信用卡，通过业务场景合作商户进行获客。

4）线上导流渠道：主要是与线上流量提供方开展合作，包括互联网公司、贷款超市、助贷机构等。

建模时需要考虑渠道差异，即不同渠道客群风险特征差异以及不同渠道可用数据差异。

（2）申请受理与贷前调查

借款人提交贷款申请，填写必要的申请信息，同时一般银行会要求签署"征信查询授权书"等文件。银行收到申请后会展开贷前调查，对个人贷款申请内容和相关情况的真实性、准确性、完整性进行调查核实，并形成调查评价意见。

线上渠道和线下渠道的调查方式不同。线下渠道获客一般由客户经理对借款人身份及其提交材料的完整性和真实性进行确认，通常需要借款人提供学历证明、婚姻证明、收入流水证明、社保公积金证明等材料，对于经营贷等产品，还需要提供必要的贷款用途支撑证明材料。

线上渠道获客包括两种形式，线上获客线下受理和线上获客线上受理，这里重点介绍线上获客线上受理的流程。线上受理首先通过人脸识别、活体识别证照比对、三要素四要素验证等技术手段对借款人的身份进行确认，并检查材料的完整性，之后通常会联机查询人行征信、第三方外部数据，以及行内借款人信息（如有）等。2020年5月9日，银保监会出台《商业银行互联网贷款管理暂行办法》，对线上业务做出了相应的规范和规定。

贷前调查的方式应以实地调查为主，间接调查为辅，包括现场核实、电话照会以及信息咨询等途径和方法。贷前调查的内容包括但不限于以下内容：借款人基本情况、材料一致性、借款人信用情况、借款人收入情况、对外负债授信担保情况、借款用途等。

贷前调查的重点是核验工作，完成信息收集以及信息核验，确保满足基本准入条件，保证申请材料的完整性和真实性。贷前调查也会有一定的评价性工作，但更多是为中台授信部门提供参考和依据。

（3）贷前审查与贷款审批

贷前审查和贷款审批基于贷前受理和调查环节收集的信息进行贷款决策。

贷前审查是对贷前调查内容的合法性、合理性、准确性进行全面审查，重点关注贷前调查人员的尽职情况和借款人的偿债能力、诚信状况、担保情况、抵质押情况、风险程度等，贷前审查应起到审计功能，确保提供给后续审批环节的材料的准确性。

贷款审批是核心决策环节，包括组织报批材料、审批、提出审批意见，业务部门根据贷款审批人的审批意见进行后续工作。贷款审批分为单人审批、双人审批、多人审批。初次审批意见可能是"同意"或"否决"。对于审批意见是"否决"，且申报机构（部门）认为有充分理由的，可以提请复议。申请复议时申报机构（部门）需要针对上一次审批提出的否决理由补充相关资料。对于提请复议的业务，申报及审批流程和初次申报审批相同。

对于大型银行，贷款的审查和审批一般都由信贷审批中心负责。

完成贷前审查和贷款审批后，贷款审批部门签署审批意见，审批表连同有关材料退还业务部门。银行信贷审批需要严格遵守"审贷分离"制度，即前端业务和审查审批部分职能分离，这也是银行业务内控的要求。

（4）贷中签约与支付发放

在信贷审批部门同意贷款后，由前台业务部门推进后续签约流程。贷款人应与借款人签订书面借款合同，需担保的应同时签订担保合同，贷款人应健全合同管理制度，有效防范个人贷款法律风险。贷款签约主要流程包括填写合同、审核合同、签订合同。

在完成合同签约后，进入贷款发放流程，贷款人应加强对贷款发放的管理，遵循审贷和放贷分离的原则，落实贷款发放条件，发放满足约定条件的个人贷款。借款合同生效后，应按合同约定及时发放贷款。在贷款发放前，应落实贷款发放条件，然后划付到约定账户。

（5）贷款回收与贷后管理

贷款发放后，借款人应当按照合同约定的还款计划按时、足额履行还款义务，银行按时执行贷款还款划扣和回收。

银行贷后管理主要内容如下。
1）贷后检查与持续地贷后资产监控预警，以及必要的贷后尽调。
2）贷款风险分类和不良贷款管理。
3）合同变更管理。
4）贷款档案管理。
5）押品管理。

其中贷后检查是以借款人、保证人、抵质押物为对象，通过客户提供、访谈、实地检查、行内查询等途径获取贷后信息，对影响贷款资产质量的因素进行持续跟踪调查与分析，并采取相应的风险防控和补救措施，从而判断贷款的风险状况，提出相应的事前预防、事中预警、事后补救措施。

（6）逾期催收

逾期催收属于贷后管理，但因为具有特殊性，一般单列出来。

逾期催收是指借款人未能按照合同约定的还款计划履行还款义务时，银行通过短信、电话、信函、上门、委外、诉讼等方式对欠款进行催缴。催收是重运营的工作，工作重点在于优化催收资源配置，提高催收效率。

（7）不良处置

不良处置属于贷后管理，但因为具有特殊性，一般单列。

对于不良资产的处置，除了催收之外，常见的处置手段还包括不良贷款重组、核销、转让出售、资产证券化、债换股等。

近些年随着信贷资产规模扩大，虽然不良率稳中有降，但总体不良余额仍然较大，行业也出现了很多不良资产处置服务的公司，未来不良资产处置仍然是行业热点领域。

4. 个人贷款风险管理

对于个人贷款风险管理，可以从狭义和广义两个角度来理解。从狭义角度，银行最关注的信贷风险包括贷前申请欺诈风险和信用风险。从广义角度，信贷风险还包括利率风险、流动性风险管理、抵押物价格波动风险，以及银行内外部操作风险、信贷业务相关营销风险等。

2.1.2 信用卡

信用卡是记录持卡人账户信息，具备授信额度和透支功能，并为持卡人提供相关银行服务的各类介质，具有消费支付、分期付款、转账结算、存取现金等全部或部分功能。

经过几十年的发展，信用卡产品已经很成熟，并衍生出多种产品形态，特别是在20世纪80年代信用卡引入中国后，衍生出了很多具有中国特色的产品形态。

1. 信用卡产品种类

信用卡可以从不同维度进行分类，如表2-3所示。

表 2-3 信用卡产品种类

分类标准	信用卡产品
按是否向发卡行交存备用金	贷记卡、准贷记卡
按发行对象	个人卡（主卡、附属卡）、公司卡（分为商务差旅卡、商务采购卡等）
按是否联名（认同）	联名（认同）卡、非联名（认同）卡
按卡品牌或组织	银联卡、VISA 卡、万事达卡、美国运通卡、JCB 卡、大来卡等
按账户币种	单币卡（人民币卡）、双币卡、多币卡
按信息载体	磁条卡、芯片卡、磁条芯片复合卡
按卡片规格	标准卡、异型卡

2. 信用卡产品要素

信用卡产品要素如表 2-4 所示。

表 2-4 信用卡产品要素

产品要素	要素说明
信用额度	信用卡信用额度有如下 4 种 1）永久额度 2）临时额度，系统需要记录临时额度的有效起止时间 3）分期额度 4）取现额度，一般取现额度不超过永久额度的 20%
账单日	出账单日，本期账单包含本次出账日和上次出账日之间发生的交易
应还款日	应还款日即本期账单需要还款的日期 通常情况下，银行存量信用卡账户数多达几千万张，银行为了提高信用卡业务的处理效率，会分批次进行处理，另外也会根据用户偏好提供多种灵活的还款日期选择，因此可能会有多个应还款日，通常多个可选应还款日之间间隔 10 天（即一个月有 3 个可选日期）
最低还款额	一般各类信用卡产品的最低还款额比较统一，通常为 10%，银行可以自行设定。如果用户每月还款不低于最低还款额，则不记录逾期，除最低还款额的剩余未还款会自动进入"循环"状态，计入下一期账单，同时处于循环状态的余额会按日计息，这部分金额不再享受免息
利息费率	1）息：循环利息、罚息复利，包括透支利息、罚息 / 违约金 / 滞纳金 2）费：分期手续费、取现手续费 不同银行对于息和费的定义不同，而且可能随着财务口径调整有所变化，通常各大银行会在财报中对利息口径做明确说明。近年来银保监会对规范利息和手续费也有相关政策规定
担保方式	纯信用
还款方式	每期账单出账后，可选择足额还款或者最低还款，也可以选择分期还款（例如账单分期） 选择最低还款时，剩余未还款将计入下期账单，并按日计息 选择分期还款时，本期账单自动转为贷款分期，每期按本金 + 分期手续费方式还款

在信用卡业务系统中，信用卡业务信息按照持卡人、账户、卡、账单、交易的层级依次组织。

3. 信用卡业务形态

信用卡业务包括消费、循环、取现、分期等多种形态，如图 2-3 所示。

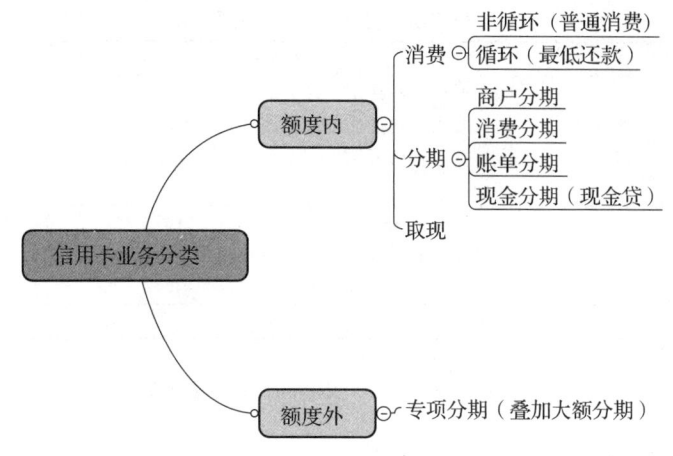

图 2-3　信用卡业务分类

不同业务形态发生在不同阶段，具体如下所示。

1）商户分期、消费分期发生在出账日前。
2）账单分期发生在出账日后、应还款日前。
3）循环（最低还款）发生在应还款日后。
4）额度内现金分期、额度外专项分期比较特殊，性质类似于个人贷款。

4. 信用卡交易结构

信用卡业务交易结构以及参与主体如图 2-4 所示。

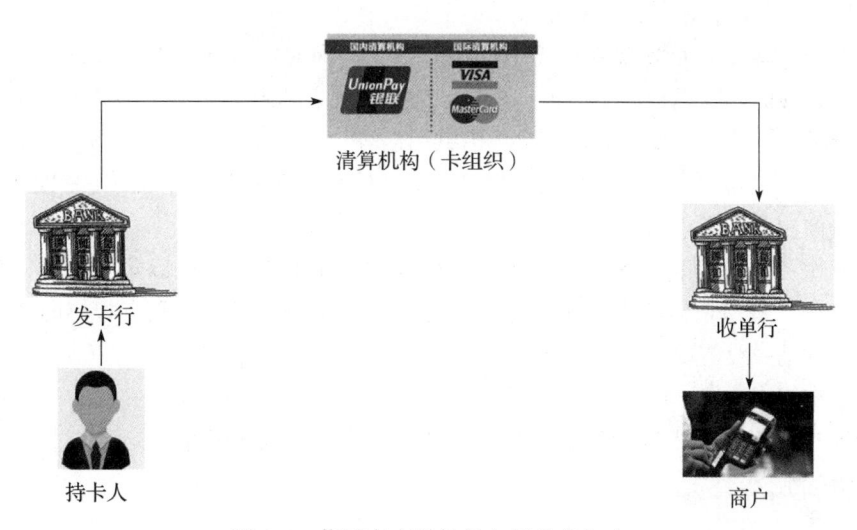

图 2-4　信用卡交易结构与相关参与方

5. 信用卡收益来源

发卡行、收单行和清算机构角色不同，收益来源也有所不同，如表 2-5 所示。

表 2-5 信用卡收益来源

机构	收益来源
发卡行	刷卡返佣：按约定比例分成 利息收入：包括循环利息、罚息复利等 手续费：包括分期手续费、取现手续费 其他收入：如年费、个性化卡面费等
收单行	刷卡返佣：按约定比例分成 商户支付的其他服务费（如POS终端租用费、月费等） 商户收单存款增加所带来的额外收益
清算机构	刷卡返佣：按约定比例分成

商户返佣分成是按照约定比例在发卡行、收单行和清算机构分成。

6. 信用卡业务流程

信用卡与个人贷款相比，产品特征有较大差异，因此业务流程会有所不同，信用卡业务流程如下。

（1）前端渠道营销获客

信用卡的获客渠道包括自有线下渠道、自有线上渠道、合作商联名卡商渠道、线上导流渠道等。

（2）申请受理与贷前调查

申请人填写并提交申请资料，同时银行会要求签署"征信查询授权书"等文件，银行收到申请信后即展开贷前调查，对个人贷款申请内容和相关情况的真实性、准确性、完整性进行调查核实，并形成调查评价意见。

贷前调查的方式以面审面签或者电话照会为主，同时银行联机查询人行征信以及外部数据。贷前调查的内容包括但不限于：材料一致性、借款人基本情况、借款人信用情况、借款人收入情况、对外负债授信担保情况、借款用途等。

贷前调查的工作重点是完成信息收集以及信息核验，确保申请材料的完整性和真实性。

（3）贷前审查与发卡审批

相对于个人贷款而言，信用卡业务比较标准，信用卡审批一般以集中的自动化审批作业方式为主，少量申请需要人工审批介入，需要进行特例审批的，则有相应的特例审批环节。信用卡审批一般需要几个工作日。

（4）制卡发卡

审批通过之后，进入制卡发卡环节。对于实体卡，相关卡片信息会移交制卡中心，制卡后邮寄给持卡人。

（5）激活

持卡人收到卡片后，一般需要通过银行电话客服或手机银行进行激活。

（6）动卡消费、出账还款与贷后管理

信用卡激活后可用于消费刷卡，每月在账单日出账，持卡人应在应还款日还款。

对于银行而言，贷后管理的主要内容如下。

1）管理客户关系。

2）管理营销活动。

3）管理商户。

4）进行贷后检查、持续的贷后资产监控预警以及必要的贷后尽调。

5）进行贷款风险分类和不良贷款管理。

6）管理合同变更。

7）管理贷款档案。

（7）逾期催收

逾期催收属于贷后管理，但因为具有特殊性，一般单列。

逾期催收是指借款人未能按照合同约定的还款计划履行还款义务时，银行通过短信、电话、信函、上门、委外、诉讼等方式对其进行催缴。

（8）不良处置

不良处置属于贷后管理，但因为具有特殊性，一般单列。

对于不良资产的处置，除了催收之外，常见的处置手段还包括不良贷款重组、核销、转让出售、资产证券化、债换股等。

7. 信用卡风险管理

信用卡业务涉及发卡行、收单行、清算机构等，所包含的风险非常复杂。

（1）发卡风险管理

发卡风险包括：信用风险，如信用审批、额度管理、交易授权、逾期催收；欺诈风险，如虚假申请（身份伪冒、资料虚假）、未达卡欺诈（克隆卡、白卡、变造卡）、伪卡欺诈、失窃卡欺诈、非面对面交易欺诈、账户盗用欺诈、持卡人欺诈（道德风险）等。

（2）收单风险管理

收单风险包括商户信用风险、商户虚假申请、商户套现、终端违规移机、合谋伪冒交易、侧录（盗取账户信息）、欺诈性多笔交易、卡号测试、商户违规受理、复制（伪冒）POS终端、欺诈性联机退货等。

（3）清收风险管理

清收风险包括国家风险、清算风险、系统操作风险、项目风险、品牌风险、合规风险、国际汇率风险等。

2.2　信用与信用风险

信用是指按照约定履行承诺或义务而取得的信任。信用风险又称违约风险，是指借款人、证券发行人或交易对方因主观或客观原因，不愿或无力履行合同条件而构成违约，致使银行、投资者或交易对方遭受损失的可能性。

银行面临的主要风险是信用风险，即交易对方不能完全履行合同的风险。这种风险不只出现在贷款中，也会发生在担保、承兑和证券投资等表内、表外业务中。银行如果不能及时识别损失的资产，增加核销呆账的准备金，并在适当条件下停止利息收入确认，就会面临严重的风险问题。

通过上述定义可以看出，对于银行零售信贷业务，信用风险主要来自还款意愿不足和还款能力不足两方面，对信用评价也主要是通过这两方面进行的。

2.2.1 信用风险识别

个人客户的信用风险主要通过分析客户的还款能力和还款意愿两方面进行识别。

1. 还款能力

（1）还款能力的影响因素

还款能力受借款人当前收入、资产状况、负债状况、未来收入、收入稳定性等多方面因素影响，不是仅由当前收入高低决定的。

（2）如何判断还款能力

首先，要分析客户是否具备还款能力。主要是看收入还贷比是否在银行规定的范围内。在借款人提供的收入信息真实的前提下，银行还要重点关注借款人的负债情况，不仅要看借款人在本行是否有其他负债，还要通过征信报告或第三方数据查询借款人在其他金融机构是否有负债。掌握其完整的负债情况，才能准确推算出收入还贷比是否在规定范围内。

其次，要分析客户还款能力是否有保障。主要是通过对借款人基本资料中有关稳定性的信息进行考察，如现居住地稳定性、职业稳定性、家庭稳定性等，还要考察借款人工资收入、经营收入、家庭共有收入及财产等方面产生的现金流的稳定性，预测其未来现金流在满足正常生活开支以后能否覆盖还款额。

最后，要分析借款人是否具有较强的财产实力。现金流只能反映借款人资金的流动性，而充足的资产则可以反映借款人对工作或家庭发生变故的承受能力，即使将来借款人没有了现金流，也有能力通过处置资产偿还银行贷款。对于资产的评估需要重点关注资产价值以及资产流动性（快速处置变现能力）。

2. 还款意愿

（1）还款意愿的影响因素

借款人的道德品质和违约成本是决定借款人还款意愿的首要因素。

（2）如何判断还款意愿

由于信息不对称，通常银行难以在短时间内全面了解借款人的个人品质，这就需要银行通过多种途径获取客户信息，从而判断其还款意愿。在业务受理之初，通过人民银行征信系统查询客户征信记录是否良好，对于线下业务也可同客户的亲戚、熟人、朋友打听，了解借款人为人处世的情况，包括是否有不良嗜好，还可通过面谈直接了解借款人的性格特点。

2.2.2 信用风险评估

防范信用风险的核心是要正确评估和衡量信用风险。国际经济金融界对信用风险评估日益关注。信用风险评估方法主要包括专家判断法和信用评分模型法等。

1. 专家判断法

专家判断法是基础的信用风险评估方法，是商业银行在长期信贷活动中所形成的行之有效的信贷风险分析和管理制度。专家判断法是指银行信贷决策由银行内经过长期训练的具有丰富经验的信贷人员所掌握，并由他们做出是否贷款的决定。因此，在信贷决策过程中，信贷人员的专业知识、主观判断以及某些要考虑的关键要素是最重要的决定因素。常用的专家判断法有 5C 要素法、5P 要素法等。

（1）5C 要素法

5C 指借款人道德品质（character）、还款能力（capacity）、资本（capital）、担保（collateral）、环境（condition）。

道德品质是一种对客户声誉的度量，包括其偿债意愿和偿债历史，指客户愿意履行其付款承诺的可能性，其是否愿意尽自己最大努力来按照承诺还款。客户的品德好坏主要看个人特质，可根据其受教育程度、社会地位以及过去的信用记录来确定。

还款能力指借款人的财务状况是否足够支撑还款行为，主要根据借款人的收入、资产状况进行衡量。如果申请个人经营类贷款，还应判断项目或企业生产经营能力以及获利情况。具有较好的经营业绩、较强的资本实力和合理的现金流量的项目或企业，才具备良好的偿债能力。

对于个人经营类贷款，资本往往是衡量其财务状况的决定性因素，资本雄厚说明具有巨大的物质基础和抗风险能力。

借款人用其资产对其所承诺的偿还行为进行担保，如果发生违约，债权人对于借款人抵押物有要求权。这一要求权的优先性越高，则相关抵押品的市场价值就越高，欠款的风险损失就越低。

环境指对借款人的偿付能力产生影响的社会经济发展一般趋势和商业周期，以及某些地区或某些领域的特殊发展和变动。这是决定信用风险损失的一项重要因素。宏观经济环境、行业发展趋势、区域信用环境和营商环境对个人借款人的收入来源和偿债能力会产生直接或间接的影响。

（2）5P 要素法

有些银行将客户特征归纳为 5P 因素，即个人因素（personal factor）、资金用途因素（purpose factor）、还款来源因素（payment factor）、债权保障因素（protection factor）、前景因素（perspective factor）。

2. 信用评分模型法

伴随个人信贷产业日趋繁荣、大数据技术迅猛发展、数理统计模型技术进步、社会征信体系完善，信用评分模型技术也在蓬勃发展，成为个人授信风险管理的核心技术之一。

信用评分模型诞生于20世纪五六十年代，由美国FICO（费埃哲）最早提出，并使用至今，是商业银行个人授信业务核心且先进的管理技术，被广泛应用在信用卡生命周期管理、购车贷款管理、住房贷款管理等领域，在风险管理、市场营销、客户关系管理等方面都发挥着重要作用。

信用评分模型运用先进的数据挖掘技术和统计分析方法，通过对借款人的人口特征、信用历史记录、行为记录、交易记录等大量数据进行系统分析，挖掘数据中蕴含的行为模式、信用特征，捕捉历史信息和未来信用表现之间的关系，开发出具有较强预测力的模型，以信用评分来综合评估借款人未来的信用表现。信用评分模型能为个人信贷管理人员提供大量具有高度预测能力的信息，帮助管理人员制订行之有效的管理策略，以较高的精度有效开拓市场、管理风险、挖掘收益，实现个人信贷业务的高收益。

风险评分种类很多，其中常见且业内应用较为广泛的主要是申请评分卡（A卡）、行为评分卡（B卡）、催收评分卡（C卡）和欺诈评分卡（F卡）。本书核心内容即全面介绍这些风险评分卡模型的建模方法，具体技术细节见后面章节。

2.2.3 信用风险监测

风险监测报告是信用风险管理的重要环节，对于风险管理的实施和改进极为重要。它可以帮助各级管理人员准确、及时、全面地了解个贷业务资产组合在不同时间点的表现和质量，对风险管理策略进行适时的修正和调整，从而实现风险管理体系的逐步完善。

1. 信用风险监测

信用风险监测是指信用风险管理者通过各种监控手段，动态捕捉信用风险的异常变动，判断其是否已经达到引起关注的水平或已经超过阈值。信用风险监测是一个动态、连续的过程，包括交易级、账户级、客户级风险监测和资产组合风险监测。

2. 信用风险报告

银行应建立一整套信用风险内部报告体系，确保风险管理相关部门都能监测资产组合信用风险变化情况。根据信息重要性、类别及报告层级的不同，商业银行应明确内部报告的频率和内容。

2.2.4 信用风险控制

前面介绍的信用风险的识别、评估、监测用于确定风险损失的可能性和严重性，而信用风险控制是指基于已经识别的风险进行管理和控制，包括事前、事中、事后，常用的信用风险管理手段如下。

1）授信限额管理：包括客户统一授信、合作机构授信限额、区域限额管理、行业限额管理、产品组合限额等。

2）优质客户筛选：客户筛选是从源头降低风险，基于数据分析筛选出低风险高收益的优质客户，特别是在产品发行的早期阶段，风险政策和策略还在磨合，为控制风险，一般也是先通过行内白名单预授信的方式圈定优质客户。

3）业务流程控制：科学优化信贷业务流程和风控流程，对于风险管理尤为重要，实现跨部门、跨业务环节的多方信息互通和协作。

4）有效担保缓释：有效的担保手段包括抵押、质押和保证。但是随着消费金融、互联网信贷业务模式的发展，对担保的依赖慢慢降低了，以纯信用方式担保已逐渐成为主流。

5）及时有效的贷后管理：贷后管理主要是贷后检查、监控和预警，及时预知和发现风险。

6）及时清收处置：在发生逾期后，及时、有效地进行清收，及时止损，防止损失进一步扩大。

7）不良资产处置：不良资产处置包括不良贷款核销、转让出售、不良资产证券化、债务重组等。通过不良资产处置，尽可能将缺乏流动性的资产盘活，能够降低损失，帮助银行丢掉历史包袱，轻装上阵。

2.2.5 征信

信用风险的核心来源是信息不对称，而征信就是让专业、独立的第三方机构为企业或个人建立信用档案，依法采集、客观记录其信用信息，并依法对外提供信用信息服务的一种活动，它为专业化的授信机构提供了信用信息共享平台。

1. 征信机构

征信机构是指依法设立的、独立于信用交易双方的第三方机构。它们专门从事收集、整理、加工和分析企业和个人信用信息资料的工作，出具信用报告，提供多样化的征信服务，帮助客户判断和控制信用风险等。征信机构是征信市场的支柱，在现代市场经济条件下扮演着至关重要的角色，是信息不对称情况下扩大市场交易规模的必要前提。没有征信机构承担的社会功能，社会信用很难充分发挥作用。征信机构可按照如下3种方式进行划分。

1）按业务模式可以分为企业征信机构、个人征信机构。
2）按服务对象可以分为信贷征信机构、商业征信机构、雇佣征信机构。
3）按服务范围可以分为区域征信机构、全国征信机构、跨国征信机构。

2. 征信体系

征信体系由与征信活动有关的法律规则、组织结构、市场管理、文化建设、宣传教育等共同构成。征信体系的主要功能是为信贷市场提供服务，同时因其具有较强的外延性，也服务于商品交易市场和劳动力市场。

社会信用体系是市场经济发展的必然产物，也受各国文化和历史影响。征信体系主要有市场主导、政府主导和会员制3种。我国采用的是市场主导和政府主导相结合的模式。

3. 征信数据库

征信数据库就是利用社会各类信用主体的调查数据及其经过分类整理之后的信用信息所建立的资源库，是信用信息收集和信用记录的一种重要形式。征信数据库通常是由专业化且独立的第三方机构为社会各类经济主体建立的信用档案和基础数据库，通过依法采集、整合、使用、管理和报告不同社会经济主体的信用信息，建立可实时更新、动态调整的信用档案，依法对外提供各类信用主体的信用报告。

我国的征信数据库结构如图2-5所示。

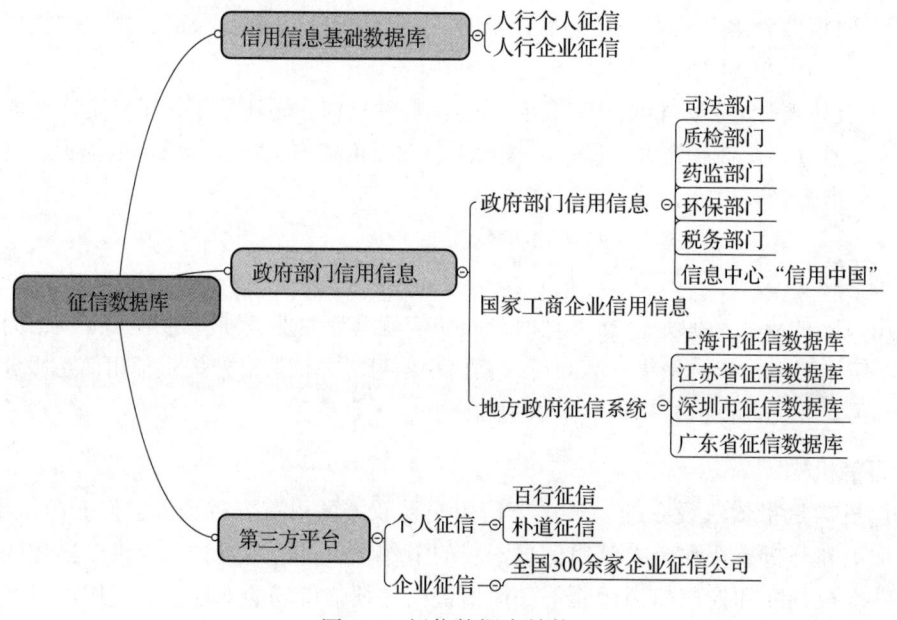

图2-5 征信数据库结构

截至目前，在个人征信领域，除了人行征信中心外，获得合法个人征信牌照的征信机构仅百行征信和朴道征信两家，即只有这两家是合法且有资格的个人征信机构。

2.3 欺诈与欺诈风险

欺诈是行为人故意制造假象或隐瞒事实真相并可能使他人误解、上当的行为。欺诈的本质是虚假或隐瞒。欺诈风险是指因欺诈行为带来的可能的潜在的损失。

2.3.1 欺诈风险的分类

在银行零售信贷领域，欺诈可以从不同角度进行分类，如表 2-6 所示。

表 2-6 欺诈风险的分类

分类角度	分类
按欺诈行为	1）身份伪冒：冒用他人身份骗取贷款 2）资料造假：通过伪造资料获得本不具备资格获取的贷款 3）中介包装：由中介进行包装，获取佣金，通常伴随着资料造假 4）恶意骗贷：借款人是本人，但从借钱的那一刻起就没想还钱 5）团伙欺诈：局部地区集中的团伙作案，性质恶劣，并已逐渐发展为"黑产" 6）欺诈黑产：现在越来越多的欺诈以"黑产"形式存在，形成分工明确的产业链
按欺诈阶段	1）申请欺诈 2）交易欺诈
按欺诈对象	1）第一方欺诈：借款人本人 2）第二方欺诈：银行内部人员单独或串通作案 3）第三方欺诈：第三方身份伪冒
按欺诈场景	（1）金融信贷领域 1）申请欺诈 2）交易欺诈（信用卡交易欺诈、信用卡套现、消费金融商户套贷） 3）营销欺诈（营销薅羊毛） （2）金融资金交易领域 1）资金交易安全和支付安全、电信欺诈 2）洗钱 （3）电商互联网领域 1）机器注册、电商刷单、电商刷评论、广告作弊虚假点击 2）营销薅羊毛 3）账号安全

2.3.2 欺诈风险的防范

欺诈风险防范比较有效的手段、技术、工具和抓手如下。

1）采用身份识别、活体识别、三要素四要素验证。
2）建立黑名单、多头借贷库和信誉库。
3）黑产设备和行为特征提取（基于规则）。
4）建立欺诈评分模型（有监督学习）。
5）建立聚类与异常检测模型（无监督学习）。
6）关联网络挖掘（无监督学习）。

需要特别说明的是，随着机器学习特别是深度学习技术在智能风控领域的应用越来越多，基于无监督学习和关联网络挖掘的模型效果会更出色。

2.3.3 欺诈风险与信用风险比较

在实际业务中，欺诈风险与信用风险的界限并不是泾渭分明的，实际上有头部银行在风控实践中甚至并未对两者做严格的区分。

在笔者看来，欺诈风险和信用风险存在一定差异，主要体现在如下方面。

1）欺诈风险属于操作风险范畴，欺诈的核心在于"虚假"，而且欺诈风险如果造成重大损失的，则可能会触犯刑法，例如信用卡诈骗、信用卡恶意透支等。

2）欺诈风险具有动态性和对抗性，欺诈具有明显的对抗性和显著的动态性，原来设定的欺诈规则随时可能会失效，使用监督学习模型的反欺诈模型的预测效果可能会随时间较快衰减。

3）从建模技术角度，两者也存在一定区别。

- 欺诈更关注短期行为，因为欺诈分子的目的一般是"捞一把就跑"，通常不会潜伏或逗留太久，所以模型目标 Y 以短期快速逾期表现为主。
- 两者所使用的特征变量侧重点有差异，欺诈风险模型更倾向于构造反映欺诈的特征。
- 在模型选择方面，欺诈模型更多使用非监督学习方式。
- 反欺诈对于实时性有更高要求，特别是交易反欺诈和支付反欺诈场景，都要求做到实时欺诈识别。

2.4 本章小结

本章详细介绍了银行零售信贷产品的特征、业务流程和风险管理，并对信用风险和欺诈风险做了初步探讨。这些内容对于风险建模有重要的指导意义，只有对产品特征和风险本质有深刻理解，才能实现有效的顶层设计，才能构造出有用的风险特征，并开发出效果好的评分卡模型。

第 3 章 Chapter 3

业务需求理解

基于 IBM CRISP-DM 数据挖掘和量化建模方法论，数据挖掘和建模流程总是从业务需求理解开始的。业务需求理解是在建模前期通过业务访谈和资料收集等形式，理解拟解决问题的定义、业务需求范围和业务目标，并了解具体的业务情况和数据情况。

3.1 业务需求理解概述

理解和界定拟解决的问题，即明确要解决什么问题、为什么要解决这个问题、要达到什么业务目标，需要对业务场景、业务流程、产品特征、客户特征有准确的理解，同时也需要对数据状况进行详细了解，做到对业务和数据两方面深入了解。如果分析建模人员对业务和数据不甚了解，仅从技术角度思考问题，轻则构建的模型不适用业务场景，重则会带来极大的风险。在正式建模之前必须对业务和数据进行全面的了解，从整体上把握建模的方向和方法，建立模型和策略的顶层设计方案，为后续建模过程指引明确的方向。

3.2 明确拟解决问题和分析目标

分析建模一般是业务问题或业务目标驱动的，即业务面临特定问题或设定特定业务目标，由分析建模人员设计模型和策略，以解决问题或达成目标。

1. 定义正确的问题

在开始分析和建模之前，正确定义问题很重要，只有正确定义问题，才能确保"看透本质"和"方向正确"。在日常生活和工作中，人们常犯的错误是定义了错误的问题，即定义的问题并非核心问题，未能抓住问题本质，因此不能有效解决问题。方向正确比努力更重要，如果从一开始就没能正确地定义问题，后续所有的努力都是在错误的方向上越走越远。

定义了正确的问题，就抓住了问题的症结。对症下药，才能做到药到病除。在建模前应思路清晰，多问为什么，多思考提出这个需求的原因和依据是什么，是否满足了所提的需求就一定能解决业务所面临的问题。

2. 明确真正的需求

一般来说，可以把业务需求分为3个层次：需求提出方理解的需求、有效的需求、可实现的需求。

1）需求提出方理解的需求即业务部门基于对业务的理解所提的需求。大多数情况下，业务部门理解的需求是比较准确的，而且作为需求提出方具备信息优势，处于相对有利的位置，但有些情况下，业务部门因已有经验和视角局限，或者不清楚技术和数据情况，提出的需求不一定都是有效且正确的需求（即伪需求或非现实需求），此时需要分析建模人员发挥主观能动性，与业务部门共同讨论、分析并确定需求目标。

2）有效的需求是对业务部门理解的需求做进一步分析并去除伪需求后所得到的需求，并且如果还有其他真正能解决问题的方案思路，则也应当纳入需求考虑范围，最终形成能真正解决问题的需求。

3）有效的需求不一定都是在当前资源条件下可实现的需求，例如需求依赖于数据积累，虽然短期内实现不了，但是随着业务发展，会逐渐具备实现条件。从有效的需求中结合对当前资源情况和实施能力的评估，确定可实现的需求，同时制订实施蓝图和规划，分步骤、有计划地执行。

3. 确定分析建模目标

在完成问题定义和需求明确后，需要确定分析建模目标，即要做什么以及要做到什么程度、实现什么效果。不论是建立预测模型还是优化模型，都需要明确目标，并且目标应当是清楚定义且可以量化的。没有明确、清晰的目标，就无法量化地评价模型结果。

在银行风险管理领域，一般会有多业务目标，例如对于信用审批，最常见的评价目标包括审批通过率、自动化审批率、（审批通过）坏账率等。一般来说，这些指标是彼此制约、此消彼长的，在建模前需要明确核心目标，例如：当前业务已经不是快速扩张阶段，建模的核心目标是在审批通过率不降低的情况下有效降低坏账率（相对值）。

3.3 业务访谈的设计和实施

一般来说，分析建模工作的实施主体包含甲方（银行内部分析部门）和乙方（外部咨询服务方）。

甲方分析师通常已经对行内业务、数据情况以及行内风险决策体系比较熟悉，因此不需要花太多时间额外进行业务访谈，但在正式开始建模前和业务部门进行详细的需求沟通还是有必要的。

但乙方分析师在开始实施一个分析项目的时候通常对银行的业务、数据以及风险决策体系缺乏了解，因此需要通过正式的业务访谈在短期内快速了解行方业务和数据情况。

1. 业务访谈的内容

业务访谈需要了解的内容包括以下3项。

1）需求目标：包括项目需求范围和业务目标，了解业务需求的背景、当前业务痛点、面临的挑战、要解决的问题和希望达成的业务目标。

2）业务情况：包括产品特征、产品政策、业务流程、风控流程、获客渠道、客群特征和关键风险点等。

3）数据情况：包括从系统、数据库、数据表、字段、码值5个层面了解行内数据资源、业务流程和数据的映射关系，以及风险规则、模型、策略的情况和风险决策系统情况等。

2. 业务访谈的流程

业务访谈需要有目的、有计划地组织和实施，主要流程如下。

（1）业务访谈设计

明确访谈目的、访谈目标对象、访谈问题清单、访谈时间计划等。业务访谈设计包含业务访谈问卷设计、业务访谈过程设计两部分。

（2）业务访谈实施

业务访谈实施过程需要注意以下问题：访谈需要分部门，不同部门可以回答的问题范围不同。有些问题无法简单回答，需要受访对象提前准备并提供补充数据材料和资料文档。问卷需要提前发出，需要受访对象提前准备，没有准备的访谈是低效的。

（3）业务资料收集

业务访谈过程中，除了一部分的问题可清楚全面地回答外，更多情况下，只通过访谈问答是不够的，还需要行方额外提供业务数据明细，包括但不限于产品手册、授信政策说明、业务流程图、外部数据说明。

（4）业务访谈结果整理

访谈完成后，需要对访谈结果进行汇总整理，作为后续撰写业务访谈分析报告的依据。

（5）业务访谈分析报告撰写

对业务访谈收集的资料进行梳理，深入、准确地理解业务和数据，为后续模型设计和策略设计提供依据。

3.4 整体分析方案设计

在完成业务访谈和分析后，基于业务访谈分析的结果进行建模方案的全局规划。整体分析方案设计包括以下两项。

1. 模型策略整体方案

模型策略整体方案属于设计层面，好比建筑设计师做总体规划，需要论证方案的理论逻辑可行性。例如需求是建立申请评分卡模型以提升自动化审批率，同时有效控制坏账率，那么应先对客群进行初步分析和细分，然后分客群建立多个申请评分卡模型，并基于申请评分构建单评分 Cutoff 策略或者多维度评分交叉构建审批策略，以此满足提升自动化审批率并有效控制坏账率的需求。

2. 建模实施流程计划

建模实施流程计划属于实施层面，好比建筑工程师制订实施细节。需要明确的内容包括可用数据源情况、需要做哪些数据清洗、需要做哪些数据分析、特征如何衍生、如何做模型设计和模型训练调参，并制订初步的建模实施流程和时间计划。

3.5 本章小结

从本章开始我们正式进入建模核心流程。本章介绍了建模的第一个环节，即理解业务需求，重点介绍了明确拟解决问题和目标、业务访谈的内容、方法和流程，整体分析方案的设计等。

第 4 章

数据基础决定模型效果上限

模型效果和质量的影响因素包括数据的质和量、特征工程质量、模型设计方案等，其中数据的质和量无疑是最具决定性和基础性作用的，所谓"巧妇难为无米之炊"，如果数据的信息域、样本量和信息维度不足，或者数据本身并不具备预测力，则很难建立有效的预测模型。本章将从源数据角度介绍建模的数据基础以及对建模的影响。

4.1 关于数据的系统性认识

以数据为研究对象的学科领域包括数据科学和数据工程：数据科学的重点在于对数据进行分析和建模，以便从数据中提取有价值的信息，偏分析层面；数据工程的重点在于数据的采集、存储、处理、服务等，偏工程层面。

大多数情况下，数据分析的过程必须包括数据探索。对于数据探索可以有两个层面的理解：一是仅利用一些工具对数据特征进行查看；二是通过探索，理解业务含义，感知数据价值，并由此决定后续数据加工和处理的逻辑。对数据进行探索、预处理和分析，既需要技术手段的支撑，也需要具备数据分析经验和对业务问题有深入的理解。对数据进行处理和探索，依赖于对数据本身的理解，包括数据的业务逻辑、数据的存储逻辑等。

4.1.1 数据基本特征

1. 定类型、定序型、定距型、定比型

度量特性反映了数据的业务含义，按照度量特性，数据可以分为定类型、定序型、定距型和定比型 4 类。

1）定类型指无序的数据，例如性别。

2）定序型指有序的数据，例如学历。

3）定距型指有刻度单位的数据，虽然不能进行乘和除操作，但是可以相减以计算距离或差异，例如温度、年龄。

4）定比型数据可以进行各种数值型操作，特别是相比操作，例如金额、比例。

在有些文献中数据也分为三大类，区间型、序数型、分类型，即将定距型和定比型数据合并为区间型，定类型即为分类型，定序型即为序数型。

对数据度量特性的理解和判断将影响和决定后续数据处理的方式，如果一个数据是定类型的，虽然用数值 1、2、3 等进行存储，但数值的相对大小与业务含义并不对应，这种情况下必须要将数值转换成类别编码，不能直接将数值代入模型中。

2. 连续型与离散型，数值型与分类型

更简单的数据分类方式是分为连续型和离散型或者数值型和分类型。通常将定类型和定序型数据归为离散/分类型数据，定距型和定比型数据归为连续/数值型数据，这种对应并不严格。

注意这里提到的"数值型"是数据业务逻辑层面的概念，而非计算机物理存储层面的概念。例如年龄，业务逻辑理解应当是数值型的，但可能因为特殊原因，例如数据导出时就是以带引号的数字存储的，导致在数据库中以 char 方式存储，在后续数据处理过程中就需要将其转换成数值型。又例如性别，业务逻辑理解应当是分类型的，但可能因为自定义编码在数据库中是以数字形式存储的，在后续数据处理过程中就需要将其转换成分类型。

如果不了解字段的实际业务含义，仅以存储数据的格式为依据，分析人员可能会出现数据类型判断失误。数据库中以数值形式存储的 1，业务含义不一定是数值型，也可以是分类型，例如性别，其实际业务含义是分类型的变量。

3. 数据类型

数据库中的数据类型一般可以分为整型、浮点型、字符型、日期型、时间型、日期时间型、时间戳型等，不同的数据库系统的数据类型定义和分类会有一定的差异。

不论是何种数据类型，本质上在计算机底层数据存储的都是数值型或者字符型，数值型是按数值的 bit 编码方式，而字符型是按 ASCII 编码方式（多语种符号有更多编码方式，例如 Unicode、UTF8、GBK 等），例如 bit 位 00 000 000，如果是数值型变量则代表数字 0，如果是字符型变量则代表空白，至于内存段的 bit 位 00 000 000 是数字 0 还是空白字符，取决于数据类型定义。

需要注意的是，不同的编程语言或数据系统所定义的数据类型集合以及计数起始点是不同的，在跨系统时需要考虑这种差异带来的潜在影响。例如 SAS 中的数据类型只有两种：数字型 Num 和字符型 Char。SAS 中所谓的日期型、时间型，均是数据格式的概念。例如对于日期变量，有的数据库系统是从 1960 年 1 月 1 日开始计数，有的数据库系统（SAS、Excel）是从 1900 年 1 月 1 日开始计数，在跨系统读取时可能会出现数值错误。

4. 数据格式

数据库或编程语言中的数据格式用于指定数据显示的形式，例如日期型可以显示为 2020-07-11，也可以显示为 2020/07/11。同一个日期在底层存储的是同一个数值，但可以显示为不同的格式，在 SAS 中定义了几十种数据显示格式。

需要注意的是，SAS 中数据类型和数据格式这两个概念是有区别的。SAS 中的数据类型只有两种：数值型和字符型。而数据格式有很多种，同一数值可以显示为不同格式，例如：SAS 中变量取值为 3.123，用 format=10.2 则显示为 3.12，用 format=10.3 则显示为 3.123，但底层物理存储的值是一样的。

形象地说，可以将数据格式视作数据的视图，而数据类型决定了数据的底层存储，同一底层数据存储值可以以不同的数据格式展现。

5. 结构化、半结构化、非结构化

数据按照存储形态可以分为结构化、半结构化、非结构化。

结构化是指数据有行列结构，通常以二维表的方式存储在数据库、数据文件或内存变量中。时序数据和空间数据，因为有固定结构，所以一般被当作结构化数据。

半结构化是指存在约定结构格式但没有显式的行列结构，最常见的是 XML、JSON、HTML 等格式的数据。半结构化数据可以通过解析转换成多结构化表。

非结构化是指没有约定结构，最常见的如图像、语音、视频、文本等。非结构化数据在计算机中也是有固定编码的，可以通过"特征提取"来提取结构化的特征。近些年出现的深度学习技术，更准确地说是表征学习技术，可以实现端到端的学习，不用依赖显式的特征提取。

需要强调的是，随着大数据和人工智能技术的发展，半结构化和非结构化数据在数据分析和数据挖掘领域的应用越来越普遍，对于分析建模师，有必要掌握半结构化和非结构化数据处理、特征提取和建模技术。

6. 数据维度

维度是人们观察事物的角度。从不同的维度观察数据，可能会得到不同的结果，同时也使人们可以更加全面和清楚地认识事物的本质。数据的维度是定义数据指标的角度，即指标是针对给定一组变量细分、计算出来的。维度可以简单理解为类似于计算指标 SQL 的 group by 语句中的一组变量。数据维度的示例如图 4-1 所示。

当数据有了维度的概念之后，便可对数据进行多维分析。常见的多维分析主要有钻取、切片、切块和旋转。钻取是改变维度的层次，即变换分析的粒度（类似于放大镜或镜头调整焦距），包括上钻和下钻。上钻是在某一维上将低层次的细节数据概括到高层次的汇总数据，

减少了分析的维数。下钻则是相反，它是将高层次的汇总数据进行细化，深入到低层次的细节数据，增加了分析的维数。对于切片和切块，在多维分析中，如果在某一维度上限定了一个值，则称为对原有分析的一个切片。如果对多个维度进行限定，每个维度限定为一组取值范围，则称为对原有分析的一个切块。在多维分析中，维度都是按某一顺序显示的，变换维度的顺序和方向或交换两个维度的位置的操作称为旋转。

时间维度	产品维度	省份 值								地域维度	
		广东		江苏		山东		浙江		销售额汇总	转化率汇总
日期	产品类型	销售额	转化率	销售额	转化率	销售额	转化率	销售额	转化率	指标维度	
⊟1月1日	A	12402	6.02%	6705	5.46%	4212	5.89%	7533	6.00%	30852	5.84%
	B	1575	6.64%	3258	4.00%	828	7.89%	2259	4.86%	7920	5.85%
	C	5796	4.68%	6930	7.67%	1701	7.38%	1134	4.76%	15561	6.12%
1月1日 汇总		**19773**	**5.78%**	**16893**	**5.71%**	**6741**	**7.06%**	**10926**	**5.21%**	**54333**	**5.94%**
⊟1月2日	A	12492	6.33%	6471	5.86%	4140	5.95%	7533	6.25%	30636	6.10%
	B	1566	6.92%	2457	4.05%	1170	5.25%	1737	5.20%	6930	5.35%
	C	8883	7.68%	8253	7.37%	1890	6.60%	1575	10.48%	20601	8.03%
1月2日 汇总		**22941**	**6.98%**	**17181**	**5.76%**	**7200**	**5.93%**	**10845**	**7.31%**	**58167**	**6.50%**
⊞1月3日		18072	6.12%	17685	6.01%	7569	6.73%	10089	7.71%	53415	6.65%
⊞1月4日		18153	7.70%	11250	6.81%	6255	8.70%	9270	7.60%	44928	7.70%
⊞1月5日		17856	6.66%	11043	5.00%	6597	7.22%	10575	6.15%	46071	6.26%
⊞1月6日		26865	6.19%	12762	6.16%	6165	8.20%	10872	7.60%	56664	7.03%
⊞1月7日		18072	7.00%	13500	5.73%	6129	8.31%	9783	8.17%	47484	7.30%
⊞1月8日		23094	7.24%	14454	6.12%	7650	8.07%	11313	5.81%	56511	6.81%
⊞1月9日		19692	5.30%	15372	6.21%	9567	6.85%	9324	4.14%	53955	5.63%
⊞1月10日		20439	7.52%	12915	5.88%	7641	5.72%	9855	6.38%	50850	6.37%
总计		**329976**	**6.45%**	**215487**	**5.91%**	**103635**	**7.02%**	**156087**	**6.48%**	**805185**	**6.47%**

图 4-1 数据维度示例

7. 数据粒度

数据粒度是指数据仓库中数据的细化和综合程度。根据数据粒度细化标准，细化程度越高，粒度越小，细化程度越低，粒度越大。根据数据仓库中的数据粒度，我们可以估计数据仓库存储空间的大小。

数据粒度可以形象地理解为比例尺、分辨率、放大镜。对于指定维度，例如日期维度，不同的粒度是指年、月、日等，越向下，数据粒度越细，同时数据存储量以及对数据库的处理能力要求就越高，可以从高粒度层次下钻（明细），也可以从低粒度层次上钻（汇总）。

4.1.2 常见数据问题

1. 数据 PIT 问题

数据 PIT（Point In Time，时点）问题是建模过程中常见但是很容易被忽视的问题。对于离线建模，通常基于历史数据建模，所有数据都必须回溯到历史时点，使用历史时点的数据。这就要求银行在做数据存储时保留变更（修改和删除）的轨迹历史信息，而不是仅保留当前的最新状态信息，仅保留当前最新状态信息不能实现历史数据和状态的回溯。

忽视数据 PIT 问题，可能导致变量时间穿越，即用未来的数据预测未来的目标，这种情况会带来建模逻辑错误。

2. 数据回溯问题

数据可回溯是指可以回到历史时点得到当时时点的数据。离线建模经常遇到数据不可回溯问题，数据的不可回溯性包括如下3种情况。

1）时点状态数据原址更新，但未保存历史时点快照。

2）数据实时API接口服务用完即走，并未落库。

3）回溯时点之后数据库升级，例如数据只在回溯时点之后才开始采集。

数据回溯可能存在"伪回溯"问题，特别是在采购外部第三方数据前进行数据测试时可能会面临这个问题。"伪回溯"即表面上看数据回到建模时点，但数据加工逻辑中隐含地使用了当前的数据。在采购外部第三方数据前进行数据测试时需要保持警惕，避免出现"伪回溯"问题。"伪回溯"问题带来的后果是，采购前测试效果很好，上线后效果明显下降。

3. 热数据与冷数据

银行数据有冷数据和热数据之分。热数据是需要被计算节点频繁访问的在线类数据。冷数据是不需要经常访问的数据，比如企业备份数据、业务与操作日志数据、话单与统计数据。对于已经结清的账户，可以保存在单独的已关户账户表里，对应的流水数据也可以单独保存，这样有利于提高存量账户表数据处理性能。

在提取数据及进行数据处理时，需要有冷数据与热数据的意识，避免数据提取不全或者数据处理逻辑错误。例如建模会用到客户/账户信息表，一般是提取最新时点信息表，需要确保冷数据的客户/账户仍然保留在表里，否则会出现关联不上客户信息的情况。

4. 松耦合与弱连接

多数情况下，信贷业务数据都是紧耦合的，表和表通过明确的主键和外键进行关联，但在某些情况下，两个数据表之间可能不存在明显的业务关联意义，也就不存在显式的连接关系了。

1）人行征信数据：人行征信查询一般是独立的外部数据查询前置，信贷申请表与人行征信可能不是通过一个键进行关联的。

2）外部第三方数据：一般是根据用户实体和时间戳进行连接，但本身没有直接的业务关联。

3）设备行为信息：用户在设备上操作行为轨迹，与本笔业务之间没有直接的关系。

4.2 传统信贷业务数据

对于零售信贷风险建模，通常需要经过数据访谈、确定数据源、提取数据、数据探索与理解、数据清洗与预处理、数据业务分析等环节。读者在第3章对数据情况有了基本的了解，接下来就是确定数据范围并提取数据。

不同的风险模型使用的数据存在一定的差异，但大部分是共同的，本节介绍零售信贷常用的业务数据。

4.2.1 贷款可用数据

对于个人贷款业务，零售信贷风险建模可用数据如表 4-1 所示。

表 4-1 零售信贷风险建模可用数据（额度类贷款）

数据来源	阶段	内部数据
内部数据	贷前	本笔贷款申请时点客户信息表
		本笔贷款申请信息表
		本笔贷款申请信息辅助表（抵押物担保、房产信息）
	贷中	本笔贷款审批决策结果表
		本笔贷款合同信息表
	贷后	本笔贷款提款支用借据表
		本笔贷款放款信息表
		本笔贷款还款汇总信息表
		本笔贷款还款流水明细
		本笔贷款贷后月度逾期表现
		本笔贷款贷后月度五级分类
	通用（与本笔贷款阶段无关，主体时间松关联，客户级）	客户在行内其他资产、负债、中间业务数据
		客户设备、App 操作行为数据
外部数据	贷前	本笔贷款合作机构传来数据（流量平台 / 贷款超市 / 合作车商 / 消费贷产品信息）
	通用（与本笔贷款阶段无关，主体时间松关联）	人行征信
		百行征信
		外部公检法 / 工商 / 社保 / 公积金 / 税务
		外部地方政府征信机构
		外部第三方黑名单 / 评分 / 标签

4.2.2 信用卡可用数据

对于信用卡业务，风险建模可用数据如表 4-2 所示。

表 4-2 零售信贷风险建模可用数据（信用卡）

数据来源	阶段	数据源表
内部数据	贷前	本笔申请申请时点客户信息表
		本笔申请申请信息表
	贷中	本笔申请审批决策过程表
		本笔申请审批决策结果表

（续）

数据来源	阶段	数据源表
内部数据	贷后	月度账户信息汇总表
		月度卡片信息汇总表
		账户层月度账单表
		卡片交易流水表
		月度交易流水汇总表
	通用（与本笔贷款阶段无关，主体时间松关联，客户级）	客户在行内其他资产、负债、中间业务数据
		客户设备、App操作行为数据
外部数据	贷前	本笔申请合作机构传来数据（流量平台/贷款超市/合作车商/消费贷产品信息）
	通用（与本笔贷款阶段无关，主体时间松关联）	人行征信
		百行征信
		外部公检法/工商/社保/公积金/税务
		外部地方政府征信机构
		外部第三方黑名单/评分/标签数据

4.3 征信数据

对于银行信贷风控，征信数据是非常核心和重要的。征信数据记录了借款人在持牌金融机构的信贷或融资情况，不仅限于商业银行和持牌消费金融公司，也包括证券、担保等机构。实践证明，征信数据对于借款人违约具有很强的预测力，本节对征信报告（特别是人行征信报告）进行详细的介绍。

4.3.1 征信数据概述

截至目前，在个人征信领域，除了人行征信中心外，获得合法个人征信牌照的征信机构仅百行征信和朴道征信两家。

1. 人行征信

中国人民银行征信系统是国家信用信息基础设施中最重要的部分，包括企业信用信息基础数据库和个人信用信息基础数据库。

企业信用信息基础数据库的建设始于1997年，并在2006年7月实现了全国联网查询。截至2014年年底，该数据库收录企业及组织1000多万户，其中600多万户有信贷记录。

个人信用信息基础数据库的建设始于1999年，2005年8月底完成与全国所有商业银行和部分有条件的农信社的联网运行。2006年1月，个人信用信息基础数据库正式运行。截至2015年，该数据库收录自然人数8.7亿人，其中3.7亿人有信贷记录。

2. 百行征信

百行征信有限公司是在中国人民银行的监管指导下，由中国互联网金融协会联合芝麻信用管理有限公司、腾讯征信有限公司、深圳前海征信中心股份有限公司、考拉征信服务有限公司、鹏元征信有限公司、中诚信征信有限公司、中智诚征信有限公司、北京华道征信有限公司 8 家机构共同发起组建的市场化征信机构。2018 年，百行征信获得我国第一张个人征信业务牌照，并落户深圳。2020 年 7 月，百行征信完成了企业征信业务经营备案，成为国内拥有个人征信和企业征信双业务资质的市场化征信机构。

百行征信在个人征信行业的发展具有里程碑意义，所用数据源来自 8 家机构，数据具有很强的互联网金融属性，是人行征信的有效补充。

3. 朴道征信

中国人民银行于 2020 年年底批准了朴道征信有限公司的个人征信业务许可，这是继百行征信有限公司之后，第二家拿到牌照的个人征信机构。朴道征信有限公司的业务范围为个人征信业务。

由于人行征信报告是使用频率最高的征信数据，因此本节主要介绍人行征信，对百行征信和朴道征信感兴趣的读者，可以通过查询官方文档做进一步了解。

4.3.2 一代人行征信

一代人行征信指的是在 2019 年以前的个人征信。一代人行征信报告的数据内容和结构如表 4-3 所示㊀。

表 4-3 一代人行征信数据内容和结构

信息分类	数据块
0<Header>[1:1] 报告头	0.1<MessageHeader>[1:1] 报告头描述：[Messageheader]
	0.2<QueryReq>[1:1] 查询请求信息：[QueryReq]
1<PersonalInfo>[1:1] 个人基本信息	1.1<Identity>[1:1] 身份信息：[Identity]
	1.2<Spouse>[1:1] 配偶信息：[Spouse]
	1.3<Residence>[1:N] 居住信息：[Residence]
	1.4<Professional>[1:N] 职业信息：[Professional]
2<InfoSummary>[1:1] 信息概要	2.1<CreditCue>[1:1] 信用提示
	2.2<OverdueAndFellback>[1:1] 逾期及违约信息汇总
	2.3<ShareAndDebt>[1:1] 授信及负债信息汇总描述
3<CreditDetail>[1:1] 信贷交易信息明细	3.1<AssetDisposition>[1:N] 资产处置信息：[AssetDisposition]
	3.2<AssurerRepay>[1:N] 保证人代偿信息：[AssurerRepay]
	3.3<Loan>[1:N] 贷款明细
	3.4<Loancard>[1:N] 贷记卡明细
	3.5<StandardLoancard>[1:N] 准贷记卡明细
	3.6<GuaranteeInfo>[1:N] 对外担保信息汇总：[GuaranteeInfo]

㊀ 为便于区分，本书用带"【 】"符号的序号表示二代征信，不带"【 】"符号的序号表示一代征信。

（续）

信息分类	数据块
4<PublicInfo>[1:1] 公共信息明细	4.1<TaxArrear>[1:N] 欠税记录：[TaxArrear]
	4.2<CivilJudgement>[1:N] 民事判决记录：[CivilJudgement]
	4.3<ForceExecution>[1:N] 强制执行记录：[ForceExecution]
	4.4<AdminPunishment>[1:N] 行政处罚记录：[AdminPunishment]
	4.5<AccFund>[1:N] 住房公积金参缴记录：[AccFund]
	4.6<EndowmentInsuranceDeposit>[1:N] 养老保险金缴存记录：[EndowmentInsuranceDeposit]
	4.7<EndowmentInsuranceDeliver>[1:N] 养老保险金发放记录：[EndowmentInsuranceDeliver]
	4.8<Salvation>[1:N] 低保救助记录：[Salvation]
	4.9<Competence>[1:N] 执业资格记录：[Competence]
	4.10<AdminAward>[1:N] 行政奖励记录：[AdminAward]
	4.11<Vehicle>[1:N] 车辆交易和抵押记录：[Vehicle]
	4.12<TelPayment>[1:N] 电信缴费记录：[TelPayment]
5<Announce>[1:1] 声明信息	5.1<AnnounceInfo>[1:N] 本人声明：[AnnounceInfo]
	5.2<DissentInfo>[1:N] 异议标注：[DissentInfo]
6<QueryRecord>[1:1] 查询记录	6.1<ReordSummary>[1:1] 查询记录汇总
	6.2<RecordInfo>[1:N] 查询记录明细

4.3.3 二代人行征信

人行征信报告于 2019 年年初正式从一代切换到二代，二代征信的技术标准见人行征信中心发布的如下 3 个技术标准文档。

1）《人民银行征信系统标准：数据查询接口规范 通用要求（二代试行）》
2）《人民银行征信系统标准：数据查询接口规范 信用报告查询（二代试行）》
3）《人民银行征信系统标准：产品说明 个人信用报告（二代试行）》

参照网上可查阅的人行征信中心公布的产品说明，二代征信的数据内容和结构如表 4-4 所示。

表 4-4 二代征信的数据内容和结构

信息分类	数据块	信息单元
报告头	【0.1】<PRH>[1..1] 报告头	<PA01>[1..1] 报告头信息单元
个人基本信息	【1.1】<PIM>[1..1] 身份信息	<PB01>[0..1] 身份信息单元
	【1.2】<PMM>[1..1] 婚姻信息	<PB02>[0..1] 婚姻信息单元
	【1.3】<PRM>[1..1] 居住信息	<PB03>[0..5] 居住信息单元
	【1.4】<POM>[1..1] 职业信息	<PB04>[0..5] 职业信息单元

（续）

信息分类	数据块	信息单元
信息概要	【2.1】<PSM>[1..1] 评分信息	<PC01>[1..1] 评分信息单元
	【2.2】<PCO>[1..1] 信贷交易信息摘要	<PC02>[0..1] 信贷交易信息概要信息单元
	【2.3】<PNO>[1..1] 非信贷交易信息概要	<PC03>[0..1] 后付费业务欠费信息汇总信息单元
	【2.4】<PPO>[1..1] 公共信息概要	<PC04>[0..1] 公共信息概要信息单元
	【2.5】<PQO>[1..1] 查询记录概要	<PC05>[1..1] 查询记录概要信息单元
信贷交易信息明细	【3.1】<PDA>[1..1] 借贷账户信息	<PD01>[0..*] 借贷账户信息单元
	【3.2】<PCA>[1..1] 授信协议信息	<PD02>[0..*] 授信协议信息单元
	【3.3】<PCR>[1..1] 相关还款责任信息	<PD03>[0..*] 相关还款责任信息单元
非信贷交易信息明细	【4.1】<PND>[1..1] 后付费业务信息	<PE01>[0..*] 后付费业务信息单元
公共信息明细	【5.1】<POT>[1..1] 欠税记录	<PF01>[0..*] 欠税记录信息单元
	【5.2】<PCJ>[1..1] 民事判决记录	<PF02>[0..*] 民事判决记录信息单元
	【5.3】<PCE>[1..1] 强制执行记录	<PF03>[0..*] 强制执行记录信息单元
	【5.4】<PAP>[1..1] 行政处罚记录	<PF04>[0..*] 行政处罚记录信息单元
	【5.5】<PHF>[1..1] 住房公积金参缴记录	<PF05>[0..*] 住房公积金参缴记录信息单元
	【5.6】<PBS>[1..1] 低保救助记录	<PF06>[0..*] 低保救助记录信息单元
	【5.7】<PPQ>[1..1] 执业资格记录	<PF07>[0..*] 执业资格记录信息单元
	【5.8】<PAH>[1..1] 行政奖励记录	<PF08>[0..*] 行政奖励记录信息单元
其他标注及声明信息	【6.1】<POS>[1..1] 其他标注及声明信息	<PG01>[0..*] 标注及声明信息单元
查询记录	【6.2】<POQ>[1..1] 查询记录	<PH01>[0..*] 查询记录信息单元

4.3.4 一、二代人行征信的差异及映射转换

对比一代和二代人行征信的结构，可以发现绝大部分信息域均被保留了，但是在具体信息分类、数据逻辑口径、数据表结构、码值等方面存在一定差异。

从一代征信切换到二代征信，银行的风控规则和风险模型都必须进行相应的调整，但是对很多银行而言并没有充足的一、二代征信并行期（即对同一借款人同时能查到一、二代征信）。银行从 2019 年年初开始面临人行征信新旧数据切换的问题，其中很重要的一项工作是对比一、二代差异，并做一、二代征信数据映射。一、二代征信数据差异信息如表 4-5 所示。

表 4-5 一、二代征信数据差异

差异类别	差异项	差异详细说明
数据定义（元数据）	数据域范畴和可获得信息范围（导致表的数量增减）	例 1 二代征信取消了一代征信如下数据域 4.6<EndowmentInsuranceDeposit>[1:N] 养老保险金缴存记录：[EndowmentInsuranceDeposit] 4.7<EndowmentInsuranceDeliver>[1:N] 养老保险金发放记录：[EndowmentInsuranceDeliver] 4.11<Vehicle>[1:N] 车辆交易和抵押记录：[Vehicle] 4.12<TelPayment>[1:N] 电信缴费记录：[TelPayment]

（续）

差异类别	差异项	差异详细说明
数据定义（元数据）	数据域范畴和可获得信息范围（导致表的数量增减）	例 2 二代征信增加了部分数据域 【3.2】<PCA>[1..1] 授信协议信息 【4.1】<PND>[1..1] 后付费业务信息 例 3 收集信息的范围扩大，除了传统信贷，其他业务也纳入进来，例如融资融券
	数据组织结构方式（纵表存储、横表存储、多表存储）	例 一代征信中信贷明细数据部分，分为贷款/贷记卡/准贷记卡 3 张表存储 3.3<Loan>[1:N] 贷款明细 3.4<Loancard>[1:N] 贷记卡明细 3.5<StandardLoancard>[1:N] 准贷记卡明细 而二代征信合并成一张表进行冗余存储 【3.1】<PDA>[1..1] 借贷账户信息
	变量个数增减	二代征信中不少信息域信息单元中都增加了新变量
数据值（主数据）	值不一致（即同一个人前后两套数据不一致）	例 一代征信存储的是"未婚"，二代征信存储的是"已婚"，原因可能是婚姻状态来自不同银行的信息，或者数据时点差异；一代征信信用卡数目是 2，二代征信信用卡数目是 3，可能是因为数据源不一样，也可能是统计时点不一样造成的
	同一指标定义计算口径变化带来的数值不一致	例 同一指标计算口径变化导致算出来的数值不一致，主要涉及贷款统计的分类
	码值定义发生变化	如学历字段、逾期状态、账户类别

4.3.5 人行征信数据的使用

人行征信数据的使用方式如表 4-6 所示。

表 4-6 人行征信数据的使用方式

应用阶段	应用方式	详细说明
贷前审批	数据项直接应用于审批规则	例如： 当前逾期月数/账户数 > X 最近 3/6/9/12 个月逾期次数/最大逾期月数/逾期账户数 > X 最近 3/6 个月贷款审批/信用卡审批查询次数 > X 中征信评分 < X 分
	衍生特征后应用于申请评分卡模型	从征信报告基于业务专家经验或特征工程方法，衍生几千维有效特征，并应用于构建风险评分卡模型
	授信额度参考	通过人行征信报告可以直接看到借款人的外部授信情况、风险表现、额度使用率等，这些信息可用作贷前授信额度授予决策依据
贷中管理	贷后预警	通过征信报告跟踪借款人贷后的授信和负债情况、风险表现，及时发现风险点

（续）

应用阶段	应用方式	详细说明
贷中管理	交叉营销	通过征信报告可以了解借款人贷后的授信、负债情况，识别潜在信贷需求，并应用于营销工作中
逾期催收	早期催收评分	征信报告基于业务专家经验或特征工程方法，衍生几千维有效特征，并应用于构建早期催收评分卡模型
	失联修复	如果征信报告信息有更新，可以得到借款人的最新联系方式以及联系人的联系方式，可应用于借款人失联修复

4.4 内外部大数据

对于零售信贷场景，传统数据主要指银行信贷业务办理过程中正常收集的业务数据，包括客户信息、贷款申请信息、产品信息、合同信息、借据信息以及放款后的提款信息、还款信息、逾期信息等，通常传统数据由实际的业务系统进行采集和存储。

4.4.1 大数据概述

除了传统数据，金融大数据应用越来越普遍，金融大数据即非传统数据，大数据与小数据的比较如表 4-7 所示。

表 4-7 大数据与小数据的比较

	小数据	大数据
收集目的	小数据是为特定的、明确的分析目标，制订规划并进行收集、整理、分析的数据，数据与分析目标之间有强逻辑业务关系，小数据亦称强关联数据	大数据不一定有明确的分析目标，收集数据范围更广，与业务的关联性弱，大数据亦称弱关联数据
数据结构	种类单一、结构统一，一般是结构化数据	来自不同行业领域，种类复杂，标准和格式不同，一般以非结构化数据、半结构化数据为主
生命周期	比较短，几乎只有几年时间，待相关问题解决之后，生命周期结束	生命周期可以很长，甚至会永久保存
分析方法	一般采用统计方法进行分析，更关注因果关系	数据量大、结构复杂，一般通过分布式方法进行分析，并不严格追求因果关系
分析重点	一般以个体为分析对象，对个体数据信息进行全方位分析，更关注信息的深度	一般以群体为分析对象，处理、分析大范围、大规模的数据，更关注信息的广度

金融大数据有不同的分类标准，可以按照产生实体、数据结构、数据获取和处理方式等进行分类，如图 4-2 所示。

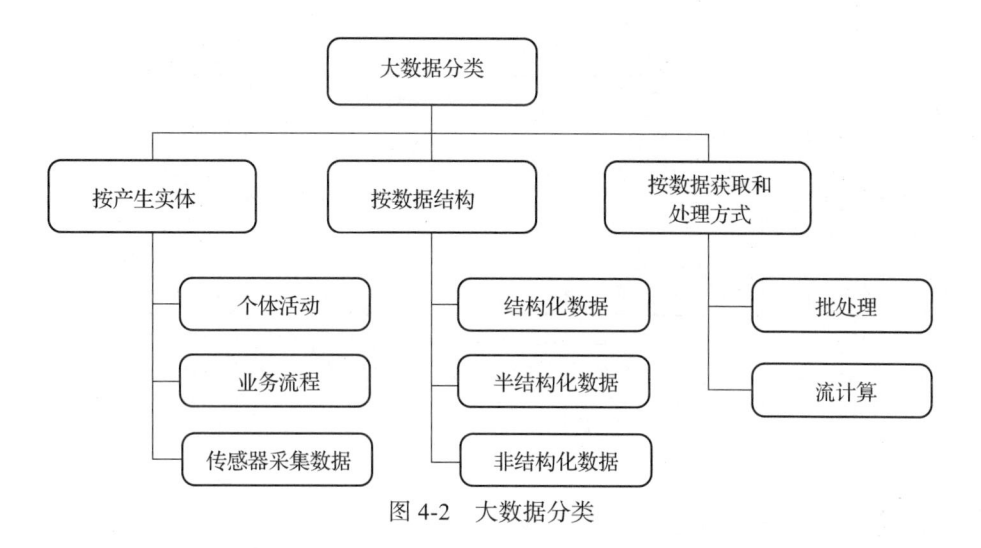

```
                    大数据分类
          ┌────────────┼────────────┐
     按产生实体      按数据结构    按数据获取和
                                   处理方式
      ┌──────┐      ┌──────────┐    ┌──────┐
      │个体活动│      │结构化数据 │    │ 批处理│
      └──────┘      └──────────┘    └──────┘
      ┌──────┐      ┌──────────┐    ┌──────┐
      │业务流程│      │半结构化数据│    │ 流计算│
      └──────┘      └──────────┘    └──────┘
      ┌──────────┐  ┌──────────┐
      │传感器采集数据│  │非结构化数据│
      └──────────┘  └──────────┘
```

图 4-2　大数据分类

4.4.2　银行内部大数据

内部大数据是指银行内部可以自行采集的大数据，主要方式和来源如表 4-8 所示。

表 4-8　银行内部大数据采集方式和来源

类别	说明
内部整合	整合行内多系统，形成客户的全行统一视图
埋点采集	通过 App 或网上银行埋点，进行日志采集，特别是行为数据采集
外部爬取	通过爬虫技术，对外部公开、合法的数据源进行收集，包括但不限于新闻、舆情等
场景收集	供应链金融、物联网等场景的数据采集

银行内部采集大数据，需要考虑如下原则。

1）须确保所采集的数据有使用价值和分析价值，对业务决策和运营有价值。要有针对性地采集，最好有较明确的应用场景，不能为了采集而采集，导致采集到的数据不能发挥作用。

2）须具有一定的前瞻性，做好数据战略规划。例如，有些数据当前受限于分析条件和分析能力，暂时不能使用，需要提前进行规划和布局。

3）所有大数据收集都应遵守合规性要求，确保信息安全和隐私保护。

4）应具备配套的数据体系、数据治理、数据分析能力。

4.4.3　银行外部大数据

除了内部采集，通过采购或合作方式可以更直接和快速地获得外部数据，如表 4-9 所示。

表 4-9　银行外部大数据类别

类别	说明
金融信用信息基础数据库	人行征信、百行征信、朴道征信等合法征信机构

（续）

类别	说明
政府信用信息数据库	主要包括： 1）政府各部门的信用信息，包括司法、质检、药监、环保、税务等 2）国家企业信用信息公示系统，如信用中国 3）地方政府的征信信息 随着国家建立"大数据局"，越来越多的政府数据被统一汇总并对社会有条件开放
第三方平台数据信息	主要包括电商、电信、银联、社交网络、网络行为、外部风险评分产品以及其他数据

需要特别注意的是，对于个人征信数据，因为其特殊性，只有政府机构和合法的持牌的个人征信机构才可以采集、存储并提供对外服务。

4.5 数据质量诊断

前面章节介绍的主要是数据资产，本节将介绍在取得数据之后，需要进行的数据探查性分析和数据质量诊断。

4.5.1 数据质量诊断目的

在建模之前需要对数据进行探索和数据质量诊断，主要目的如下。

1. 确保数据提取无误

通常提取数据并非由分析建模师自行完成，而是由数据分析建模师提出数据需求，由数据部门协助完成数据的提取工作。在此过程中，可能出现数据逻辑传达不清、理解不准确或者提取数据有技术性错误（编码错误、串行、串列、截断等）等问题，导致数据有误（操作型错误）。

2. 理解数据逻辑

通过数据探索和质量诊断，可以更准确和深入地理解数据逻辑。对于数据逻辑的获得途径，一方面可以通过数据访谈，从数据拥有方和管理方进行了解；另一方面是获取数据之后自行探索数据，对之前了解的数据逻辑进行验证，或者探索性发现和确认数据逻辑。需要注意的是，通过数据拥有方和管理方获得的数据逻辑未必准确，因此自行对数据做进一步的检查和确认是有必要的。

3. 检查数据质量和可用性

检查和分析数据质量，主要包括数据的正确性、完整性、一致性等，初步理解和判断数据的价值和可用性。

4. 为模型设计提供依据

基于数据质量分析结果，重点确认样本量、好坏样本量是否充足等，判断是否足够支撑建模，为后续建模的样本范围确定提供依据。

4.5.2 数据质量诊断方法

数据质量诊断包括如下内容。

1. 表描述

表描述概括了表的基本信息，包括观测数、变量数、数值型/字符型变量数等，如表 4-10 所示。

表 4-10 数据质量诊断（表描述）

表名	表标签	观测数	变量数	数值型变量数	字符型变量数

2. 字段描述

字段描述概括了变量的信息，包括缺失值个数、缺失率、取值水平数等，如表 4-11 所示。

表 4-11 数据质量诊断（字段描述）

数据表名	变量名	变量标签	变量编号	变量类型	变量长度	记录数	记录数（缺失值）	记录数（非缺失值）	缺失率	变量取值水平数

3. 值描述

值描述概括了取值内容，包括分类型变量的频数统计、数值型变量的分位统计，分别如表 4-12、表 4-13 所示。

表 4-12 数据质量诊断（分类型变量值频数统计）

表名	表中文名	变量名	变量中文	变量值	频数	占比	取值含义

表 4-13 数据质量诊断（数值型变量分位统计）

表名	表中文名	变量名	变量中文	观测数	非缺失值数	缺失值数	最小值	均值	最大值	P5	P10	P90	P95

4. 单表键值检查

单表的逻辑主键检查用于确认逻辑主键是否唯一，如表 4-14 所示。

表 4-14　数据质量诊断（单表键检查）

数据表中文名称	键名	类型	观测行数	键数
		唯一键		
		重复键		
		缺失值		

理论上逻辑组合主键应当是唯一的，如果出现了重复或缺失，则需要进一步分析原因，确认数据逻辑，并做出相应处理。

5. 表关联关系检查

对有关联关系的多张表之间的关联关系进行检查，分别计算各种连接运算（join、left join、right join 等）的记录行数和键值数，以确认映射关系是 $1:1$、$1:m$ 还是 $m:n$，并确认表间关联关系，以及不同表之间交集范围，如表 4-15 所示。

表 4-15　数据质量诊断（表关联关系检查）

表1	键1	记录数1	键数1	表2	键2	记录数2	键数2	关联类型	关联键数	关联记录数
								join（内连接）		
								left join（左连接）		
								right join（右连接）		

确认表间关联关系是数据质量诊断过程中非常重要的一项工作。

4.6　业务数据分析

4.6.1　业务数据分析目的

在完成数据预处理和数据质量诊断后，需要围绕建模目标，基于数据对业务进行初步分析，主要目的如下。

1. 进一步理解业务逻辑

通过 4.5 节介绍的数据质量诊断可以理解数据逻辑，对业务逻辑的理解也是类似的，业务逻辑一方面是通过前期业务访谈，通过业务部门和数据部门进行了解；另一方面是获得数据之后，通过对数据进一步分析，对之前了解的业务逻辑进行验证，或者通过探索性分析发现和确认业务逻辑。需要特别注意的是，通过业务部门和数据部门获知的业务逻辑未必准确，所以自行基于数据分析进行业务理解是有必要的。

2. 为模型设计提供依据

基于数据分析可以对业务情况有一个初步理解，包括业务发展情况、客群分布情况、产品分布情况、风险表现情况以及典型风险点和风险特征等。此外，模型设计需要的三大基础分析包括 Vintage 分析、逾期趋势分析、滚动率分析等，一般也在该阶段完成。

4.6.2 业务数据分析方法

在业务分析环节，数据分析师通常面临的问题是不知道要分析什么以及怎么分析，本节简要介绍在数据分析阶段进行业务分析的思路和范围。

1. 分析内容

业务分析内容如下。

1）业务发展情况。
2）客群分布情况。
3）产品分布情况。
4）分渠道、分客群、分产品、分账龄的风险表现情况。
5）模型设计所依赖的 Vintage 分析、逾期趋势分析、滚动率分析等。

2. 分析方法

业务分析方法如下。

1）频数统计占比分析，例如统计各类产品的数量和占比。
2）趋势分析：添加时间维度，统计逐月的业务发展和风险表现情况。
3）比值分析。
4）多维度交叉表。

4.7 本章小结

数据是分析和建模的基础，本章重点介绍了对于数据的系统性认识以及零售信贷传统数据、人行征信数据、内外部大数据等数据源，并且介绍了数据质量诊断和数据业务分析。基于本章的内容，读者可以对建模可用数据范围以及如何进行数据分析等有全面的了解，为后续分析建模奠定基础。

第 5 章

利用特征工程提取有效的风险特征

数据和特征决定了模型性能的上限,特征工程是建模最关键的环节,依赖于分析建模人员对业务和数据的深刻理解,对特征工程理论方法的应用,以及对多种高效特征工程技术和工具的灵活应用。本章将详细论述特征工程方法。

5.1 特征工程概述

特征工程是分析和建模的关键环节,直接决定了模型的质量和效果。本节将对特征工程的基本概念和方法体系做简要介绍,先介绍特征和特征工程的定义,然后介绍特征工程的理论体系结构,帮助读者从总体上对特征工程有全面的理解。

5.1.1 特征与特征工程

特征是一个客体或一类客体特性的抽象结果。特征是用来描述概念的,任一客体或一类客体都具有众多特性,根据客体共有的特性抽象出的某一概念就是特征。

特征抽象的过程也是人类认识客观世界的关键环节,不同的"类属"具有的特征属性集不同,即不同的"类属"适用的字段变量不同。在多个属性中分本质属性和非本质属性,本质属性用来定义类属,根据特征属性的取值不同,可以用来定义和区分"子类"以及"对象实体",从而将一个"子类"或"对象实体"与另一个"子类"或"对象实体"区别开来。类属是抽象的,对象实体是具体的。

举例来说,对于"人"这个类属,适用字段包括姓名、性别、身高、体重、学历、婚姻;而对于"张三"这个具体的实体,姓名 = "张三",性别 = "男",身高 =180cm,体重 = 70kg,

学历＝"博士"，婚姻＝"未婚"，这些是"张三"之所以是张三这个实体对象的特征。

认识客观世界事物并形成概念，有两个关键步骤，一是特征定义，二是特征度量。特征定义越明确、越清晰，度量越准确，对客观世界的认识就越深刻、越接近本质，对实体的识别就越准确。

在建模实践中，"特征"也被称为"变量""字段"等，工程技术人员多用"特征"，而业务人员或数据分析人员则习惯用"变量""字段"。

特征工程的工作是从数据中提取出能更好地进行对象识别的特征，从而提高机器学习性能。特征工程的主要作用是"信息的提炼、萃取、蒸馏"，对原始数据进行进一步加工，提取出能更有效地反映风险特征的更有价值的信息，最终提升机器学习的性能。

5.1.2 数据处理与特征工程流程

在整个分析和建模的流程中，与数据相关的环节的关系如图 5-1 所示。

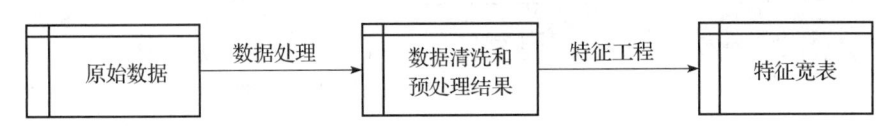

图 5-1 数据处理与特征工程流程

原始输入数据有多种形式，绝大多数情况下是结构化表（存在于关系型数据库或者 CSV、Excel、TXT 等数据文件中）。随着金融大数据技术的应用与普及，越来越多的半结构化数据（JSON、XML、HTML 等格式）和非结构化数据（文本、图像、音频、视频等文件）应运而生。在第 4 章我们详细介绍了建模所需的数据基础，即数据的质和量，基于原始数据进行基本的数据处理，包括数据清洗以及数据聚合和表关联，最终得到清洗和预处理结果表。

使用特征工程方法对预处理结果表进行进一步挖掘，包括转换、衍生和选择三方面，得到特征宽表。特征工程是从数据中进一步提炼、萃取、蒸馏，提取出更能反映风险特征和更有价值的信息的过程。

5.1.3 特征工程的理论体系

本节重点讨论特征工程的理论体系，对此业界和学术界没有严格的、统一的定义，一般认为特征工程理论体系如图 5-2 所示。

特征工程分为三部分：特征预处理与转换、特征提取与衍生、特征选择与降维。

特征预处理与转换是"做映射"，对特征本身施加某种转换映射，不论是对缺失值、异常值进行填充，还是特征重编码以及特征变换函数，本质上都是构造了一个映射函数，对特征做映射和转换。特征提取与衍生是"做加法"，从已有的字段变量生成新的特征，而不是在原有变量的基础上做简单变换，通常需要进行数据的聚合以及多变量的组合计算。特征选择与降维是"做减法",从已有的特征集合中,按照某种准则进行维度缩减,可以是选择式的(选出子集),也可以是降维式的(重新计算的低维特征集合)。

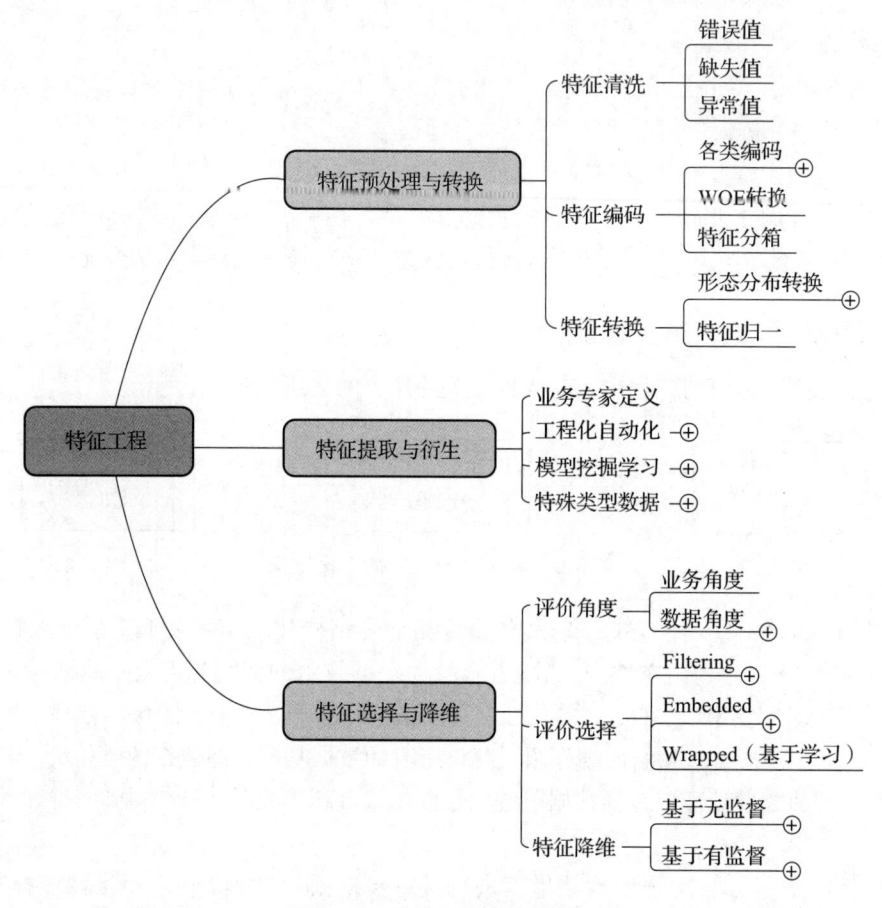

```
特征工程
├── 特征预处理与转换
│   ├── 特征清洗
│   │   ├── 错误值
│   │   ├── 缺失值
│   │   └── 异常值
│   ├── 特征编码
│   │   ├── 各类编码 ⊕
│   │   ├── WOE转换
│   │   └── 特征分箱
│   └── 特征转换
│       ├── 形态分布转换 ⊕
│       └── 特征归一
├── 特征提取与衍生
│   ├── 业务专家定义
│   ├── 工程化自动化 ⊕
│   ├── 模型挖掘学习 ⊕
│   └── 特殊类型数据 ⊕
└── 特征选择与降维
    ├── 评价角度
    │   ├── 业务角度
    │   └── 数据角度 ⊕
    ├── 评价选择
    │   ├── Filtering
    │   ├── Embedded
    │   └── Wrapped(基于学习)
    └── 特征降维
        ├── 基于无监督 ⊕
        └── 基于有监督 ⊕
```

图 5-2　特征工程理论体系

5.1.4　特征工程的抽象范式

数据分析和建模通常基于关系型数据表,会有多张表以及多级表。进行特征衍生需要明确以下两点。

1)特征层级和主键:确定特征对象主键 KeyID,例如确定需要衍生的特征是客户级、账户级、卡片级还是交易级。

2)多张表与多级表:多张表是指同一实体层属性特征存储在多个表里,多级表是指实体主表附属多个子表。对于多级表,在特征衍生时需要逐级向上级聚合。

例如,电商购物数据表包括客户层、订单层、订单详情层共三级表,一个客户有多张订单,一个订单有多个商品。在进行特征衍生时,订单详情层就需要聚合到订单层,订单层再进一步聚合到客户层，形成多层级的特征。多张订单形成流水时间序列，对于时间序列特征提取已经有很多成熟的方法，下文会重点介绍。

5.2 特征预处理与转换

通常在给定的数据表中，变量特征可能会存在一定的错误、缺失、异常等情况，需要进行特征预处理和转换。

5.2.1 常见数据质量问题

通常直接获得的原始数据比较"脏"，可能包含错误值、缺失值、异常值等，或者对于特定模型而言，原始特征不可直接使用。为了让特征质量更好并且模型可用，需要对数据做一些预处理清洗，并进行特征转换。

原始数据可能存在如下问题。

1）错误值：由于数据采集时录入错误，后续计算加工错误，或信息系统的原因，导致数据有误。

2）缺失值：因为逻辑原因、数据采集原因，或者表间关联、冗余存储等原因，字段值缺失，有些模型比如线性回归和逻辑回归等不接受缺失值，这种情况就需要对缺失值进行处理。

3）异常值：因为真实数据中存在异常值，或者因数据采集录入、计算错误带来的异常值，对于有些模型例如线性回归，异常值会有杠杆效应，对模型带来不利影响，需要在建模前做必要的处理。

4）完整性：数据采集、数据提取或者业务本身发展变化（例如产品暂停导致特定时间段没有数据）导致数据不完整。缺失值也可视为数据完整性的一方面。

5）分类变量：某些机器学习算法模型只能接受定量特征，这就需要将分类变量通过编码转换为定量特征。

6）非结构化数据：对于文本、图像、语音、图数据等类型的数据，模型不能直接使用，需要对数据进行预处理，例如文本编码向量化、图像和语音特征提取等。

7）量纲问题：特征的规格不一样，不能放在一起比较，特别是在涉及距离度量和数值计算时，例如依赖于距离计算的算法模型以及广义线性回归类模型。一般考虑采用无量纲化解决这一问题，典型的做法是标准化归一化，或者通过比例消除量纲。

5.2.2 特征清洗与预处理

前面介绍了常见数据质量问题，对于各类数据质量问题，需要重点关注如何识别和如何处理。本节主要针对错误值、异常值、缺失值进行介绍。

1. 错误值

发现错误值通常没有明确和标准的方法，而且很难确保不遗漏，一般采取频数统计、勾稽关系检查等方法，但无法保证发现所有的错误。错误值的发现准确率通常很高但存在漏报的情况，判定为错误的一定是错误，未判定为错误的不一定不是错误（只是没有发现而已）。

对于已经发现的数据错误，如果有明确定义标准的即判断数据正确和错误标准是明确的，则直接按照正确的逻辑重新计算正确值予以更正。不同于数据质量优劣，对于数据错误，一旦发现，则结论一定是明确的。不过虽然知道数据错误但不一定知道正确答案，因此会出现"知道这个数错了，但不知道正确值"的情况，例如数据勾稽关系不一致，则必定至少有一方数值是错误的。

2. 异常值

对于异常值很难有明确的定义，一般认为对于定距型变量和定比型变量，在置信区间上下限1%和99%分位点之外的为异常值，通过分布统计来发现。使用异常检测算法可以识别异常值。

回溯数据质量调查，对于有明确更正逻辑的异常值按照正确的逻辑进行处理。也可以通过分箱值转换，实现模型对极值的适应性，降低极值的杠杆效应。建议选择极端值适应模型，如决策树、XGBoost 等模型。删除异常值的记录行，必须经过统计分析确保删除的记录行是随机的，这种做法比较激进。

3. 缺失值

一般通过频数统计可以发现缺失值。

缺失值的处理方法如下。

1）保留：对于逻辑上缺失值有明确业务含义的，应保留缺失或者赋予约定的特殊值标记和填充，同时选择适应缺失值的模型。

2）填充：对于填充逻辑明确的，则按照明确的逻辑进行填充，例如性别缺失时可通过身份证号补全。对于随机缺失的情况，可用总体众数均值进行填充。对于预测型热填充，近似的样本具有近似的取值。

3）转换：缺失值转换，例如转换为 WOE 值。

4）删除：删除缺失值的记录行，必须经过统计分析确保删除的记录行是随机的，做法比较激进。删除缺失率高的变量，如果某变量缺失率过高，除非其与目标变量有显著相关性，否则可考虑删除该变量。

5.2.3 特征编码

特征编码是将原始特征按照特定编码方式进行重编码。常见的重编码方式如下。

1）分类型变量：某些算法模型不能直接支持分类型变量，需要重编码为数值型变量，例如对于定类型分类变量，可以采用 OneHot 编码、Dummy 编码等方式。对于定序型分类变量，可以采用 LabelEncoder 编码等。

2）文本型变量：文本不能直接进入模型，通常需要先分词并向量化，再进行重编码，例如词袋模型 OneHot 编码或者 Word2Vec 词嵌入，将文本转化为词向量。

3）特征增强：通过重编码提升变量的稳定性和预测力，例如通过变量分箱，可以平滑变量，增强变量稳定性，进而再通过 WOE 映射将分箱映射为对应的 WOE 值，一方面实现对缺失值和异常值的适应，另一方面增强逻辑回归中与目标变量的线性相关性，提升模型效果。

4）二值化：有时候我们并不关心具体数值，只关心"是/否"或者"好/坏"，此时通过二值化编码将数量特征映射为 0/1 取值。二值化的本质是一种特殊的分箱（即将变量取值分两个箱）。

5.2.4 特征转换

特征转换是通过指定映射函数将特征映射为新的取值。进行特征转换的目的是改变特征的统计分布。在现实生活中，数据（特别是数值型变量）的分布大多呈现中间高两头低的形态，而且不少统计模型都对变量的分布形态有要求（例如服从正态分布），此时需要通过特征转换来改变特征分布形态。

1）部分变量表现为长尾分布，以收入为例，高收入分布范围广，但样本量稀少，此时可以通过对数变换，实现坐标轴的对数化，压缩高收入的范围。如果不进行对数化，对于回归模型会有较强的杠杆效应，即远端的数据会显著影响回归计算。除了对数化之外，常见变换还有平方根变换、sigmoid 变换、probit 变换等。

2）通过某种变换来改变数据分布，理想状态是使得数据更加接近正态分布。

3）归一化去量纲，多个变量量纲不统一，数据范围不统一，通过标准化归一化操作，将数据映射到相同或可比的取值范围。

常见特征转换映射包括指定变换（例如对数变换、平方根变换、sigmoid 变换、probit 变换等）和 Box-Cox 变换（即通过统计检验将数据尽力映射到接近正态分布）。

下面对这几种变换做详细说明。

（1）指定变换

对数变换：$\tilde{X} = \ln(X)$。

平方根变换：$\tilde{X} = \sqrt{X}$。

sigmoid 变换：$\tilde{X} = \dfrac{1}{1+e^{-x}}$。

probit 变换：$\tilde{X} = \text{probit}(X)$，其中 probit 函数为标准正态分布累计概率分布函数。

通过上述变换，原始特征取值越靠近两端，映射后特征越平缓，即变化越不敏感。同时对于 sigmoid 变换和 probit 变换，还会进一步将特征取值从 $(-\infty, +\infty)$ 压缩映射到 $(-1, 1)$，使得特征具有更强的可比性。

（2）Box-Cox 变换

Box-Cox 变换是 Box 和 Cox 在 1964 年提出的一种广义幂变换方法，是统计建模中常用的一种数据变换，用于连续的响应变量不满足正态分布的情况。Box-Cox 变换可以一定程度上减小不可观测的误差和预测变量的相关性。Box-Cox 变换的主要特点是引入一个参数，通过数据本身估计该参数，进而确定采取的数据变换形式。Box-Cox 变换可以明显地改善数据的正态性、对称性和方差相等性，对许多实际数据都是行之有效的。

Box-Cox 变换的一般形式为

$$y(\lambda) = \begin{cases} \dfrac{y^\lambda - 1}{\lambda}, & \lambda \neq 0 \\ \ln y, & \lambda = 0 \end{cases}$$

式中 $y(\lambda)$ 为经 Box-Cox 变换后得到的新变量，y 为原始连续因变量，λ 为变换参数。以上变换要求原始变量 y 取值为正，若取值为负，可先对所有原始数据加同一个常数，使 $y + a$ 为正值，然后再进行变换。

5.3 特征提取与生成

特征提取与生成是从已有的字段变量，生成新的特征，而不是在原有变量的基础上做简单变换，通常需要进行数据聚合以及多变量的组合计算。

5.3.1 业务专家经验定义

基于业务专家经验定义特征是特征工程重要的内容，虽然现在特征工程相关的开源工具越来越多，但不可否认专家经验仍然是非常宝贵的。基于专家经验定义的特征，能更有效地反映业务特征和风险特征，且所提取的特征的可解释性更强，使得模型的预测效果更好。

虽然通过业务专家经验来定义特征非常重要，但很难有一套标准且明确的规则和方法，很难形成一套标准的方法论，很多时候是依靠点滴经验的积累，或者是对于特定风险点的敏锐洞察，需要长久的经验积累，也依赖于悟性和敏锐感知力，甚至只可意会不可言传，更像是一门艺术而非技术。

5.3.2 工程化自动化衍生

如果将"业务专家经验定义"衍生特征比喻为纯手工打造，则"工程化自动化衍生"就可以比作批量工业化生产，按照预先定义的算子和计算模式，批量生产出成千上万甚至上百万的特征变量。

工程化自动化衍生是按照指定模具批量化生产，根据是否使用目标变量，可以分为无监督方式和有监督方式，根据是否使用机器学习模型，可以分为基于模型和不基于模型。

1. 基于特征组合

生成特征最常用的方式是多项式特征，已知特征 $X_1, \cdots, X_m$，构造 $X_1^{\alpha_1} \times \cdots \times X_m^{\alpha_m}$ 作为新特征，代码如下。

```
import numpy as np
from sklearn.preprocessing import PolynomialFeatures

X=np.arange(9).reshape(3,3)

poly=PolynomialFeatures(2)
poly.fit_transform(X)

poly=PolynomialFeatures(degree=3, interaction_only=True)
poly.fit_transform(X)
```

代码输出如下。

```
array([[ 1.,  0.,  1.,  0.,  0.,  1.],
       [ 1.,  2.,  3.,  4.,  6.,  9.],
       [ 1.,  4.,  5., 16., 20., 25.]])

array([[ 1.,  0.,  1.,  0.],
       [ 1.,  2.,  3.,  6.],
       [ 1.,  4.,  5., 20.]])
```

理论上，根据泰勒多项式展开，总可以通过高阶多项式级数逼近待拟合函数，因此通过特征组合的方式可以得到比原始特征更好的预测效果。因为阶数过高也容易过拟合，所以通常多项式阶数要求不超过 2 阶，并且仅考虑特征交叉项。

2. 基于预定义算子

对于数值型变量，5.2.4 节介绍了如何通过常见的转换函数，实现变量分布形态的转换，这里也可以引入多个算子，例如 $\log(x)$、$\mathrm{sqrt}(x)$、幂函数等，与前面特征组合结合起来使用。

对于特定形态的数据，例如时间序列数据，可以使用预定义的算子进行计算。目前已经有比较成熟的开源工具如 TSFresh、FeatureTools 等，内部预定义了大量时间序列算子，可以通过调用这两个工具包实现特征批量计算，具体内容参见 5.5 节的详细介绍。

3. 基于预测模型

通过有监督模型训练提取特征，通过样本抽样、特征抽样、改变模型原型或改变模型超参数，可以得到成百上千个模型，而每个模型的预测值均可作为提取的特征使用。例如训练随机森林模型，则训练得到的模型可以作为一个复杂算子，每训练一个模型，都可以得到一个"复杂算子"，全部"复杂算子"可以作为提取的特征。

本质上看，WOE 转换也是一种预测，不过预测的不是 PD 值，而是 WOE 值，因为 WOE 和 PD 是一一对应的。这就是传统评分卡模型使用"转换 WOE"这一步操作能够提升模型预测效果的本质原因。

5.3.3 表征学习

在机器学习中，特征学习或表征学习是学习一个特征的技术的集合，即将原始数据转换为能够被机器学习用于有效开发的一种形式。它避免了手动提取特征的麻烦，允许计算机学习使用特征的同时，也学习如何提取特征，即学习如何学习。

简单地说，表征学习就是使用机器学习技术自动提取特征，避免人工定义和手工提取特征，一方面提升了效率，另一方面也可以提升特征质量。

和预测性学习不同，表征学习的目标不是通过学习原始数据预测某个观察结果，而是学习数据的底层结构，从而分析出原始数据的其他特性。在机器学习任务中，输入数据例如图片、视频、语音、文本等都是高维且冗余复杂的，传统的手动提取特征已变得不切实际，因此需要借助优秀的特征学习技术。

表征学习的发展有两条主线，一条以传统统计学习为代表，例如 PCA、LDA、流形学习等，发掘高维数据的内在结构，另一条以结构学习即神经网络深度学习为代表。随着计算机计算能力的提升和深度神经网络结构的不断发展，人们更多地使用深度神经网络来更有效地提取数据特征，用于后续的分类或预测。

特征学习可以分为监督式特征学习和无监督式特征学习两类。

1）在监督式特征学习中，被标记过的数据被当作特征用来学习，例如神经网络、多层感知器、监督字典学习。

2）在无监督式特征学习中，未被标记过的数据被当作特征用来学习，例如无监督字典学习、主成分分析、独立成分分析、矩阵分解、聚类分析、自编码器等。

下面介绍几个常用的特征学习方法。

1. 深度神经网络

深度神经网络是有监督学习，通过训练多层神经网络，提取隐藏层的输出值作为特征，用于后续建模。基于深度神经网络的表征学习最早是从卷积神经网络 CNN 中提出的。

2. 自编码器

自编码器是非监督学习，设定神经网络输入原始特征，输出目标也是原始特征，损失函数是预测输出向量与目标输出向量的差值，这种神经网络就是自编码器，如图 5-3 所示。自编码器仅使用原始变量而不需要依赖目标变量，因此是非监督学习。

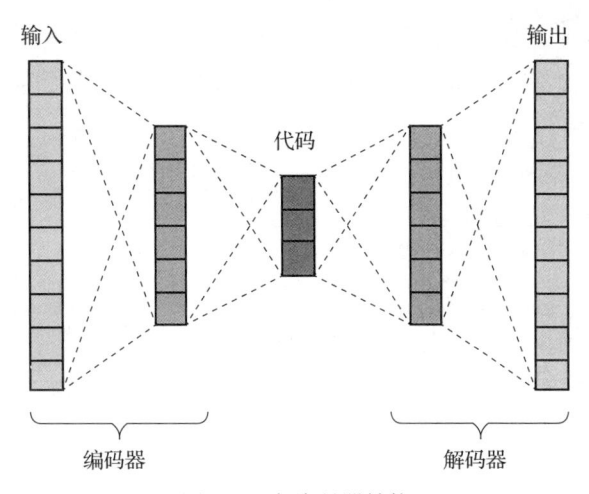

图 5-3　自编码器结构

提取隐藏层输出值作为特征，用于后续建模。自编码器具有一般意义上表征学习算法的功能，被应用于降维和异常值检测。

3. 矩阵分解

针对高维空间中的数据集，矩阵分解通过寻找到一组基向量及每一个数据点在该基向量下的表示，可对原始高维空间中的数据集进行压缩表示。

利用矩阵分解来解决实际问题的分析方法很多，如 PCA（主成分分析）、ICA（独立成分分析）、SVD（奇异值分解）、VQ（向量量化）等。这些方法的共同特点是，元素可正可负，即使输入的初始矩阵元素是全正的，传统的降维算法也不能保证原始数据的非负性，从数学计算的角度看，分解结果中存在负值是正确的，但在实际问题中，矩阵出现负值元素往往是没有物理意义的，例如图像数据中不可能有负值的像素点，这就引出了非负矩阵分解算法。

（1）非负矩阵分解算法

1999 年 D. D. Lee 和 H. S. Seung 提出了一种新的矩阵分解思想——非负矩阵分解（Non-negative Matrix Factorization，NMF）算法，用于所有元素均为非负数约束条件之下的矩阵分解。

非负矩阵分解是对于任意给定的一个非负矩阵 $V_{m \times n}$（即所有元素均为非负数），其能够寻找到一个非负矩阵 $W_{m \times k}$ 和一个非负矩阵 $H_{k \times n}$，满足条件 $V_{m \times n} = W_{m \times k} \times H_{m \times k}$，从而将一个非负的矩阵分解为两个非负矩阵的乘积，显然对于无损分解，一定有 k 大于、等于 $\text{Rank}(V)$，并且分解不唯一。

如果限定 $k < \text{Rank}(V)$，即实现降维，则 $V_{m \times n} \approx W_{m \times k} \times H_{m \times k}$，让重构后的低维向量与原始高维向量比较接近。

假设输入数据样本数为 N，特征数为 M，即输入数据是 M 行 N 列，构成矩阵 $V_{M \times N}$，矩阵每一行代表一个特征，每一列代表一个样本，非负矩阵分解的核心思想是原始空间是 N 维，需要寻找一组新的基组成的低维空间（K 维），使得原始空间的向量投影到低维空间的投影向量与原始向量相等或者接近，基本原理如图 5-4 所示。

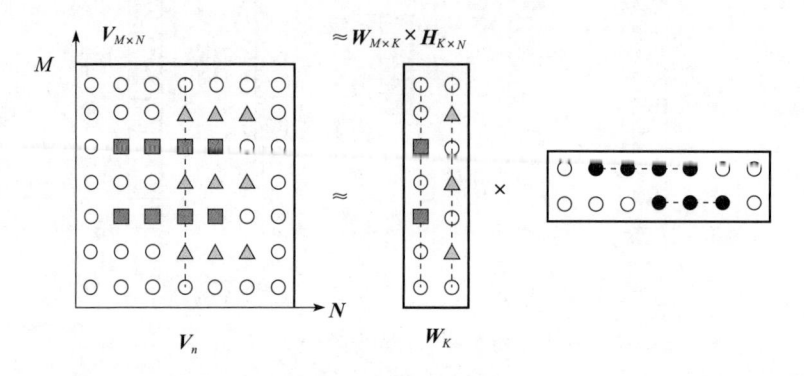

图 5-4 非负矩阵分解 NMF 原理

当 $k < \text{Rank}(V)$ 时，如何衡量重构向量与原始向量的接近程度？我们来看下面几种常见的损失函数。

Squared Frobenius 距离

$$d_F(X,Y) = \frac{1}{2} \| X - Y \|_F^2 = \frac{1}{2} \sum_{i,j} (X_{i,j} - Y_{i,j})^2$$

Kullback-Leibler 距离

$$d_{KL}(X,Y) = \sum_{i,j} \left[X_{i,j} \log\left(\frac{X_{i,j}}{Y_{i,j}}\right) - X_{i,j} + Y_{i,j} \right]$$

Itakura-Saito 距离

$$d_{IS}(X,Y) = \sum_{i,j} \left[\frac{X_{i,j}}{Y_{i,j}} - \log\left(\frac{X_{i,j}}{Y_{i,j}}\right) - 1 \right]$$

通过非负矩阵分解，得到了从高维空间到低维空间的过渡矩阵 W，对于原始空间的一个 M 维向量，其坐标对应矩阵 V 的一列，经过过渡矩阵压缩映射后，对应低维空间的一个 K 维向量，其坐标对应矩阵 H 的一列。使用 sklearn 库的 NMF 类进行非负矩阵分解，代码如下。

```
import numpy as np
from sklearn.decomposition import NMF
from sklearn.datasets import load_iris

X, _ = load_iris(True)
```

```python
nmf = NMF(n_components=2,           # n_components 即前文矩阵分解中的 k，如果不
                                    #   设定该参数，则默认保留全部特征
          init=None,                # W和H的初始化方法，包括 'random' 'nndsvd'
                                    #   （默认）'nndsvda' 'nndsvdar' 'custom'.
          solver='cd',              # 取值为 'cd' 或 'mu'
          beta_loss='frobenius',    # 取值为 {'frobenius','kullback-leibler',
                                    #   'itakurasaito'}，一般保持默认
          tol=1e-4,                 # 停止迭代的极限条件
          max_iter=1000,            # 最大迭代次数
          random_state=None,
          alpha=0.,                 # 正则化参数
          l1_ratio=0.,              # 正则化参数
          verbose=0,                # 冗长模式
          shuffle=False             # 针对 "cd solver"
          )
print('params:', nmf.get_params())   # 获取构造函数参数的值，也可以通过nmf.attr得到
nmf.fit(X)
W = nmf.fit_transform(X)
nmf.inverse_transform(W)
H = nmf.components_                  # H 矩阵
X_= np.dot(W,H)

print( 损失函数值 'reconstruction_err_', nmf.reconstruction_err_)   # 损失函数值
print( 实际迭代次数 'n_iter_', nmf.n_iter_) # 迭代次数
```

代码结果如下。

损失函数值 reconstruction_err_= 3.9408995299854923
实际迭代次数 n_iter_= 533

（2）主成分分析

主成分分析是一种常见的特征降维和生成新特征方法，其不依赖于预测目标变量 Y，属于无监督学习模型，主成分分析的基本原理示意如图 5-5 所示。

如图 5-5 所示，样本点散图分布呈椭圆形，其中 u_1 向量是样本分布最散的方向，u_2 向量取与 u_1 向量垂直的方向。

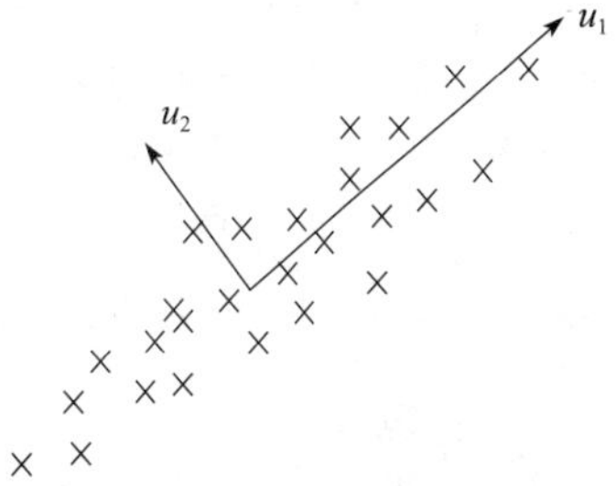

图 5-5　成分分析的原理示意

主成分分析计算步骤如下。

1）将 X 中心化即各列均减去该列均值，这里假设 X 已经中心化。

2）计算协方差矩阵：$C_{n \times n} = \dfrac{1}{n-1} X^\mathrm{T} X$。

3）求解协方差矩阵的特征向量和特征根，则前 k 个特征向量组成 top-k 个主成分。

5.4 特征评价、选择与降维

特征提取与生成之后，可以得到大量特征，但并非所有的特征都有很强的预测能力，而且特征与特征之间存在一定的相关性，在正式建模之前需要对特征进行选择和降维。

5.4.1 特征评价

进行特征选择需要有明确的、具备可操作性的特征评价标准，以此评价标准作为特征选择的依据，常见的评价标准如下。

1. 业务角度

（1）数据合规性

数据合规性是特征评价的基础要求，使用变量必须合法合规，不侵犯隐私和信息安全，在欧美国家，建立评分卡不得使用性别、宗教、种族、政治倾向等信息。

（2）变量可获得性

变量是否可以被采集，不仅要考虑当前建模时点，还需要考虑未来上线应用时点，例如因为数据隐私政策和数据安全政策规定，导致未来不能再获得的数据，则不建议使用。

（3）变量可解释性

变量是否具备较强的易理解性，是否和预测目标有较强的关联性（最好是具备因果关系）。

（4）变量的趋势是否和业务理解一致

该标准属于变量可解释性，但因为太重要，这里单列以示强调。业务理解的特征趋势需要和数据统计显示的趋势保持一致。

（5）其他特殊因素

例如账龄变量是一个比较有争议的特征，从业务含义上看，账龄本身与风险具有相关性（一般来说账龄越长越好），但如果将该变量放入模型，有可能因为特定时间点市场营销活动带来大量进件，导致变量 PSI 变化较大。

通常金额类变量慎用，原因是有些金额类变量例如收入，会随着通货膨胀而逐渐漂移，同时，收入变量通常具有地区差异性，也不具备可比性。

2. 数据角度

数据角度是从数据本身的分布特征出发，对特征质量进行评价，包括如下内容。

（1）变量的缺失率、集中度、波动性等

这几方面特征相互有关联，缺失率高的特征自然集中度也高（集中取值为 Missing），集中度高的变量信息熵低。

通常变量缺失率不应过高，需要注意的是，不能简单地认为缺失率高的变量就不好，缺失率和预测力没有必然关系。首先需要确定缺失原因，因为变量缺失是可以根据数据处理规则进行填充的，填充后的缺失率不能反映真实的缺失情况，另外如果前端设置了默认值，则该默认值可能与缺失值具有相同的业务含义。其次如果缺失率高，同时 IV 也高，极端情况例如非缺失值都是坏样本，则该变量具有较强预测力是好的特征，所以需要结合 IV 来看，如果 IV 低并且缺失率高，则不是好特征。

一般来说，集中度过高的变量，通常变量信息值（Information Value，IV）会比较低。需要注意，不能简单地认为集中度高的变量就不好，也需要看集中的值对于预测力有没有帮助。

波动性是指变量取值有变化，如果变量"波澜不惊"，则包含的信息有限，但是这并不意味着波动率大的变量就比波动率小的好，因为变量尺度会影响波动率，一般可使用变异系数（标准差/均值）来衡量。需要注意的是，对于线性模型而言，变异系数也不能完全客观地反映变量质量，因为通过变量平移，模型中该特征的预测力并不会改变，但变异系数会改变。波动性只是一个参考因素，是一个相对性的参照指标，没有绝对意义。

（2）变量时间稳定性

衡量变量分布稳定性通常使用 PSI（Population Stable Index，稳定度指标），一般认为 PSI ≥ 0.25 即表明特征分布已发生较大变化。

需要注意，避免片面理解 PSI 指标，是否 PSI ≥ 0.25 就一定意味着模型预测力下降？答案是"否"，PSI 变化与模型预测力没有必然的关系，原因在于预测模型本质上是条件概率密度估计 $P(Y = y|X)$，条件概率密度是假定 X 给定的前提下对 Y 的概率估计，与 X 本身的分布并没有直接关系。

（3）变量的预测力

计算 IV 指标，一般认为 IV ≥ 0.02 的特征具有预测力。

3. 模型角度

通过预测类模型，例如通过判别分析、随机森林等筛选出预测力强的变量，或者使用 XGBoost 或 LightGBM 模型可以直接得到特征重要性，即模型训练后直接读取模型对象的 importance 属性即可。

5.4.2 特征选择与降维

特征选择是从特征清单中按照特征评价标准选出真子集。特征选择技术可精简无用特征，在不显著影响预测准确率的情况下，降低最终模型的复杂性，其目的是得到一个简约模型。

特征降维与特征选择类似但稍有差别，特征选择是从特征清单中选出真子集，而特征降维除了可以通过特征选择来实现，也可以通过特征组合实现，即通过模型进行特征组合计算，得到若干低维组合特征变量。特征降维的目的是将原始特征从高维空间压缩到低维空间，并且最大限度保持空间内部结构（样本分布方差、向量距离、向量内积等）。

虽然从定义概念上讲，特征降维和特征选择有差异，但大多数情况下，从实际应用的角度看，不用明确区分特征选择和特征降维。

特征选择和降维主要有三类方法：过滤法（Filtering）、嵌入法（Embedded）、包装法（Wrapped），下面分别进行介绍。

1. 过滤法

过滤法按照特定筛选标准进行特征筛选，去除那些不太可能对模型有用的特征。一般来说，过滤法的计算成本比下面两种方法要低很多。根据是否使用目标变量，可以将过滤法分为无监督过滤和有监督过滤两种。

（1）无监督过滤

无监督过滤不需要使用目标变量 Y，仅基于变量本身的特征进行变量选择。

1）特征缺失率或集中度高于阈值时过滤。

2）变量方差波动小于阈值时过滤。

3）PSI 时点稳定性大于阈值时过滤。

4）变量两两相关系数大于阈值时过滤。

（2）有监督过滤

有监督过滤需要使用目标变量 Y，选择的结果对于预测目标有直接相关性。

1）变量 WOE 趋势不单调时过滤。

2）变量 IV 值低于某阈值时过滤。

2. 嵌入法

嵌入法将特征选择自然地融入模型训练过程，即在模型训练过程中同时完成了特征选择。例如使用决策树模型进行预训练，决策树模型挑出的特征就是显著的特征。又例如 L1 和 L2 正则项可以添加到任意线性模型的训练中，施加正则项后模型将使用更少的特征，所以又称正则项为模型的稀疏性约束。

嵌入法将特征选择整合为模型训练的一部分，虽然不如包装法强大，但成本也远不如包装法那么高。与过滤技术相比，嵌入法可以选出特别适合某模型的特征，从这个意义上说，嵌入法在计算成本和结果质量之间实现了平衡。

3. 包装法

包装法通过统计模型或者机器学习模型来选择特征，相比其他方法而言，计算成本较高，但可以试验特征的各个子集，可以通过模型自动组合挖掘出更多有用特征，特别是单独看某特征并无特别强的预测能力，但通过模型训练，该特征与其他特征组合之后却具有较强预测能力。

根据是否使用目标变量，可以将包装法分为无监督和有监督两种。

（1）无监督方式

使用因子分析（FA）、主成分分析（PCA）、独立成分分析（ICA）、多维尺度规约（MDS）、非负矩阵分解（NMF）、变量聚类等，以及基于深度学习自编码器等无监督方式，可以实现特征降维和特征选择。

（2）有监督方式

使用有监督的机器学习模型，例如：决策树、随机森林、线性判别分析（LDA）、二次判别分析（QDA）等，自动筛选出更有区分能力的特征变量。

5.5 自动化特征工程技术与工具

5.1 节～5.4 节主要介绍了特征工程的一般理论方法，本节介绍实际工作中常用的自动化特征工程技术与工具。

5.5.1 自动化特征工程概述

自动化特征工程是伴随自动机器学习而产生的特征工程新研究领域，可以把自动化特征工程定义为根据具体场景自动构建特征流程，无须人工参与设计特征即可快速高效完成特征工程的一种方法。

1. 手工特征工程存在的主要问题

机器学习建模都需要通过特征工程生成特征变量，多数情况下主要通过业务经验和试验来手工生成特征，手工特征工程存在的主要问题如下。

1）效率低下，开发时间长。

2）受限于业务专家经验，只能建立在经验范围内能想得到的特征，难以批量化产出。

3）可移植性差，通常手工建立的特征只适用于特定业务问题，不具有通用性。

2. 自动化特征工程的意义和价值

自动化特征工程按不同数据类别进行抽象化，设定衍生特征的范式，自动化构建成百上千个特征，可以极大提升特征工程工作效率，将建模周期大大缩短。自动化特征工程可以突破专家经验局限，快速挖掘出更多对预测有效果的特征，可能会带来一些创新性的发现。

3. 自动化特征工程方法分类

基于预定义算子和特征组合机械式衍生，除了传统的统计算子例如 max、min、mean、median、std 外，对于特定形态的数据，例如时序类、流水类数据，可以构造预定义的统一算子，例如定义 max 出现次数、突破均值的次数、max 距今最近时长等，并结合不同时间窗口，以及多个特征交叉组合来批量生成特征。

基于批量自动化表征学习方式，例如使用随机森林、GBDT 等，每次随机改变模型参数或者改变样本抽样，得到不同的预测模型，提取中间层特征或者最终预测值作为特征。

5.5.2 自动化特征工程工具

Python 和机器学习开源社区已经有大量的自动化特征工程工具，这些工具内部定义了自动化衍生特征的算子或者衍生框架流程，使用这些工具可以批量高效地进行特征衍生。常用的自动化特征工程工具有 Featuretools、TSFresh，下面进行详细介绍。

1. 基于 Featuretools 自动特征提取

Featuretools 是一个实现自动化特征工程的 Python 开源框架，可以将关系数据集转换为特征矩阵，用于机器学习。Featuretools 将深度特征合成算法（DFS）作为库的核心内容，以特征基元作为基本操作，通过叠加基元操作得到新特征。

（1）Featuretools 的基本概念

1）实体和实体集：原始数据表例如客户信息表，一般以 DataFrame 形式保存，每一张表都是一个实体，每一行数据表征一个实体即"客户"。每个实体必须含有主键来唯一标识该实体。把一个二维表看作一个实体，实体集就是一个或多个二维表的集合。

2）关系：原始数据表之间有层级关联关系，例如客户信息表和订单表，一个客户有多张订单。

3）特征基元：特征基元是 Featuretools 用来自动构建特征的基础操作，通过单独使用或者叠加使用特征基元来构造新特征。使用特征基元的意义在于，只要限制输入和输出的数据类型，就可以在不同数据集中采用相同的特征基元操作。特征基元分为聚合和转换两类：聚合基元是根据父表和子表的关联关系，对父表实体完成子表特征聚合，例如 max、min、sum、mean、mode 等；转换基元是对单个实体进行的操作，对实体的一个或者多个变量进行计算，并为该实体计算一个新变量，转换基元即作用于实体的单变量或多变量的函数。除此之外，Featuretools 还可以通过 API 自定义自己的特征基元，确定特征基元的类型，定义输入和输出的数据类型，编写该特征基元的功能函数，就可以实现自定义特征基元，并和其他基元叠加使用。

4）深度特征合成：根据实体集里的实体和特征基元创造新特征，实现多层级特征的聚合，可以简单地理解为对于多级表依次向上级表进行各种聚合。

（2）Featuretools 的安装

使用 pip 安装 Featuretools，命令如下。

```
python -m pip install featuretools
```

使用 conda 安装 Featuretools，命令如下。

```
conda install -c conda-forge featuretools
```

（3）Featuretools 使用示例

下面以 Featuretols 工具自带的数据集为例，说明使用 Featuretools 进行自动化特征衍生的方法和原理。示例数据集包括三级表。

1) cutomers：客户信息表，主键 customer_id。

2) sessions：对话表，主键 sessionid_id，同时通过 customer_id 与表 customers 关联，customers 表和 seesions 表是一对多关系。

3) transactions：交易表，主键 transaction_id，同时通过 session_id 与表 sessions 关联，sessions 表和 transactions 表是一对多关系。

首先看一下 3 张表的情况。

```
import featuretools as ft
es = ft.demo.load_mock_customer(return_entityset=True)
es.plot()
```

上述代码的运行结果如图 5-6 所示，展示了 4 张表（customers、sessions、transactions 以及 products）之间的关联关系。

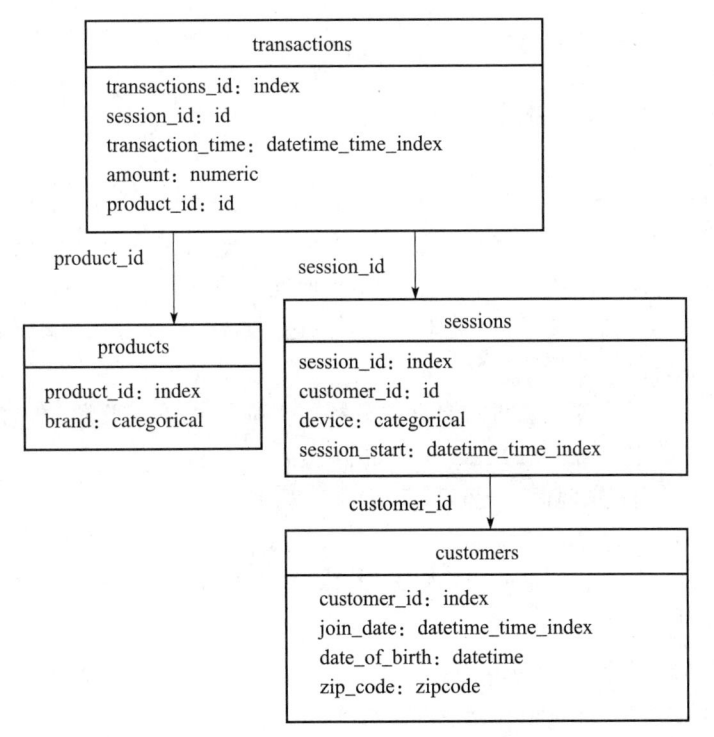

图 5-6　Featuretools 自带数据集关联关系

接下来载入数据，代码如下。

```
# 数据载入
data=ft.demo.load_mock_customer()
customers_df=data["customers"]
session_df=data["sessions"]
transactions_df=data["transactions"]
```

创建实体和实体间关联关系，代码如下。

```
# 创建实体和实体间关联关系
entities={"customers": (customers_df,"customer_id"),
          "sessions": (sessions_df,"session_id","session_start"),
          "transactions":(transactions_df,"transaction_id","transaciton_time")
         }

relationships=[("sessions","session_id","transactions","session_id"),
               ("customers","customer_id","sessions","customer_id")
              ]
```

运行 DFS 衍生特征，代码如下。

```
# 运行 DFS 衍生特征
feature_matrix_customers, features_defs=ft.dfs(entities=entities,
                                               relationships=relationships,
                                               target_entity="customers"
                                              )
```

2. 基于 TSFresh 的时序数据自动特征提取

（1）时间序列预测

时序数据即时间序列数据，是按时间顺序记录的一个或多个指标。时间序列分析包括两种形态：一种是典型的统计时间序列，通过统计分析方法，挖掘不同时点随机变量之间的依赖关系，从而对未来时点进行预测；另一种是提取整个序列的特征，例如波动性或趋势等，目的是实现序列的聚类或分类（而不是对未来时点进行预测）。本文所提取的特征是第二种。

（2）TSFresh 概述

TSFresh 是一个对序列数据进行自动执行特征工程的 Python 开源库，通过预定义的算子，批量计算时间序列特征。TSFresh 具有如下特点。

1）减少特征工程提取时间，提高特征衍生效率。

2）具有丰富的预定义时序特征，TSFresh 预定义了超过 100 种特征。这些特征包含了描述时间序列的基本特征，例如峰值数量、超过平均值次数等，也包含了更复杂的特征，例如反转对称统计量、近似熵、样本熵等。

3）自带特征评估和过滤功能，TSFresh 包含内置过滤程序，用于评估特征对于目标变量的解释能力与重要性，基于成熟的假设检验理论，采用多重检验方法，将没有统计显著性的特征过滤掉，保留最有预测力的特征变量。

（3）TSFresh 的安装

TSFresh 包的安装方法命令如下。

```
pip install tsfresh
```

（4）TSFresh 的核心函数

TSFresh 中进行特征提取和特征过滤的函数如下。

1）tsfresh.extract_features()：用于提取特征。

2）tsfresh.select_features()：用于对所提取特征结合目标变量，计算特征显著性。

3）tsfresh.extract_relevant_features：同时完成特征提取和特征过滤。

（5）TSFresh 使用示例

下面以 TSFresh 自带的数据集为例，说明使用 TSFresh 进行自动化特征衍生的方法和原理。示例数据集是机器人故障数据集，包括 6 个传感器采集的时序数据。

```
import tsfresh
from tsfresh.examples.robot_execution_failures import download_robot_execution_
    failures, load_robot_execution_failures

# 下载和读入数据
download_robot_execution_failures()
timeseries, y = load_robot_execution_failures()
```

注意，如果提示下载数据失败，可以手动下载数据，然后直接加载，具体方法如下。

1）从 https://archive.ics.uci.edu/ml/machine-learning-databases/robotfailure-mld/ 下载数据包。

2）将数据压缩包解压缩到 TSFresh 安装包的 examples\data 目录下，本书环境路径为 C:\ProgramData\Anaconda3\Lib\site-packages\tsfresh\examples\data。

3）注释掉 download_robot_execution_failures()，直接运行 load_robot_execution_failures() 完成数据加载。

查看数据，代码如下。

```
timeseries.head()
y.head()
```

代码结果如下。

```
Out[5]:
   id  time  F_x  F_y  F_z  T_x  T_y  T_z
0   1     0   -1   -1   63   -3   -1    0
1   1     1    0    0   62   -3   -1    0
2   1     2   -1   -1   61   -3    0    0
3   1     3   -1   -1   63   -2   -1    0
4   1     4   -1   -1   63   -3   -1    0

Out[8]:
1    True
2    True
3    True
4    True
5    True
dtype: bool
```

下面使用 matplotlib 将时间序列以可视化方式展示出来。

```
# 显示时间序列
import matplotlib.pyplot as plt

timeseries[timeseries['id'] == 3].plot(subplots=True, sharex=True, figsize=
    (10,10))
y[3] #True 表示正常
plt.show()
timeseries[timeseries['id'] == 21].plot(subplots=True, sharex=True, figsize=
    (10,10))
y[21] #False 表示有故障
plt.show()
```

如图 5-7、图 5-8 所示，从编号为 3 和 21 的时序图可以明显看出，编号 3 序列为正常，而编号 21 序列出现故障，与 y[3] 和 y[21] 一致。

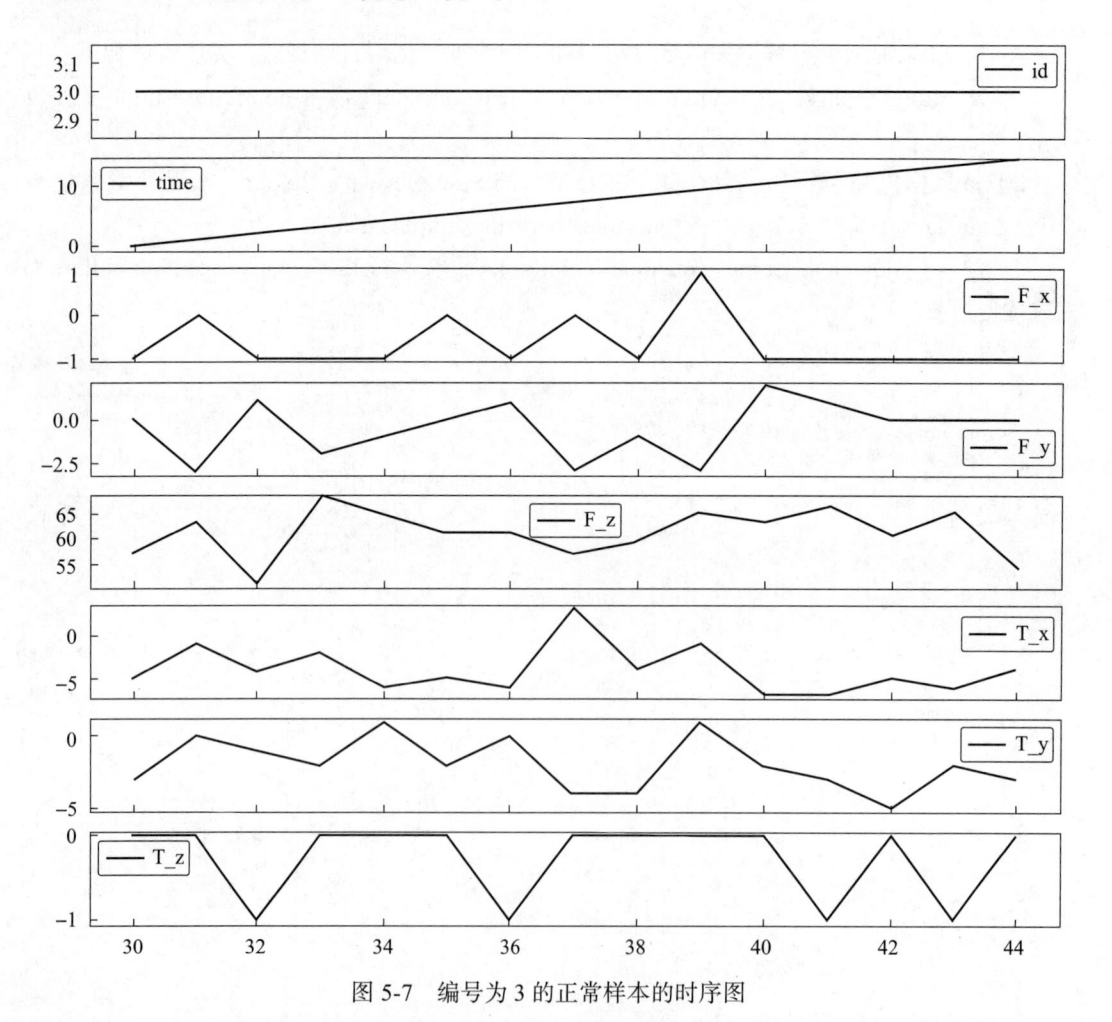

图 5-7　编号为 3 的正常样本的时序图

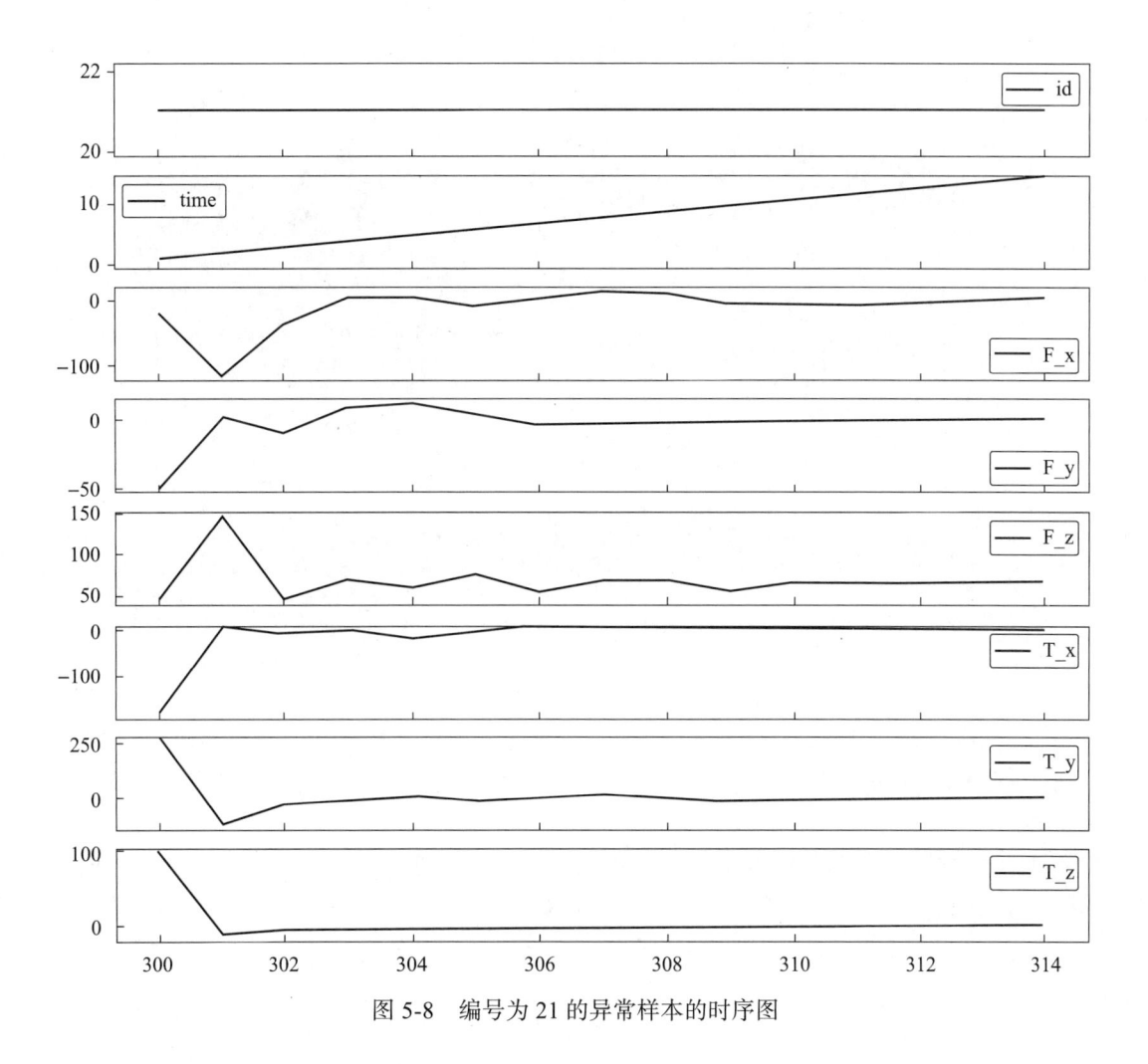

图 5-8 编号为 21 的异常样本的时序图

特征提取、特征过滤代码如下。

```
# 特征提取
from tsfresh import extract_features
extracted_features = extract_features(timeseries, column_id="id", column_sort=
    "time")
# 特征选择，基于上一步特征提取的结果，注意不允许出现 NaN 值，因此需要使用 impute 先填充
from tsfresh.utilities.dataframe_functions import impute
impute(extracted_features) # 缺失值都用 0 填充
from tsfresh import select_features
features_filtered = select_features(extracted_features, y)
```

上述代码中，使用 extract_features() 提取特征，具体语法可参考官方文档。所提取的特征如图 5-9 所示。

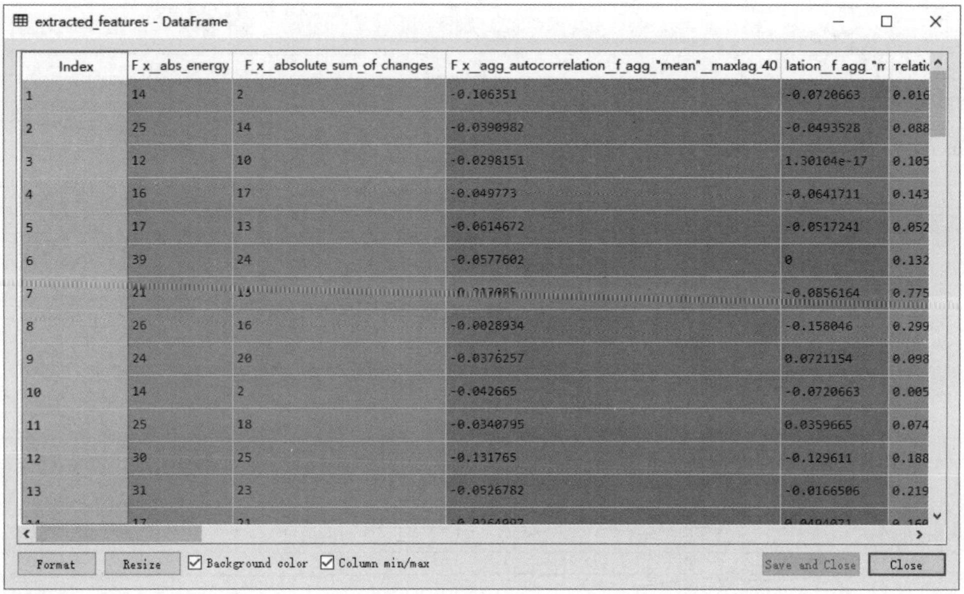

Index	F_x__abs_energy	F_x__absolute_sum_of_changes	F_x__agg_autocorrelation__f_agg_"mean"__maxlag_40	lation__f_agg_"m	relatio
1	14	2	-0.106351	-0.0720663	0.016
2	25	14	-0.0390982	-0.0493528	0.088
3	12	10	-0.0298151	1.30104e-17	0.105
4	16	17	-0.049773	-0.0641711	0.143
5	17	13	-0.0614672	-0.0517241	0.052
6	39	24	-0.0577602	0	0.132
7	21	13	[illegible]	-0.0856164	0.775
8	26	16	-0.0028934	-0.158046	0.299
9	24	20	-0.0376257	0.0721154	0.098
10	14	2	-0.042665	-0.0720663	0.005
11	25	18	-0.0340795	0.0359665	0.074
12	30	25	-0.131765	-0.129611	0.188
13	31	23	-0.0526782	-0.0166506	0.219

图 5-9　提取的时间序列特征

在提取特征后，因为有部分特征有缺失值 NaN，需要先使用 impute 函数填充缺失值，然后使用 select_features() 函数进行特征选择，仅保留统计显著的变量，最终筛选变量有 626 个。

上面的方法是分两步完成的，即先提取特征，后筛选特征，也可以一步到位，使用 extract_relevant_features() 函数同时完成提取和筛选。

```
# 特征提取 + 特征选择
from tsfresh import extract_relevant_features
features_filtered_direct = extract_relevant_features(timeseries, y,column_id='id',
    column_sort='time')
```

最终生成的 features_filtered_direct 也是 626 个变量。

（6）TSFresh 包含的算子列表

TSFresh 包含大量算子，如表 5-1 所示，这些算子是在 tsfresh.feature_extraction.feature_calculators 模块内部定义的，具体定义和语法参见官方文档。

表 5-1　TSFresh 算子列表

TSFresh 特征算子	算子含义
abs_energy()	绝对能量，即时序元素平方和
absolute_sum_of_changes()	变差和
agg_autocorrelation()	先计算自相关系数，然后统计聚合
agg_linear_trend()	线性回归系数和截距
approximate_entropy()	近似熵

（续）

TSFresh 特征算子	算子含义
ar_coefficient()	自回归系数
augmented_dickey_fuller()	ADF 检验统计指标
autocorrelation()	自相关系数
binned_entropy()	分箱后再求信息熵
c3()	时间序列 C3 指标
change_quantiles()	首先固定 x 取值分布的上下分位 ql 和 qh，然后计算落在该区间的样本的连续变动绝对值的平均数（即变差函数的平均值）
cid_ce()	滞后序列对应元素差值的平方和
count_above_mean()	高于（不含）平均值的次数
count_below_mean()	低于（不含）平均值的次数
cwt_coefficients()	连续小波变换的系数
energy_ratio_by_chunks()	分多段求某段元素平方和占比
fft_aggregated()	快速傅里叶变换聚合指标
fft_coefficient()	快速傅里叶变换系数
first_location_of_maximum()	第一次最大值对应的索引脚标 / 总长度
first_location_of_minimum()	第一次最小值对应的索引脚标 / 总长度
friedrich_coefficients()	物理学 friedrich 方程系数
has_duplicate()	是否有重复值
has_duplicate_max()	最大值是否重复
has_duplicate_min()	最小值是否重复
index_mass_quantile()	质量占比分位对应的样本分位点
kurtosis()	峰度
large_standard_deviation()	std 是否大于 r*range
last_location_of_maximum()	最近一次最大取值所在位置分位数
last_location_of_minimum()	最近一次最小取值所在位置分位数
length()	序列长度
linear_trend()	线性回归的参数，x 对自然序号的回归
linear_trend_timewise()	线性回归的参数，x 对 Index 的回归
longest_strike_above_mean()	高于（不含）平均值的最大游程
longest_strike_below_mean()	低于（不含）平均值的最大游程
max_langevin_fixed_point()	物理学 Langevin 方程的最大不动点
maximum()	最大值
mean()	平均值
mean_abs_change()	变差均值
mean_change()	最后值 – 第一个值，再除以 $n-1$
mean_second_derivative_central()	中心二阶差分平均值
median()	众数

（续）

TSFresh 特征算子	算子含义
minimum()	最小值
number_crossing_m()	穿越指定数值 m 的次数
number_cwt_peaks()	连续小波变换后，窗口宽度 n 内峰值数量
number_peaks()	窗口宽度 n 内峰值数量
partial_autocorrelation()	偏自相关系数
percentage_of_reoccurring_datapoints_to_all_datapoints()	重复值去重数 / 全部值去重数
percentage_of_reoccurring_values_to_all_values()	重复值样本数 / 全部样本数
quantile()	求分位点，按线性映射
range_count()	计算在 [min, max] 区间中的样本数
ratio_beyond_r_sigma()	计算在 r 个标准差之外的样本数占比
ratio_value_number_to_time_series_length()	去重后个数 / 总个数，count(distinct)/count
sample_entropy()	样本熵
set_property()	装饰器，非特征
skewness()	偏度
spkt_welch_density()	交叉幂谱密度
standard_deviation()	标准差
sum_of_reoccurring_data_points()	将重复的值相加
sum_of_reoccurring_values()	将重复的值去重后相加
sum_values()	求和
symmetry_looking()	对称程度指标
time_reversal_asymmetry_statistic()	反转对称统计量
value_count()	value 出现的次数
variance()	方差
variance_larger_than_standard_deviation()	方差是否大于标准差

5.6　本章小结

特征构造是建模的核心工作，甚至从根本上决定了模型效果的上限。

本章重点介绍了特征工程的基本含义和流程、特征工程的核心内容，最后介绍了当前流行的自动化特征工程技术与工具。

第 6 章 评分卡模型设计

模型设计是评分卡模型开发全流程中最核心的环节，模型的顶层设计决定了建模的具体思路和方案，模型设计的质量直接决定了模型效果、性能和应用价值。本章将详细介绍评分卡模型设计的方法和流程。

6.1 模型设计概述

本节简要介绍模型设计的基本概念和工作内容。

6.1.1 模型设计的定义

一般来说，产品开发大致遵循需求、设计、开发、测试、投产等流程，评分卡模型开发亦如此，模型设计是模型开发全流程的关键环节。多数情况下我们构建的是预测类模型，需要重点确定如下问题。

1）需要做几个模型，一般可按客户、产品或数据可用性进行模型细分。
2）样本如何提取。
3）Y 变量如何定义。
4）模型原型如何选择（如评分卡、决策树、XGBoost、LightGBM）。

以上 4 项是模型开发依赖的要素，我们需要按此设计逻辑构建建模宽表并选择模型。模型设计工作输入的是原始数据和业务需求，输出的是建模宽表。

6.1.2 模型设计的工作内容

评分卡模型开发基于宽表，宽表的核心构成要素包括样本（行）、特征（列）和 Y 变量（列），其中"特征"在第 5 章已经详细介绍过，模型设计主要关注"样本"和"Y 变量"，即样本范围的确定和 Y 变量的定义，并不需要关注特征变量本身。评分卡模型设计涉及的工作环节如表 6-1 所示。

表 6-1 评分卡模型设计工作环节

工作内容	详细说明
排除规则与样本范围	从业务角度和数据角度看，有一些样本是需要排除的，这些样本在未来模型上线后不参与模型评分
模型细分	从业务角度和数据角度考虑模型细分方案，模型细分会对不同产品、不同群体、不同渠道等分开建模，从而有效提升风险区分能力
表现期定义与 Vintage 分析	确定表现出好、坏的时长，需要根据具体业务要求，结合类似"账龄分析"等分析手段来确定
目标定义与滚动率分析	确定好、坏、不确定样本的定义标准，需要根据具体业务要求，结合类似"滚动率分析"等分析手段来确定
观察期定义与逾期趋势分析	基于汇总计数结果，根据具体业务要求，结合类似"趋势分析"等分析手段来确定。一般情况下，建模样本量需要达到一定数量，并且业务没有发生根本性改变
模型设计汇总计数	在确定了排除规则和目标定义（即 EBIG 定义）之后，汇总统计在每个观察点的排除样本以及好、坏、不确定样本的数量

6.2 排除规则与样本范围

本节将介绍排除规则与样本范围，并分别针对申请评分卡、行为评分卡、催收评分卡指定排除规则，确定样本范围。

6.2.1 排除规则和样本范围的定义

确定样本范围，即未来模型上线后需要用模型打分的样本范围，不在此范围的样本均属于排除样本。

排除规则按照实施阶段分为观察期排除和表现期排除。

1）观察期排除是未来模型上线后在打分时点即可确定的不需要用模型打分的样本，包括产品排除、特殊客群排除、政策准入排除等。

2）表现期排除是未来模型上线后仍需要使用模型打分但不参与模型训练的样本，即对于模型训练过程而言，诸如表现期不足、灰度表现等样本不需要参与模型训练。

不同的评分卡模型（A卡、B卡、C卡、F卡、营销评分、收益评分、流失评分等）的排除规则不同，在制定排除规则时，需要对建模目的和目标有准确的理解。

6.2.2 申请评分卡模型排除规则

1. 参考时点与预测目标

申请评分卡模型的参考时点是贷款申请时点，预测放款后表现期内的逾期表现。申请评分卡模型通常用于贷款准驳决策。

2. 打分范围

申请评分卡打分的样本范围一般是经前置高风险规则判断为"通过"并且不属于观察期排除的样本。

对于申请评分卡，需要考虑的特殊因素是与前置风险规则的关系。一般来说，在决策系统执行评分卡模型之前及之后会运行前置规则，包括身份核验类规则、政策性准入类规则、黑名单多头借贷类规则、高风险类规则。在构建申请评分卡模型时，进入评分卡模型的打分样本是通过前置规则的样本。

3. 排除规则

对于申请评分卡模型，常见的排除规则如表6-2所示。

表 6-2　申请评分卡模型常见排除规则

阶段	类别	排除细项
观察期排除	产品排除	特殊产品，例如特殊卡种（学生卡、公务报销卡、白金卡等高级别VIP卡等）和不需要行方承担风险也不需要走评分卡打分的产品（住房公积金贷款等）
	客群排除	对于特殊类别客户，通常执行特殊审批流程，例如VIP客户
	政策类规则排除	不符合信贷审批政策和规则的客户
表现期排除	不确定样本（建模时排除而实施时不排除）	不确定样本是指：1）没有表现，例如未提款或无表现；2）虽有表现但表现期不足X个月；3）表现期足，但不满足好坏样本定义，即轻度逾期的灰样本

上述排除规则是最严谨的做法，虽然一般来说，经过上述排除规则排除掉的样本量占比不大（通常在10%以内），即便不排除，对模型训练也不会产生显著影响，但从建模逻辑严谨性角度考虑，仍然建议按照上述规则严格执行。

6.2.3 行为评分卡模型排除规则

1. 参考时点与预测目标

行为评分卡模型参考时点通常是周期时点（通常每月），模型预测自观察点开始未来X个月内的逾期表现。行为评分卡模型通常用于制定贷后预警策略。

2. 打分范围

对于行为评分卡，建模样本选取的基本原则是未来模型上线之后需要应用的样本（即需要预警的样本）。对于不同的产品，需要预警的样本范围稍有差异，如表6-3所示。

表 6-3 不同产品需要预警的样本范围

产品	样本范围
贷款（非额度类）	1）观察点从贷款发放当月月末开始，直到该笔贷款结清 2）观察点账户状态正常（未冻结、未销户、未核销等），如果账户状态异常，通常已经进入预警序列 3）观察点非逾期，如果账户已逾期，通常已经自动进入预警或催收序列 4）观察点余额 >0
贷款（额度类）	1）观察点从每笔借据提款当月月末开始，直到该笔借据结清 2）观察点账户状态正常（未冻结、未销户、未核销等） 3）观察点非逾期 4）观察点余额 >0
信用卡	1）从卡激活当月开始，卡激活后不论是否消费，出账都需要预警 2）观察点账户状态正常（未冻结、未销户、未核销等） 3）观察点非逾期

3. 排除规则

对于行为评分卡模型，常见的排除规则如表 6-4 所示。

表 6-4 行为评分卡模型常见排除规则

阶段	类别	排除细项
观察期排除	观察点排除	1）观察点账龄小于 6 个月，因为行为期太短的样本行为特征不够、可信预测力不好 2）观察点已逾期，已纳入催收，这部分样本将归为催收评分卡打分对象
表现期排除	不确定样本（建模时排除而实施时不排除）	不确定样本是指：1）没有表现，例如未提款或无表现 2）虽有表现但表现期不足 X 个月 3）表现期足，但不满足好坏样本定义

对于观察点账龄小于 6 个月的样本，因为行为期时间窗口太短，没有稳定的行为特征，通常仍然沿用申请评分卡模型。

6.2.4 催收评分卡模型排除规则

这里的催收评分卡模型是指狭义的早期催收评分卡模型，本质上仍然是行为评分卡模型，严格意义的催收评分卡模型应当使用历史催收行为记录。催收评分卡模型的运行模式是按既定催收策略确定入催时点的，例如一般消费金融公司会选择如下时点：应还款日进入逾期、逾期后 5 天、逾期后 15 天、逾期后 30 天等。

1. 参考时点与预测目标

催收评分卡模型的参考时点是入催时点，模型预测入催后未来一段时间的逾期表现或还款表现，用于指导差异化催收方案。

2. 打分范围

催收评分卡打分范围是入催样本。

3. 排除规则

对于早期催收评分卡模型，常见的排除规则如表 6-5 所示。

表 6-5 早期催收评分卡模型常见排除规则

阶段	类别	排除细项
观察期排除	观察点排除	1）观察点账龄小于 6 个月 2）观察点未达到入催条件
表现期排除	不确定样本（建模时排除而实施时不排除）	不确定样本是指：1）虽有表现但表现期不足；2）表现期足，但不满足好坏样本定义

6.3 模型细分

本节介绍模型细分的内容，将分别从业务角度和数据角度设计模型细分方案。模型细分实现了对不同的群体分开建模，可以有效提升风险区分能力。

1. 为何需要模型细分

使用模型细分的主要原因如下。

1）一般在样本量足够的情况下，使用模型细分可以使得群体风险特征更加突出，通常会提升风险区分能力，保证模型准确度。

2）基于对特殊条件和因素的考虑，例如样本量、可用数据范围、业务管理角度、系统复杂度。

2. 模型细分的考虑因素

模型细分通常需要考虑如下因素。

1）风险表现是否存在显著差异。通常不同的产品类型、渠道、客群、担保方式的风险表现可能存在显著差异。

2）建模样本量是否足够。模型细分过度会导致建模样本不够（特别是坏样本），模型效果并不好，因此并非分得越细越好。

3）可用数据自变量和数据范围差异（例如有无征信报告）。

4）考虑到模型开发、测试以及上线后监控、维护的工作量和复杂度，模型数量越多，前期开发测试和后期维护的成本就越高，而且越容易出错，因此一般会控制模型数量。

模型细分是多方面因素综合平衡考虑的结果，并非分得越细越好：细分太多，一方面可能使得建模样本量过少，导致模型效果不好，另一方面，模型数量增加会加大模型开发工作量和后期实施维度的难度；细分太少，则风险特征不明显，导致模型效果不好。

3. 常见模型细分维度

模型细分通常按照以下 5 个维度进行。

1）产品维度：不同特征的产品风险存在差异，通常会按照房贷、车贷、消费贷、经营贷等维度进行细分。

  2）客群维度：不同客群风险存在差异。

  3）渠道维度：不同进件渠道风险存在差异。

  4）担保方式维度：不同担保方式风险存在差异。

  5）可用数据维度：可用数据如果有差异，需要考虑分开建模。

6.4 表现期定义与Vintage分析

本节介绍表现期定义，将详细介绍使用Vintage分析确定表现期窗口宽度的方法。

6.4.1 表现期定义

对于表现期长度的确定，业界有两种常见的做法：固定宽度窗口表现期、非固定宽度窗口表现期。这两种做法都有一定的合理性。

1）采用固定宽度窗口表现期是因为要求Y变量的同质性，即只有所有贷款都基于相同宽度的窗口，其逾期表现才具有可比性、同质性和公平性，同时预测违约概率的业务含义才是明确的（因为违约概率本身就是内含表现期的，孤立地说违约概率而不明确表现期是无意义的）。

2）采用非固定宽度窗口表现期是因为在某些情况下，各种期限、各种还款方式的产品混合在一起建模，此时如果采用固定宽度窗口，对于期限较长的到期还款，在表现期内因为未到到期还款时间，所以没有表现。

具体采用哪种做法，需要结合具体产品特性确定。多数情况下，都是采用固定宽度窗口表现期。

6.4.2 Vintage分析

为确定表现期长度，通常采用Vintage分析（也称成熟期分析）。本节将详细介绍Vintage分析方法。

1. Vintage分析的历史

Vintage一词来自葡萄酒酿酒行业。由于每年采摘的葡萄会受日照、气温、降水等因素的影响，因此最终酿造的葡萄酒品质会存在差异。在窖藏一定年份后，葡萄酒的品质将趋于稳定，也就是品质成熟，这段时期被称为成熟期。

假设以酒精浓度作为衡量葡萄酒品质的标准，首先记录入窖年份作为该批次葡萄酒的标签，每个入窖年份被称为一个Vintage。之后每年定期抽样测量酒精浓度，保存数据。经过几年的数据积累，就可以绘制出酒精浓度随时间变化的Vintage曲线。俗话说，酒越酿越醇，Vintage曲线通常是单调递增的，如图6-1所示。

图 6-1 葡萄酒 Vintage 曲线

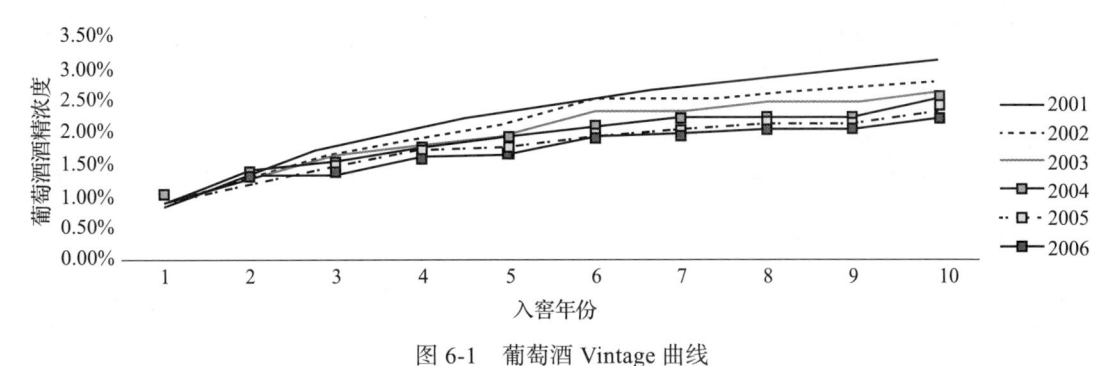

这里 Vintage 分析内含两个时间概念：采摘葡萄的时间和酿酒的时间周期。
酿酒行业使用 Vintage 分析的目的如下。
1）比较不同批次酒的品质差异，一般是一个年份绘制一条曲线，这样可以比较出不同年份下酿造的酒的品质差异。
2）确定最佳品尝时间。
3）确定最终品质水平。
分析影响因素时，可以将不同控制工艺分组作为单独的曲线，以此比较在不同工艺条件下的品质差异。

2. 信贷业务 Vintage 分析

在信贷领域，我们也可以用 Vintage 曲线分析信贷资产组合风险质量的变化过程和规律。为了让读者更容易理解，在此列举 Vintage 分析过程中两个领域的对应关系，如表 6-6 所示。

表 6-6 酿酒行业与信贷领域 Vintage 分析的类比

行业	葡萄酒酿造	信贷
批次	入窖年份	放贷月份
影响因素	气温、日照、降水	客群、行业政策、市场环境、银行信贷策略
品质	葡萄酒品质	逾期风险
时间	入窖窖龄	账龄
成熟期	品质稳定期	账户成熟期

信贷业务 Vintage 分析的目的如下。
1）比较不同批次信贷质量差异。
2）确定最佳表现窗口长度。
3）确定最终风险水平。
4）分析影响因素，比较客群、行业政策、市场环境、银行信贷策略对资产质量的影响。
信贷业务 Vintage 分析具体计算如表 6-7 所示，假设衡量信贷质量的指标是 Ever M3+。

表 6-7 信贷业务 Vintage 分析数据

Vintage	1	2	3	4	5	6	7	8	9	10	11	12	13	14	15	16
201801	0.00%	0.00%	0.84%	1.35%	1.79%	2.09%	2.28%	2.51%	2.67%	2.78%	2.95%	3.09%	3.24%	3.47%	3.67%	3.90%
201802	0.00%	0.00%	0.50%	1.03%	1.37%	1.57%	1.90%	2.13%	2.34%	2.45%	2.71%	2.84%	3.06%	3.20%	3.34%	
201803	0.00%	0.00%	0.55%	1.09%	1.47%	1.71%	2.06%	2.36%	2.51%	2.62%	2.72%	2.95%	3.08%	3.20%		
201804	0.00%	0.00%	0.69%	1.25%	1.70%	2.05%	2.36%	2.68%	2.97%	3.21%	3.43%	3.53%	3.72%			
201805	0.00%	0.00%	1.23%	1.63%	2.10%	2.43%	2.63%	2.86%	3.13%	3.37%	3.49%	3.65%				
201806	0.00%	0.00%	0.70%	1.09%	1.48%	1.83%	2.17%	2.44%	2.71%	2.89%	3.16%					
201807	0.00%	0.00%	0.60%	1.12%	1.57%	1.95%	2.14%	2.29%	2.43%	2.68%						
201808	0.00%	0.00%	0.99%	1.47%	1.87%	2.10%	2.36%	2.56%	2.71%							
201809	0.00%	0.00%	0.52%	0.91%	1.19%	1.41%	1.77%	1.94%								
201810	0.00%	0.00%	0.74%	1.13%	1.54%	1.84%	2.10%									
201811	0.00%	0.00%	0.52%	0.97%	1.39%	1.79%										
201812	0.00%	0.00%	0.69%	1.23%	1.56%											

绘制 Vintage 曲线，如图 6-2 所示。

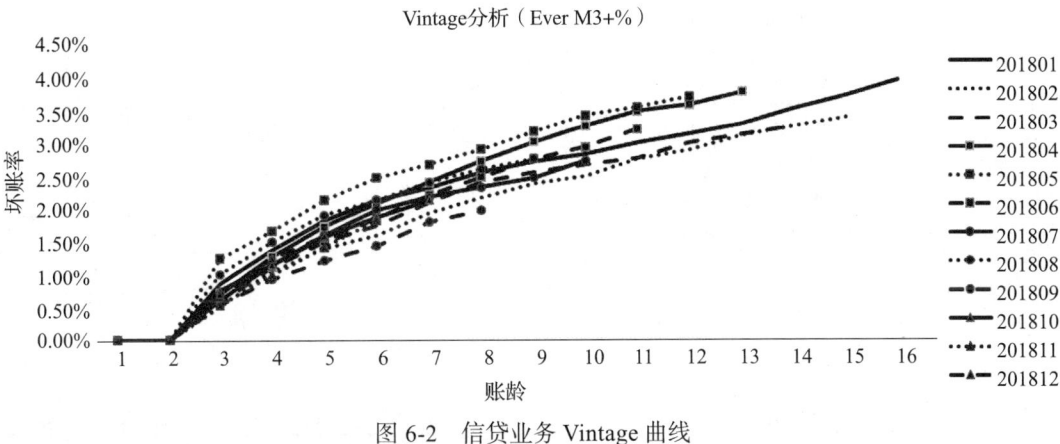

图 6-2　信贷业务 Vintage 曲线

由图 6-2 可知，当设定衡量指标是 Ever Mn+ 时，前面 $n-1$ 期的 Vintage 曲线值为 0。比较理想的风控下，Vintage 曲线是上凸的，经过足够长的时间后趋于稳定。如果风控做得不够好，Vintage 曲线可能是直线上涨的，并不会呈现趋于稳定的趋势。

业界在绘制 Vintage 曲线时，可能存在如下统计口径差异。

1）逾期坏账率是账龄时点 Mn+ 值（即时点逾期 Mn+）还是 Ever Mn+ 值（即历史最大逾期 Mn+）：业界惯例取 Ever Mn+ 值。

2）对于到期的处理，即统计 Vintage 曲线时到期之后的时点是否参与计算：业界惯例是到期后的时点数据不参与 Vintage 曲线绘制。因为到期时点是业务上的特殊时点，所以如果到期仍然持续逾期，业务上会做特殊处理。

3）对于账龄距离数据截止时点的月数间隔小于 n 的，因为表现期不足，计算的逾期比率会被低估，曲线会小幅度下降，所以通常账龄不会一直取到数据截止时点，而是数据截止时点回推 n 个月。

通常 Vintage 分析主要是针对申请评分卡而言，在申请评分卡 Vintage 分析中，分组变量是信贷首次放款时间，账龄是放款后的月数。

6.5　滚动率

6.5.1　滚动率定义

信贷业务关注信贷资产恶化，重点计算本月逾期到下月逾期的转化情况，以本月 Mn 逾期状态样本为分母、次月各逾期状态为分子，计算出的比例即滚动率。

滚动率是一个矩阵，行是本月逾期状态，列是次月逾期状态，由于本月逾期 Mn，下月逾期只可能是 Mn+1,…, M0，所以次对角线下方才有数据。

6.5.2 滚动率分析

假设本月到下月的逾期转化情况如表 6-8 所示。

表 6-8 滚动率分析数据

	M0	M1	M2	M3	M4	M5	M6	M7+	C 结清
M0	96.0%	4.0%							0.0%
M1（1～30 天）	60.0%	30.0%	10.0%						0.0%
M2（31～60 天）	33.0%	2.0%	5.0%	60.0%					0.0%
M3（61～90 天）	10.0%	1.0%	3.0%	6.0%	80.0%				0.0%
M4（91～120 天）	10.0%	0.0%	1.0%	1.0%	3.0%	85.0%			0.0%
M5（121～150 天）	6.0%	0.0%	0.5%	0.5%	2.0%	3.0%	88.0%		0.0%
M6（151～180 天）	2.0%	0.1%	0.2%	0.3%	1.4%	2.0%	4.0%	90.0%	0.0%
M7+（181 天以上）	1.0%	0.0%	0.0%	0.0%	0.0%	0.0%	1.0%	98.0%	0.0%

将最上面的次对角线数据绘制成曲线，如图 6-3 所示。

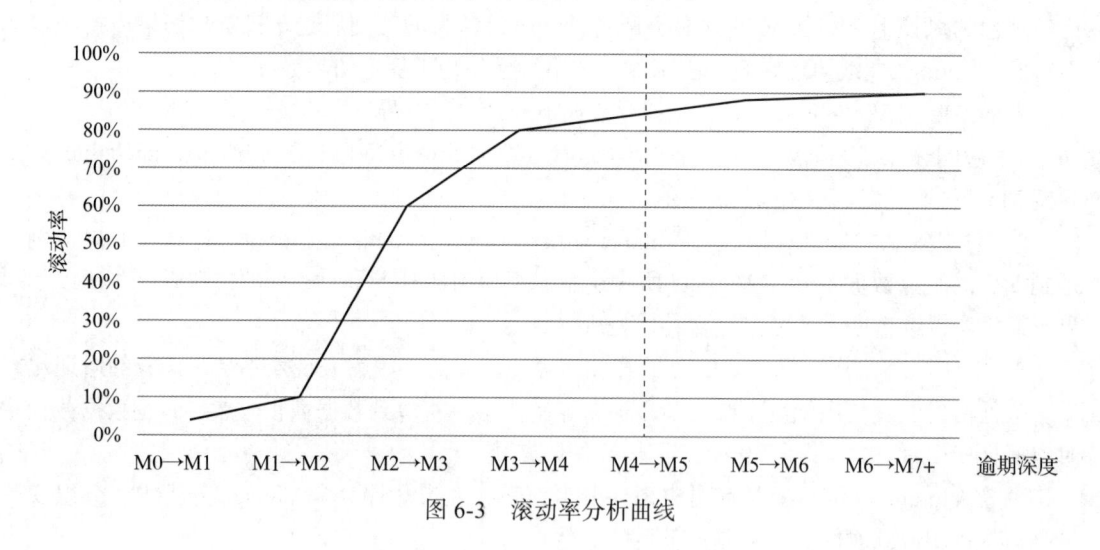

图 6-3 滚动率分析曲线

由图 6-3 可知，当逾期深度为 M4 时，滚动率达到 85% 以上，并且达到较稳定状态，故可认为，当逾期达到 M4 时，样本已经"坏透"（处于稳定的状态），故可将坏样本定义在 M4+（≥ 91 天）。

在建模实践中，将滚动率的分析结果作为参考，确定具体逾期深度还需要结合业务（例如贷后处置策略等因素）综合考虑。

6.5.3 滚动率计算常见问题

虽然滚动率定义公式并不复杂，但在实际计算中会面临一些特殊问题。

1. 结清与核销等其他状态

计算滚动率一般考虑 C 结清，结清后不再计算滚动率。

2. 逾期跳跃

虽然理论上不应出现相邻月逾期跳跃的问题，但因为行内逾期天数计算逻辑不严谨，以及自然月的大小月问题（主要发生在当月小月逾期 30 天（M1），次月大月 31 天，故次月累计逾期 61 天（M3）这种情况），所以通常由逾期天数转逾期月数时简单取模 30 会带来逾期跳跃的问题，此时需要把发生跳跃的迁徙比率都加到 Mn+1 上。

3. 到期还款型产品

对于到期还款型产品，滚动率需要从到期日开始计算，并且一般按天计算。

4. 额度型产品（多笔借据）

前面计算的滚动率主要针对传统的按月还款型，而额度类贷款通常会有多笔借据，常见的计算滚动率方式如下。

1）多笔借据按放贷时间对齐，逾期取最大值，从而将逾期聚合到合同层级。
2）多笔借据按自然月对齐，逾期取最大值，从而将逾期聚合到合同层级。
3）多笔借据独立计算滚动率，即滚动率在借据层级。
4）多笔借据合并计算滚动率。

一般建议采用第一种计算方式。

6.6 观察期的定义与选择

本节介绍观察期的定义、逾期趋势分析以及建模观察点和观察窗口确定的方法。

6.6.1 观察期的定义

观察期用于确定观察点范围，即选择样本的时间范围，所有观察点的并集所覆盖的时间窗口称为观察期。

对于申请评分卡和行为评分卡，观察期的定义稍有不同，申请评分卡的观察点就是申请时点，而行为评分卡的观察点通常取每个月月末时点（因为行为评分卡通常是固定周期跑批），如图 6-4 所示。

6.6.2 观察期的选择

观察期的选择主要考虑因素如下。

1）业务及风险表现稳定性，避免选择风险出现异常波动的时点。
2）如果样本量比较少（特别是坏样本量太少），则需要将观察点往回拉，将观察期拉长。

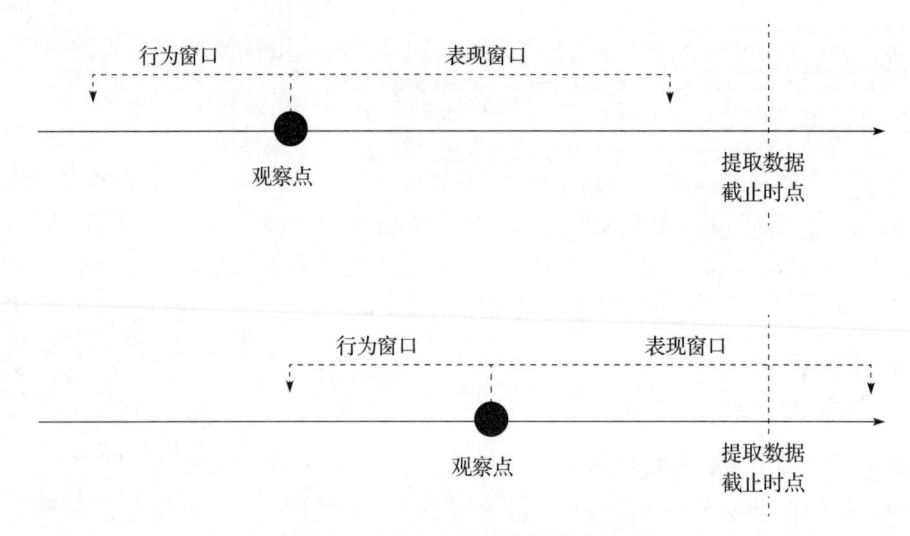

图 6-4　观察点与观察期的定义

在判断业务及风险表现稳定性时，通常需要计算逾期趋势曲线，即计算各观察点自然月审批通过的样本贷后表现期窗口内或者观察时点的逾期表现情况，不应出现非预期的剧烈波动。以某银行项目为例，对房贷产品按申请自然月统计未来 12 个月的逾期情况，如图 6-5 所示。

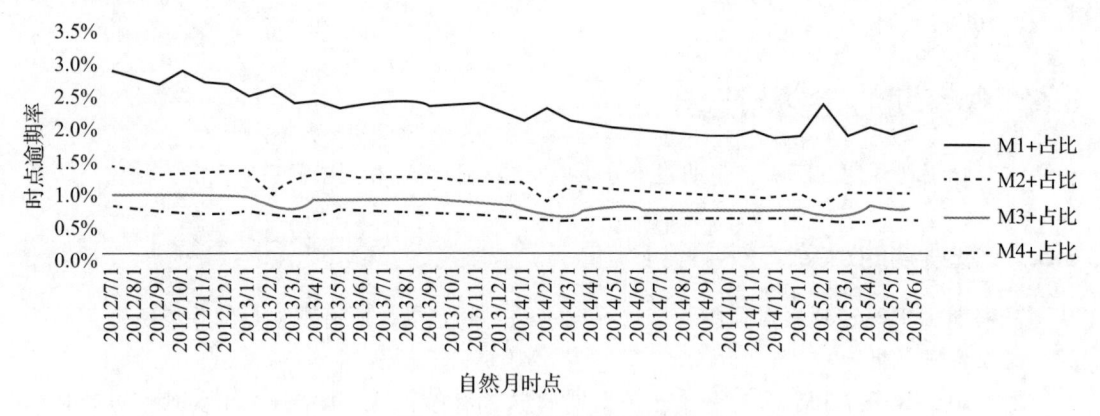

图 6-5　自然月时点逾期趋势

由图 6-5 可知，总体逾期趋势比较稳定，期间风险水平未发生剧烈变化，后面再进一步结合统计样本量确定观察窗口。

6.7　模型设计汇总计数

前面各项分析完成之后，建模基本要素已经确定，通过汇总计数从总体上一览样本分布情况，在有必要的情况下，还需要基于汇总计数结果对前述模型设计要素进行适当调整。

6.7.1 汇总计数定义

在前面初步确定了排除规则样本范围、模型细分、表现期定义、观察期定义之后，就可以通过汇总计算得到模型设计汇总计数了，如表 6-9 所示。

表 6-9 汇总计数结果表示例

PrdCat	Category0	Category1		Category2	201501	……	201812
某产品	1 排除项	1.1	观察点排除	1.1.1 非建模范围产品排除（特殊产品）			
				1.1.2 特殊客群排除（特殊客群）			
				1.1.3 审批政策排除			
		1.2	表现期排除	1.2.1 未提款			
				1.2.2 有提款无表现			
	2 逾期表现	2.1	坏	2.1.1 有贷后表现，且表现为坏（通常含逾期 Mn+、停止计息、核销等情形）			
		2.2	不确定	2.2.1 有贷后表现，表现期不足且无坏表现			
				2.2.2 有贷后表现，其他逾期表现			
		2.3	好	2.3.1 有贷后表现，无坏表现且表现期未发生逾期			

需要注意的是，汇总计数表中样本总数必须与实际业务审批通过样本总数保持一致，防止因为错误或不严谨的数据处理而出现样本量减少的问题。

6.7.2 汇总计数的特别说明

因为模型设计各项工作之间往往存在一定的循环依赖问题，例如：在确定排除规则的表现期排除时，依赖于表现期；模型细分与表现期、目标定义、观察期定义存在相互依赖，计算表现期、目标定义等需要基于模型细分，而实际汇总计数结果显示表现期和目标定义导致了模型细分后样本不足，需要重新对表现期和目标定义做调整，所以模型设计过程可能需要几轮反复调整和修正，直至达到建模要求为止。

6.8 建模方式和模型原型选择

评分卡建模方式可以分为基于数据驱动的评分卡和基于经验的专家评分卡两种。

1）基于数据驱动的评分卡适用于建模样本量充足的情况，通过机器学习（常用逻辑回归、决策树、神经网络等模型）进行训练和拟合，得到最终评分卡模型。

2）基于经验的专家评分卡适用于数据量不够充足的情况（特别是冷启动），需要基于业务专家经验确定打分变量及打分表，通常使用层次分析法等决策分析模型。

基于汇总计数结果，如果有一定建模样本量但样本量又不是十分充足，难以支撑数据驱动评分卡模型，那么就需要考虑建立专家评分卡模型。

6.9 本章小结

本章重点介绍了评分卡模型设计的一般方法和流程，首先介绍了评分卡模型设计的一般定义，然后详细介绍了模型设计的各个环节，包括排除规则、模型细分、表现期定义、目标定义、观察期定义等。本章的内容是后续评分卡开发章节的基础。

第 7 章

评分卡模型开发

在完成评分卡模型设计之后，进入评分卡模型开发阶段。评分卡模型开发的起点是基于模型设计得到的宽表（包含自变量和因变量）。本章将详细介绍评分卡模型开发的标准化流程。

7.1 模型开发概述

评分卡模型开发输入的是模型设计得到的宽表，模型开发的流程如表 7-1 所示。

表 7-1 模型开发的流程

流程	说明
样本分区	在样本量充足的情况下，一般将样本分区为训练集、验证集、样本外测试集和时间外测试集，分别进行模型的训练、超参选择、样本外验证、时间外验证
样本抽样	对于好坏不均衡或者整体样本量太大的情况，需要进行样本抽样
变量预筛选	进行分箱前先基于特征分析，对原始变量进行初步筛选，得到候选变量长清单，再进行变量分箱。进行变量预筛选的目的是将质量较差或可解释性差的特征去掉，减轻变量分箱的工作量，将主要精力集中在优质变量上
变量分箱	在长名单的基础上先依次进行细分箱（可以采用等频分箱、决策树最优分箱或者卡方分箱等方式），再进行分箱合并，完成粗分箱。粗分箱后的变量具有较好的 WOE 单调性和业务可解释性
变量再筛选	在粗分箱的基础上，基于变量 WOE 趋势和 IV 值进行变量再筛选，得到候选变量短清单，筛选后的变量总体趋势与业务经验基本一致，且具备较好的预测力。在此过程中，如果变量数量过多，可以使用 StepDisc、随机森林等判别方法进行变量选择，以降低变量维度

（续）

流程	说明
变量转换 WOE	对于候选变量短清单，将各变量每个分箱转换为分箱对应的 WOE 值
模型拟合	基于变量转换 WOE 的宽表，使用逻辑回归模型进行模型拟合
模型验证	在样本外验证数据集和时间外验证数据集上进行模型结果的验证，重点关注排序性、区分能力、集中度、分值分布等，确保相关技术指标达到理想水平
评分标尺	通过评分标尺化，将逻辑回归模型的结果转换为评分表
模型导出 PMML 文件	如果需要将模型部署进决策系统，实现在生产环境中在线应用，则需要将模型导出为 PMML 文件，并完成对 PMML 文件的离线测试，确保 PMML 文件打分逻辑的正确性

需要注意的是，在上述流程步骤中，变量筛选是持续性的工作，会多次出现，即在多个环节完成后都需要进行变量筛选，包括样本抽样后的预筛选、变量分箱后的筛选、变量转换 WOE 之后的筛选、模型训练过程中的筛选等。

7.2 样本分区

样本分区是指将建模样本拆分成训练集、验证集、样本外测试集、时间外测试集的过程。样本分区的功能如表 7-2 所示。

表 7-2 样本分区的功能

样本分区	功能
训练集	用于模型训练参数拟合
验证集	用于模型超参数选择
样本外测试集	用于验证模型是否过拟合或欠拟合，不考虑时间因素带来的评分效果下降
时间外测试集	用于验证时间外样本上的表现，即评分效果是否随时间变化而下降

在样本量充足的情况下，可以同时考虑上述 4 个样本分区。

1）按照时间（对申请评分卡而言是申请时间月份，对行为评分卡和催收评分卡而言是观察时点月份）预留最新的若干月份作为时间外测试集。

2）如果进行交叉验证，则保留验证集。通常训练集、验证集、样本外测试集按照除去时间外测试集后剩余样本量 6∶2∶2 的比例进行分拆。

3）如果不进行交叉验证，则不需要保留验证集。通常训练集、样本外测试集按照除去时间外测试集后剩余样本量 6∶4 或 7∶3 或 5∶5 的比例进行分拆。

样本分区的方法原理示意如图 7-1 所示。如果样本量足够，就会分为训练集、验证集、样本外测试集和时间外测试集。如果样本量不足，只会分为训练集、样本外测试集和时间外测试集。

图 7-1　样本分区的原理示意

如果样本量严重不足，也可以不使用分拆测试样本的做法，即全部样本都作为训练集，不保留验证集和测试集，此时模型验证通常使用小样本验证方法（例如 Bootstrap 方法）。

7.3　样本抽样

当好坏不均衡或者整体样本量太大时，需要进行样本抽样。本节详细介绍样本抽样的方法。

1. 为何抽样

1）降低计算量。如果全量数据量过大，则训练模型需要花费更多时间。一般而言，如果抽样样本具有代表性，则基于抽样样本进行模型训练即可，不必在全量样本上训练。

2）保持样本均衡性。特别是坏账率极低的情况下，需要对好样本和坏样本进行再平衡操作，使好、坏样本有可比性，且分布相对均衡。此时模型对坏特征的学习才足够充分，否则如果坏样本极度稀少，好比一滴墨水滴入一盆清水，坏样本的风险特征被稀释，模型很难有效地学习到坏特征。

2. 如何抽样

一般需要按好、坏样本进行分层抽样。多数情况下，坏样本数量有限，通常可以考虑全抽，并按照坏样本占比 1%、2%、5%、10%、20% 的比例抽取好样本，或者按照固定数量如 5000 或 10 000 抽取好样本。

需要注意，一般建议进行分层抽样，这是因为如果在样本量比较少的情况下不进行分层抽样，可能出现模型在训练集和测试集上的结果差异较大的问题，导致模型不稳定。

3. 计算抽样还原权重

在模型设计阶段确定目标定义时，为了提升模型的识别能力，通常除了好和坏样本之外，还可以保留不确定样本。在模型开发阶段通常有两种做法。

1）将不确定样本视作好样本，这种做法太过乐观，而且会降低模型的识别能力。对于不确定样本，只是因为建模时点没有表现、表现期不足或灰度表现，只要表现期时间足够，其总会表现出好或坏特征。

2）不确定样本不参与建模，相当于将灰色地带的样本去掉，可以使得好和坏特征差异更显著，有利于提升模型识别能力。

一般建议采用第二种做法，即不确定样本不参与建模，这样建立的模型预测力会更高。

如果好和坏样本抽样比例不一致，为了模型训练结果中各类风险指标口径与原始样本保持一致，即训练集上的坏账率和原始全量样本的坏账率一致，需要通过抽样还原权重，具体计算方式如下。

$$好样本抽样权重 = \frac{全体好样本数}{抽样好样本数}$$

$$好样本抽样还原权重 = 好样本抽样权重 \times \frac{全体好样本数 + 全体不确定样本数}{全体好样本数}$$

经抽样权重还原后，训练集和测试集中的好样本在样本数量上可代表全部样本中的好样本 + 不确定样本，这样在评估测试报告中计算出的预测违约概率等指标就与全量样本一致了（不会因为建模时不包含不确定样本导致不一致）。

4. 抽样信息汇总表

按前文所述进行分区、抽样及抽样后权重还原，得到的抽样信息汇总表如表 7-3 所示。

表 7-3 抽样信息汇总表

样本大类	样本子类	目标定义	抽样前				抽样后				抽样还原权重
			#Total	#Train	#Test	#OOT	#Total	#Train	#Test	#OOT	
1 排除项	1.2 表现期排除（无表现）	1.2.1 表现期无提款支用	1000								—
		1.2.2 有提款支用但无表现（未到首次应还款日）	3000								—
2 逾期表现	2.1 坏	2.1.1 表现期有表现且 Ever Mn+	300	150	100	50	300	150	100	50	1
	2.2 不确定（有表现）	2.2.1 表现期有表现，无坏表现	1000								—
		2.2.2 表现期有表现，其他情况	5000								—
	2.3 好	2.3.1 表现期有表现，满 X 个月且从未逾期	30 000	15 000	10 000	5000	6000	3000	2000	1000	6.67

从表 7-3 可以看出，全量样本中，坏样本 300 个，好样本 30 000 个，剩余 10 000 个为不确定样本（1000 + 3000 + 1000 + 5000）。

抽样过程中，300 个坏样本全部保留，即坏的抽样权重为 1，而好样本仅抽 6000 个，抽样权重为 5（抽样比例 20% 的倒数），计算抽样还原权重为 5 ×（30 000+10 000）/30 000 = 6.67，即抽样后样本中 1 个好样本代表原始全量样本中的 6.67 个样本（即好样本 + 不确定样本）。

分区过程中，训练集和测试集按 6∶4 的比例进行拆分。

7.4 变量预筛选

在进行变量分箱前，应先基于特征分析，分别从业务角度和数据角度对原始变量进行初步筛选，得到候选变量长清单。进行变量预筛选的目的是将质量较差或可解释性差的特征去掉，减轻变量分箱的工作量，将主要精力集中在优质变量上。

1. 变量预筛选的必要性

对于回归类模型，并非特征越多越好，特征越多越容易带来多重共线性，从而导致模型迭代不收敛，反而弱化模型效果。

变量预筛选的目的是缩小变量选择范围，避免直接放入全部原始变量。这样做可以降低不必要的工作量和计算量，因为业务上判断不好的变量最终也不会放入模型，所以需要一开始就去掉。预筛选还能尽量让候选的变量质量更高一些，抓住重点优质变量，为后续挑选变量时"良中选优"创造条件，另外还可以降低变量个数，将主要精力放在质量较好的变量上，避免不太好的变量在逻辑回归中弱化模型效果。

2. 变量预筛选的方法

下面对变量预筛选的方法做详细介绍。

（1）业务角度

1）合规性：这是基础要求，所使用变量必须合法合规，不涉及侵犯隐私和信息安全。

2）可获得性：指上线时变量是否仍然能够获得。有些数据在离线建模时由前期专门收集整理，有可能面临上线后数据无法获得的问题。另外，变量必须是在观察时点能够获得的，如果变量包含审批通过后的信息，则该变量在观察时点不可获得。

3）可解释性：有明确的合乎业务逻辑的含义，变量趋势与业务理解一致。另外还应注意潜在的目标泄露变量和因果倒置变量。

4）特殊考虑：例如，累计消费金额是稳定增长的趋势，这种累计增长趋势的变量会发生偏移；账龄字段容易受集中营销的影响。

（2）数据角度

从数据角度进行变量筛选的方法分为无监督方法（不使用目标变量 Y）和有监督方法

(使用目标变量 Y)。

无监督方法包括如下 5 项。

1）缺失率：通过 EDA 分析计算变量缺失率。缺失率较高的变量可以剔除，缺失率高但与目标 Y 有强相关的变量则应当保留。

2）稳定性 PSI：计算变量随时点稳定性 PSI。如果 PSI 波动较大，说明该变量分布不稳定，如果入模不利于评分分布稳定性，可以剔除。

3）变量对相关性：计算变量两两之间的相关性，如果两个变量的相关性极高，则两变量具有很强的可替代性，只保留一个变量即可，通常保留 IV 更高的变量。

4）多重共线性：使用线性回归计算变量方差膨胀因子 VIF。如果 VIF 较高，说明该变量与其他变量组合具有很强相关性，即可替代性，如果保留该变量，则逻辑回归时容易出现多重共线性，导致模型拟合训练迭代不收敛，进而模型不稳定，所以应剔除。

5）波动变异系数：计算变量的变异系数（变异系数 = 标准差 / 均值）。变异系数极小表示该变量基本维持在一个值没有波动，对目标的预测意义不大，该变量可以剔除。

有监督方法包括如下 3 项。

1）WOE 趋势：计算变量各取值水平 WOE，如果 WOE 趋势与业务理解不一致，则该变量的可解释性不够好。

2）IV 预测能力：计算变量 IV 值。IV 值是变量预测能力、区分能力的表征指标，本质是 KL 散度，通常 IV>0.02 则认为具有预测能力。

3）目标相关性卡方：对于分类型变量，可以将变量取值与好坏表现做成二维列联表，进行卡方检验，计算卡方值 P，只有 P 值不显著时才认为两者有显著相关性。

（3）模型角度

从模型角度进行变量选择也分为无监督方法（不使用目标变量 Y）和有监督方法（使用目标变量 Y）。

无监督方法是指使用变量聚类等模型，直接使用变量聚类方法，从每个聚类中选出一个代表即可。

有监督方法包括如下两项。

1）有监督模型：使用决策树、随机森林等算法，选出的变量就是显著有预测能力的变量。

2）RFE 递归特征消除：scikit-learn 库中保留了递归特征消除方法 RFE，其原理是定义一个基分类器，然后循环递归地从模型中去除变量，最终保留下来的变量即为重要的变量。

7.5 变量分箱

本节介绍如何在长名单的基础上依次进行细分箱，再进行分箱合并完成粗分箱，使得粗分箱后变量具有较好的 WOE 单调性和业务可解释性。变量分箱被视作评分卡模型最经典的操作，可以提升模型的稳定性和可解释性。

1. 什么是变量分箱

变量分箱是对变量进行离散化的一种操作，是将取值划分或归并为若干分组（称之为"箱"）。对于连续性变量，分箱是找出切分点后将全部取值范围切分为若干个互不相交的区间。对于分类型变量，分箱是将离散取值做组合后分成若干个组。

2. 为何分箱

分箱操作的主要目的如下。

1）对缺失值的适应性：模型可以接受缺失值作为输入变量，而不用另外填充，对于线性回归和逻辑回归，则不接受缺失值作为输入变量。

2）对极端值的适应性：将极端值放入边界分箱中，可以避免极端值给模型拟合带来影响（极端值的杠杆效应）。

3）提升模型稳定性：在一定意义上，通过分箱操作，变量被平滑化，可以消除毛刺波动带来的影响，从而提升模型的稳定性。

4）提升变量可解释性：进行粗分箱后，变量趋势将更加显著，从而具备更好的可解释性。

3. 如何分箱

变量分箱包含如下两个步骤。

1）细分箱：先初步细分箱，细分箱可以分得比较细，数量也比较多，这样便于后续进行粗分箱合并。对于连续型变量，通常采用等样本量分 10 等份，对于分类型变量，通常每个取值一个细分箱，然后计算细分箱 WOE 报告。

2）粗分箱：依据细分箱的 WOE 报告，结合业务上对该变量的理解，以及分箱合并规则，对细分箱进行手工合并，合并的目标是尽量使得分箱 WOE 趋势单调（或者与业务理解一致），最后生成粗分箱 WOE 报告。

通过分箱操作，得到变量取值的最佳分栏、每个栏位对应的证据权重值（WOE 值）和本变量的信息值（IV 值）。

4. 变量分箱的技术方案

变量分箱能提升变量预测力，即 IV 值，同时也需要符合单调性约束（与业务理解一致），可以通过一定的技术手段实现。

细分箱的操作技巧如下。

1）对于连续型变量，通常按等样本量分成十等份，缺失值单独分箱；对于分类型变量，通常按每个取值单独分箱，缺失值视作分类型变量取值的一种，进行单独分箱。

2）可通过程序指定约束条件，使用决策树或卡方寻找区分度最大的切分方式。

粗分箱的操作技巧如下。

1）对于连续型变量，将局部极值分箱邻近合并，通过平均化消磨局部极值实现单调性。

2）对于分类型变量，需要分为定序变量和定类变量。前者需要考虑有序性，类似于连续型变量合并分箱的方法，后者可直接将 WOE 值接近的分箱进行合并。

5. 变量分箱 WOE 和 IV 报告

分箱后可计算 BadRate（坏账率）、WOE、IV 值，并输出报告，格式如表 7-4 所示。

表 7-4　变量分箱 WOE 和 IV 报告

学历	#Bad	#Good	#Total	%Bad	%Good	%Total	BadRate	WOE	IV
初中及以下	25	75	100	33.33%	17.65%	20.00%	25.00%	−0.64	0.10
高中	20	80	100	26.67%	18.82%	20.00%	20.00%	−0.35	0.03
大专	15	85	100	20.00%	20.00%	20.00%	15.00%	0.00	0.00
本科	10	90	100	13.33%	21.18%	20.00%	10.00%	0.46	0.04
研究生	5	95	100	6.67%	22.35%	20.00%	5.00%	1.21	0.19
合计	75	425	500	—	—	—	15.00%	—	0.35

上述结果中，WOE 趋势与业务理解一致，变量 IV=0.35，说明学历变量具备较强的预测力。

7.6　变量再筛选

变量再筛选是在完成变量分箱后，进行进一步的变量选择和降维，剔除不好的变量，目的是提升模型效果。在完成变量分箱后，得到了变量粗分箱下的 WOE 和 IV，变量再筛选主要是基于 WOE 和 IV 进行筛选，这是与初筛选部分主要的不同之处。

1. 依据 IV 值和 WOE 趋势进行变量筛选

在变量充足、可用的情况下，基于粗分箱得到 WOE 和 IV 报告，依据 IV 值和 WOE 趋势进行变量筛选。

1）IV < 0.02：虽然 IV 值原则上是越大越好，但是不同银行的数据情况不同，可选的变量也可能不同，因此没有统一规定的 IV 值下限，一般情况下 IV 值普遍偏低，如果设定"一刀切"的 IV 值下限，可能导致变量太少而无法建模。一般而言，IV 值需要在 0.02 以上。此外，同一家银行不同产品的数据情况可能也不一致，因此不同产品的评分卡模型可以选择不同的阈值。

2）WOE 趋势：如果变量 WOE 趋势和业务理解不一致且难以解释，则可以予以剔除，除个别特殊情况，一般要求变量 WOE 保持单调趋势，且趋势与业务经验理解一致。

2. 使用预测模型进行变量筛选

通过预筛选之后，变量个数可能仍然很多，有可能会存在多重共线性，因此可以先使用预测分类模型初筛，精简变量，常用的预测模型包括逐步判别、随机森林等，通过模型自动选择预测力更强的变量。

7.7 变量转换 WOE

在标准的评分卡建模方法论中，因为逻辑回归使用的是变量值对应的 WOE 值，而不是变量的原始取值，所以需要结合粗分箱结果和经过变量再挑选后的变量 WOE 值，将原始变量值转换为对应的 WOE 值。

例如性别的原始取值是男、女，在 WOE 报告中分别对应不同的 WOE 值，完成转换后，"男""女"的取值就会被各自的 WOE 值替代。

7.8 使用逻辑回归进行模型拟合

经过多轮变量筛选之后，剩余的变量比较少了，此时可以开始建立逻辑回归模型，包括多重共线性检验和逻辑回归两部分，因为有些变量不能通过这两个步骤的检验，所以最终入模变量会进一步减少。

7.8.1 多重共线性检验

在进行逻辑回归之前，需要先进行多重共线性检验，如果变量有较强的多重共线性，会影响逻辑回归模型的迭代收敛和模型稳定性。

多重共线性通过方差膨胀因子（VIF）来体现，变量间的多重共线性越强，则变量的 VIF 值越高，评分卡建模希望 VIF 尽可能小。

当可选变量较少时，所有入模变量的 VIF 值不能大于 10，当可选变量较充足时，尽量使入模变量的 VIF 值小于、等于 4，这里只是行业一般建议，不是严格要求，可以根据实际变量数量情况来灵活确定。

下面简要介绍多重共线性检验与 VIF 的基本原理。

（1）对回归模型为什么有多重共线性要求

先从直观角度来理解，对于逻辑回归模型，需要拟合的模型形式为

$$\ln\left(\frac{PD}{1-PD}\right) = \beta_0 + \beta_1 \text{WOE}_1 + \cdots + \beta_m \text{WOE}_m$$

如果一个变量可以表示为其他变量的线性组合，则回归系数不唯一，意味着使用梯度下降法进行优化求解时，迭代矩阵出现奇异性，导致迭代不收敛。

（2）方差膨胀因子的概念和原理

方差膨胀因子是度量多重共线性的量化指标，假设多个自变量 $X_1, \cdots, X_m$，对于变量 X_i，使用其他变量 $X_1, \cdots, X_{i-1}, X_{i+1}, \cdots, X_m$ 作为回归因子，X_i 作为因变量，建立线性回归模型，得到整体回归的 R_i^2，则变量 X_i 的方差膨胀因子为

$$\text{VIF}_i = \frac{1}{1 - R_i^2}$$

如果线性回归非常显著，则 R_i^2 越接近 1，VIF_i 就越大。

7.8.2 逻辑回归建模

在 Python 中，主要通过两种方式（即 scikit-learn 和 statsmodels）实现逻辑回归建模，完成变量筛选，并确定最终入模变量，得到模型拟合结果。

1. 使用 scikit-learn 的 LogisticRegression 类

机器学习包 scikit-learn 中有逻辑回归模型类可以直接调用，具体参数可以参考官方文档，这里仅列举一部分作简要说明。LogisticRegression 类构造函数的原型如下。

```
class sklearn.linear_model.LogisticRegression(
    penalty='l2',
    dual=False,
    tol=0.0001,
    C=1.0,
    fit_intercept=True,
    intercept_scaling=1,
    class_weight=None,
    random_state=None,
    solver='lbfgs',
    max_iter=100,
    multi_class='auto',
    verbose=0,
    warm_start=False,
    n_jobs=None,
    l1_ratio=None)
```

其中比较重要的、对拟合结果有显著影响的控制参数如表 7-5 所示。

表 7-5　scikit-learn 中的逻辑回归模型参数

参数	功能说明	数据类型	枚举取值范围	是否必选	默认值
penalty	正则项形式	enum	'l1' 'l2' 或 'elasticnet' 'none'	可选	'l2'
C	正则项总权重	float		可选	1.0
l1_ratio	正则项 l1 和 l2 分配权重	float 或无		可选	None
fit_intercept	是否带截距项	bool	True、False	可选	True
class_weight	各类样本权重	dict 或 balanced		可选	None
random_state	随机数种子	int		可选	None

下面以一个简单例子展示建立逻辑回归模型的过程。

```
# 导入包
import pandas as pd

from sklearn.datasets import load_breast_cancer          # 乳腺癌数据，Target：二分类
from sklearn.linear_model import LogisticRegression      # 分类
from sklearn.model_selection import train_test_split     # 数据集划分

# 准备数据，目标变量是二分类变量
ds_cancer = load_breast_cancer()
data=pd.DataFrame(ds_cancer.data).add_prefix('X')
target = pd.DataFrame(ds_cancer.target,columns=['y'])
X_train,X_test,y_train,y_test =train_test_split(data,target,test_size=0.3)

# 定义分类器
clf=LogisticRegression(fit_intercept=True, random_state=123)
clf.get_params()

# 模型拟合
clf.fit(X_train,y_train)

# 获取模型拟合系数
clf.coef_
clf.intercept_
```

需要注意的是，在 scikit-learn 中难以实现前向或后向筛选变量，同时因为 scikit-learn 更多是工程应用，而非统计学应用，所以不提供统计检验结果，因此具有一定的局限性。

2. 使用 statsmodels 包的 Logit 类

statsmodels 包也可以进行逻辑回归，示例代码如下。

```
# 导入包
import statsmodels.api as sm                             # 回归类模型

# 拟合模型
model = sm.Logit(y_, X)
results = model.fit()

# 模型结果
print(results.summary())
print(results.params)
```

statsmodels 包是由统计学家开发的，具有严格的统计学基础，而且重视统计假设检验，并能生成检验报告。

3. 对逻辑回归结果的要求

逻辑回归建模对回归结果统计检验有一定的要求。

1）回归系数须为负，随着变量各个分箱的 WOE 值不断上升，其坏账率越来越低，这样才符合业务逻辑，因此须保证所有入模变量的回归系数均为负数，回归系数参见逻辑回归结果表中的"估计"栏。

2）统计假设检验 P 值不显著的变量，具体阈值一般可依据变量情况设定，如果可用变量较少或者变量预测能力较弱，则 P 值可以放松。在可用变量较多时，一般设为 P 值小于 0.05（或小于 0.1），在可用变量较少时，应确保大部分变量符合此要求。允许极少变量有所放松，比如满足 P 值小于 0.3 即可，参见下一节逻辑回归结果表中的"Pr>卡方"栏位。

7.8.3 模型训练结果

下面以某银行评分卡建模项目的结果为例介绍模型训练结果。

多重共线性结果如表 7-6 所示。

表 7-6 多重共线性检验的结果

参数估计							
变量	标签	自由度	参数估计	标准误差	t 值	Pr > |t|	方差膨胀
Intercept	截距	1	0.01556	0.00156	9.98	<0.0001	0
变量 1		1	−0.01993	0.01606	−1.24	0.2145	1.02651
变量 2		1	−0.00704	0.00732	−0.96	0.3362	2.03299
变量 3		1	−0.00687	0.00329	−2.09	0.0369	1.14428
变量 4		1	−0.007	0.0075	−0.93	0.3506	2.03733
变量 5		1	−0.00681	0.00279	−2.44	0.0147	1.12024
变量 6		1	−0.00865	0.00641	−1.35	0.1775	1.02826
变量 7		1	−0.00404	0.00351	−1.15	0.2502	1.05875
变量 8		1	−0.01559	0.00553	−2.82	0.0048	1.01352
变量 9		1	−0.00497	0.00445	−1.12	0.2645	1.04269
变量 10		1	−0.00882	0.00969	−0.91	0.3631	1.04223

从表 7-6 可知，变量的 VIF 值都小于 4，即通过了多重共线性筛选。

逻辑回归结果如表 7-7 所示。

表 7-7 逻辑回归结果

最大似然估计分析					
参数		自由度	估计	标准误差	Wald 卡方	Pr > 卡方
Intercept		1	−4.4252	0.0463	9139.278	<0.0001
变量 1		1	−1.7866	0.482	13.7385	0.0002
变量 2		1	−0.636	0.1979	10.3289	0.0013
变量 3		1	−0.6719	0.1108	36.7515	<0.0001
变量 4		1	−0.4971	0.2016	6.0822	0.0137
变量 5		1	−0.858	0.1152	55.4416	<0.0001

(续)

最大似然估计分析					
参数	自由度	估计	标准误差	Wald 卡方	Pr > 卡方
变量 6	1	−0.6524	0.1821	12.8431	0.0003
变量 7	1	−0.6055	0.1522	15.8377	<0.0001
变量 8	1	−1.0455	0.1273	67.4691	<0.0001
变量 9	1	−0.6524	0.1735	14.14	0.0002
变量 10	1	−0.9873	0.2958	11.1386	0.0008

从表 7-7 可知，最终选入变量的 P 值都小于 0.05，满足逻辑回归检验的要求。

7.9 模型验证

完成逻辑回归训练后，需要进行模型验证，并出具模型验证报告，内容主要包括排序性、区分能力、稳定性、分值集中度、分值分布、离散度等。

模型验证一方面是检验模型在训练集上的表现（即技术指标绝对值），另一方面也需要比较训练集、样本外测试集、时间外测试集上各指标是否显著下降。

7.9.1 排序性

排序性是评分卡模型最重要的性能，通常将样本按评分等样本量分 10 个组，按评分降序排列（注意：一般采用降序排列而不是升序排列，这是因为通过降序排列计算的累积坏账率可以表示以此评分 Cutoff 作为审批通过的决策分数，审批通过率和通过坏账率）。

下面以某银行评分项目为例进行介绍，首先得到如表 7-8 所示的结果。

然后绘制双轴图，如图 7-2 所示，包括分箱样本量占比（直方图右轴）、分箱坏账率 PD 或发生比 Odds（折线图左轴），理想模型应该是各箱样本数比较均匀（接近 10%），同时 PD 或 Odds 非线性单调。

7.9.2 区分能力

区分能力指标主要包括 KS 值和 AUC 值，同时需要绘制训练集和测试集的 KS 曲线和 ROC 曲线。

1. KS 曲线与 KS 值

将样本数据按评分升序排列，横轴是从低分到高分的累计样本量分位点（KS 曲线可以有多种口径，此处为最常见的一种定义），纵轴两条曲线分别是累计坏占比和累计好占比（即好样本和坏样本的累计概率函数），累计坏占比和累计好占比两条曲线的差是 KS 曲线，其中累计坏分布曲线是上凸形状，累计好分布是下凹形状，因此 KS 曲线是先增加后减少，最大值即总体 KS 值。

表 7-8 评分排序性

Score	累积（从高向低）						非累积					
	# Good	# Bad	# Total	% Good	% Bad	% Total	Bad Rate	# Good	# Bad	# Total	% Good	% Bad	% Tota 1	Bad Rate
689 – high	4957	8	4965	10%	1%	10%	0.16%	4957	8	4965	10%	1%	10%	0.16%
676 –< 689	9724	22	9746	21%	4%	20%	0.23%	4767	14	4781	10%	2%	10%	0.29%
665 –< 676	14 491	45	14 536	31%	8%	30%	0.31%	4767	23	4790	10%	4%	10%	0.48%
656 –< 665	19 221	68	19 289	41%	12%	40%	0.35%	4730	23	4753	10%	4%	10%	0.48%
648 –< 656	24 405	106	24 511	52%	19%	51%	0.43%	5184	38	5222	11%	7%	11%	0.73%
642 –< 648	28 955	152	29 107	61%	27%	61%	0.52%	4550	46	4596	10%	8%	10%	1.00%
635 –< 642	33 533	215	33 748	71%	38%	71%	0.64%	4578	63	4641	10%	11%	10%	1.36%
628 –< 635	38 660	308	38 968	82%	54%	81%	0.79%	5127	93	5220	11%	16%	11%	1.78%
620 –< 628	42 869	405	43 274	91%	71%	90%	0.94%	4209	97	4306	9%	17%	9%	2.25%
low –< 620	47 296	571	47 867	100%	100%	100%	1.19%	4427	166	4593	9%	29%	10%	3.61%

账户数及坏账率分布

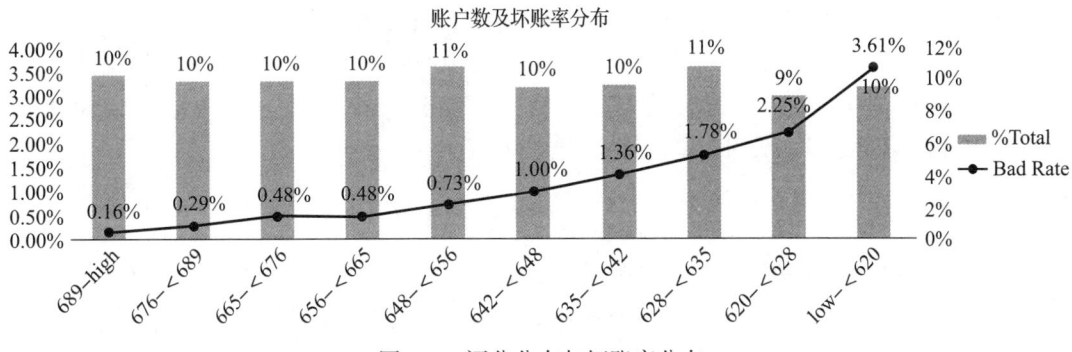

图 7-2 评分分布与坏账率分布

2. ROC 曲线与 AUC 值

将样本数据按评分升序排列，曲线横轴坐标是累计好样本占比，纵轴是累计坏样本占比。

7.9.3 稳定性

评分稳定性主要看逐月评分分布的 PSI 指标，评分稳定性报告如表 7-9 所示。

表 7-9 评分稳定性报告

评分区间	参考基准（模型开发时点）							表现时点 201706						
	#Total	#Good	#Bad	%Total	%Good	%Bad	BR	#Total	#Good	#Bad	%Total	%Good	%Bad	BR
(−, 450]														
(450, 500]														
(500, 550]														
(550, 600]														
(600, 650]														
(650, 700]														
(700, 750]														
(750, 800]														
(800, 850]														
(850, +)														

评分稳定性应当满足的要求：在不同时点，%Total 的分布以及坏样本率均应保持稳定，并且对比训练集和测试集评分分布也不应该发生显著变化。

7.9.4 分值集中度

分值集中度是统计每个单一分值的样本量占比，一般不应超过 5%。虽然分值集中度检查不是强制的，但理想的评分结果分布曲线应该是比较光滑的，不应出现单一评分集中的问题。如果出现单一分值集中度过高的问题，会直接导致评分分布出现跳跃。

一般来说，高分值低风险区域集中度高是可以接受的，而低分值高风险区域如果集中度过高则应当引起重视。如果单一分值在策略决策边界 Cutoff 附近，在调整策略 Cutoff 时很容易出现自动拒绝率跳跃的现象，导致策略不稳定。

7.9.5 分值分布

如果假设样本间违约是独立的，服从伯努利分布，基于统计学大数定律，在样本量足够多且假定独立的前提下，比较理想的评分卡分值分布应呈现中间高两边低的（接近正态的）趋势。

检验评分分值分布需要关注以下内容。

1）在训练集、测试集上分值分布的合理性，包括是否存在分值集中（竖烟囱）、偏斜、双峰的情况。

2）比较训练集、测试集上分值分布是否有显著差异，通常可以使用 PSI 指标进行比较。

比较训练集、样本外测试集、时间外测试集上分值分布是否有显著差异，是为了确保模型上线后审批策略的稳定性，如果分值分布发生明显变化，将直接导致审批通过率出现大幅变化，使得策略失效或不稳定。

7.9.6 离散度

离散度用于衡量评分卡模型将好样本和坏样本分开的能力，定义如下。

$$\text{Divergence} = \frac{(\mu_{\text{Good}} - \mu_{\text{Bad}})^2}{\frac{1}{2}(\sigma_{\text{Good}}^2 + \sigma_{\text{Bad}}^2)}$$

理想的评分卡模型是好样本和坏样本分离得比较开的，即好样本和坏样本均值差异较大且方差较小。离散度越高，评分卡模型的排序性越好，离散度的业务含义可以通过图 7-3 加以理解。

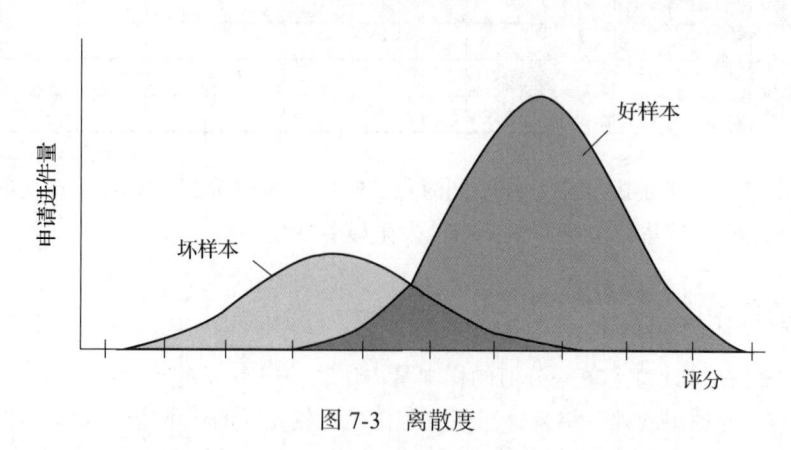

图 7-3 离散度

虽然离散度指标的业务含义非常直观，但在实践中很少用到，主要原因在于这个指标只有相对意义而没有绝对意义，即没有一个准确的参考值。

7.10 评分标尺

逻辑回归模型预测的是概率（违约概率估计），而最终使用的是非常简单直观的评分，因此需要依据评分卡原理，将预测概率值标准化为分数值，同时得到评分值表（即每个变量的每个取值各得多少分）。评分校准是通过线性转换将评分与模型预测违约率 PD、优势比建立映射转换关系。

1. 系数校准

评分校准需要 3 个参数：BaseScore（基准评分）、BaseOddsG2B（基准优势比）、PDO（OddsG2B 翻倍分值变动）。其中基准优势比是指基准评分对应的优势比，而 PDO 是当 OddsG2B 翻倍时对应的分值变动。

假设逻辑回归拟合结果如下：

$$\ln\left(\frac{PD}{1-PD}\right) = \beta_0 + \beta_1 WOE_1 + \cdots + \beta_m WOE_m$$

假设已给定评分标尺的 3 个参数。

> **注意** 不同的评分卡相关资料中，Odds 和 WOE 的定义可能不同，有的文献用"好比坏"，有的文献用"坏比好"。为避免混乱，本书约定使用统一的符号术语：Odds 是坏好比、OddsG2B 是好坏比（即 Odds 的倒数）、WOE 是好比坏。

评分校准使用一个线性映射，将 ln(Odds) 线性地映射到评分卡上，可假设：

$$Score = A - B\ln(Odds) = A - B\ln\left(\frac{1}{OddsG2B}\right) = A - B\ln\left(\frac{PD}{1-PD}\right)$$

其中 A 和 B 是待校准系数，且 A 和 B 均为正数。

评分标尺实现了 PD、Odds、Score 三者的一一对应，当给定 PD 值，就对应唯一一个 Score，反之，当给定 Score 值，就可以反推出唯一一个 PD 值，这种一一对应是绝对意义上的，即对不同的信贷产品，只要使用同一套评分标尺参数，一个借款人的 Score 相同，未来违约可能性 PD 就相同，因此是绝对可比。

评分标尺可以理解为不同度量的映射转换，好比"英尺"映射到"米"，3 个参数有明确的业务含义，即 BaseScore、BaseOddsG2B 定义了测量原点，而 PDO 定义了度量的刻度（单位度量）。

首先根据 PDO 的定义可知：

$$\text{Score} = A - B\ln(\text{Odds})$$
$$\text{Score} - \text{PDO} = A - B\ln(2 \times \text{Odds})$$

可得：
$$B = \frac{\text{PDO}}{\ln 2}$$

再根据 BaseScore 和 BaseOdds 的定义可知：
$$\text{BaseScore} = A - B \times \ln\left(\frac{1}{\text{BaseOddsG2B}}\right)$$

可得：
$$A = \text{BaseScore} - \frac{\text{PDO}}{\ln 2} \times \ln(\text{BaseOddsG2B})$$

通常，BaseScore、BaseOddsG2B、PDO 分别取 600、20、20，代入上面的公式中，可求得 $A = 513.56$，$B = 28.85$。

2. 分值分配

前面得到了评分标尺的系数，接下来基于逻辑回归系数进行分值分配

$$\begin{aligned}\text{Score} &= A - B\ln(\text{Odds}) \\ &= A - B\ln\left(\frac{\text{PD}}{1-\text{PD}}\right) \\ &= (A - B\beta_0) - \sum_i^m B\beta_i \text{WOE}_i \\ &= (A - B\beta_0) - \sum_i^m B \times \beta_i \times \text{WOE}_{ij} \times \delta_i^j\end{aligned}$$

上式中，WOE_{ij} 是第 i 个变量第 j 个分档 WOE 值，δ_i^j 是示性函数（变量取值取第 j 个分档时为 1，否则为 0），故得到分档分值即第 i 个变量第 j 个分档分值为

$$\text{Score}_{i,j} = -B \times \beta_i \times \text{WOE}_{ij}$$

同时记截距分值为

$$\text{Score}_0 = A - B\beta_0$$

业界实践中，评分卡可以有如下两种形式。

1）有截距形式：保留截距分值，截距分值为 $A - B\beta_0$，此时变量取值对应分值有正有负。

2）无截距形式：不保留截距分值，将截距分值分摊到每个变量且最低档分值一致。

以上两种形式没有本质区别，评分结果完全一致，且两种形式中同一变量的分值权重一致。

前面介绍的是有截距形式，有时为了方便，同时也确保每个变量分值不出现负值，可

以将有截距形式转换为无截距形式，转换方式有如下两种。

1）截距分值均摊法，即直接将截距分值平摊到每个变量上，这样每个变量的每个分值分档都加上截距分值分摊值，即

$$\widetilde{Score}_{i,j} = Score_{i,j} + \frac{1}{m}Score_0$$

2）变量最低档均摊法，即将截距分值分配给变量各档，使得各变量最低挡分值相同，具体做法如下。

计算各变量最低档分值记为 $ScoreMin_i$。

求各变量最低档目标均值：$ScoreMinAvg = \frac{1}{m}(Score_0 + \sum ScoreMin_i)$。

计算每个变量分摊后的分值：$\widetilde{Score}_{i,j} = Score_{i,j} - ScoreMin_i + ScoreMinAvg$。

此处需要记录下每个变量的被摊分值：$\Delta_i = ScoreMinAvg - ScoreMin_i$。

上述两种分摊方法都很常用，其中变量最低档均摊法是最标准和正统的方法。

3. 评分表需要注意的问题

检查评分表需要注意以下问题。

1）对于分类型变量，预防上线后出现新取值，对于数值型变量，预防上线后出现缺失值。

2）注意数值型变量分箱左右边界，因为开发期变量取值总是有范围的，而上线后可能会超出范围，所以变量分档在下界左边界应当用 –Inf，上界有边界应当用 +Inf。

3）虽然行业惯例做法是评分表中变量各档分值都取整，但这不是必须的，通常取整带来的分值最大偏差不会超过变量个数，建议保留两位小数。

7.11　模型导出 PMML 并测试

本节介绍通过评分标尺将逻辑回归模型转换为评分表。评分卡模型上线有如下两种方式。

1）规则式部署：将评分表以规则引擎或脚本硬编码方式部署到业务系统。

2）模型文件部署：使用标准化的 PMML 模型标准，将模型导出为 PMML 格式文件。

对于某些建模工具，例如 FICO 的 ModelBuilder 中包含了评分卡模型，模型建立完成后可直接导出 PMML 文件。对于 Python 原生编程开发，可以通过调用转换 PMML 的工具包或者在 PMML 中实现评分卡模型打分逻辑。

导出 PMML 文件后，需要进行全面数据测试，主要是正确性测试，一般包括如下两部分。

1）样本测试：通常直接使用训练样本，一方面在训练模型过程中，使用模型对象的 predict() 方法对训练样本打分，得到数据测试的标准答案；另一方面通过 API 服务调用 PMML 对训练样本进行打分，然后比对两方结果。

2）逻辑检查：样本测试是归纳式的，绝大多数情况下只要测试样本足够多，就可以确保测试的准确性，但归纳是不完全的，建议进一步通过检查 PMML 代码逻辑，确保逻辑正确性，类似于软件工程的代码 Review 机制。

7.12 评分卡建模专用 Python 包

目前评分卡建模技术比较成熟，除了可以使用 Python 程序（基于 scikit-learn 包和 statsmodels 包）开发外，也可以使用基于 Python 的评分卡建模专用工具包，业界最常用的评分卡建模工具包是 scorecardpy 和 toad，除此之外还有一个可视化交互式开发工具 RiskModeler。

7.12.1 scorecardpy 工具包

scorecardpy 是目前比较受欢迎的评分卡模型建模工具包，通过提供一些常见任务的功能，使传统信用风险评分卡模型的开发更加轻松高效。该包的功能及对应的函数如下。

1）数据划分（split_df）。
2）变量选择（iv、var_filter）。
3）变量分箱（woebin、woebin_plot、woebin_adj、woebin_ply）。
4）评分转换（scorecard、scorecard_ply）。
5）模型评估（perf_eva、perf_psi）。

执行如下命令安装 scorecardpy。scorecardpy 包的 GitHub 托管地址为 https://github.com/ShichenXie/scorecardpy。

```
pip install scorecardpy
```

7.12.2 toad 工具包

toad 由国内某互金公司开发和维护，也是目前比较受欢迎的评分卡建模包，包含如下模块。

1）toad.detector module。
2）toad.merge module。
3）toad.metrics module。
4）toad.plot module。
5）toad.scorecard module。
6）toad.selection module。
7）toad.stats module。

8）toad.transform module。

9）toad.preprocessing module。

❏ toad.preprocessing.process module。

❏ toad.preprocessing.partition module。

10）toad.utils module。

❏ toad.utils.func module。

❏ toad.utils.decorator module。

❏ toad.utils.mixin module。

模块具体功能可参考官方文档。

执行如下命令安装 toad。toad 官方文档地址为 https://toad.readthedocs.io/en/latest/。

```
pip install toad
```

7.12.3　RiskModeler 工具包

RiskModeler（RM）是带界面的交互式评分卡建模工具，主要参考 SAS EM Scorecard 模块，把 SAS 拖曳模式改为列表模式。

RM 包括数据导入、抽样、训练验证分区、交互式分箱、逻辑回归评分卡等模块，其可视化操作界面省去了烦琐的代码编写工作，特别是对于变量分箱，我们可以以更直观方便的方式了解每个变量分箱的情况并调整分箱结果。相对于 SAS EM，RM 可以同时对多个数据集进行分箱操作（拒绝样本和时间外样本），以及在分箱时观察变量稳定性以及表现，如果数据集中有时间戳标识（Timeid），在变量分箱以及模型中可以及时查看变量和模型的稳定性。

执行如下命令安装 RM。

```
pip install riskmodeler
```

安装完成后，通过如下命令可以打开 RM。

```
import RiskModeler as rm
rm.scorecard()
```

RM 包的 GitHub 托管地址为 https://github.com/nothingyang/RiskModeler。

7.13　评分卡建模实例

本节分别基于 scorecardpy 包和 toad 包进行评分卡建模。

7.13.1　使用 scorecardpy 进行评分卡建模

1. 建模数据说明

本示例使用 germancredit 数据集，下载地址为 http://archive.ics.uci.edu/ml/machine-learning-databases/statlog/german/。

本数据集提供了 20 个属性（13 个类别属性 +7 个数字属性），最后一列 creditability 是目标变量 Y，可选值为 1 或 2，1 表示坏样本，2 表示好样本。

2. 使用 scorecardpy 包建模

下面给出使用 scorecardpy 包进行评分卡建模的代码示例。

```
"""
功能说明：
    本程序使用 scorecardpy 进行评分卡建模
算法流程：
    依次读入数据、变量筛选、数据分区、变量分箱、分箱调整、变量转换 WOE、训练模型、模型评估、模型验证、评分标尺
输入数据：
    本程序不需要额外输入数据，sc.germancredit 自带建模数据
输出数据：
    评分卡模型结果
版本历史：
    20210501 建立初始版本
"""

# 导入相关包
from sklearn.linear_model import LogisticRegression
from sklearn.metrics import plot_precision_recall_curve
from sklearn.metrics import plot_roc_curve

import scorecardpy as sc


#1. 读入数据

# 读入数据
data = sc.germancredit()

# 数据信息
data.info()
data.describe()


#2. 变量筛选
data_s = sc.var_filter(data,
                       y="creditability",
                       iv_limit=0.02,
                       missing_limit=0.95,
                       identical_limit=0.95,
                       var_rm=None,
                       var_kp=None,
                       return_rm_reason=False,
```

```
                positive='bad|1')


#3.数据分区
train, test = sc.split_df(data_s, 'creditability', ratio=0.7, seed=123).values()


#4.变量分箱
# 自动分箱
bins = sc.woebin(train, y="creditability")
# 细分箱结果报告
sc.woebin_plot(bins)


#5.分箱调整
# 交互式输入切分点后分箱
#breaks_adj = sc.woebin_adj(train, "creditability", bins)
# 也可以手动设置
breaks_adj = {'age.in.years': [22, 35, 40, 60],
              'other.debtors.or.guarantors': ["none", "co-applicant%, %guarantor"]}
bins_adj = sc.woebin(train, y="creditability", breaks_list=breaks_adj)


#6.变量转换 WOE
train_woe = sc.woebin_ply(train, bins_adj)
test_woe = sc.woebin_ply(test, bins_adj)


#7.训练模型

# 处理数据
X_train = train_woe.loc[:,train_woe.columns != 'creditability']
y_train = train_woe.loc[:,'creditability']
X_test = test_woe.loc[:,train_woe.columns != 'creditability']
y_test = test_woe.loc[:,'creditability']

# 定义分类器
lr = LogisticRegression(penalty='l1', C=0.9, solver='saga', n_jobs=-1)
lr.get_params()

# 拟合模型
lr.fit(X_train, y_train)

# 拟合的参数
lr.coef_
lr.intercept_


#8.模型评估
# 对训练样本计算预测概率值
```

```
y_train_pred = lr.predict_proba(X_train)[:,1]
# 绘制 KS、ROC、PR 曲线
train_perf = sc.perf_eva(y_train, y_train_pred, plot_type=["ks", "roc","pr",
    "lift"], title = "train")
plot_roc_curve(lr,X_train,y_train)
plot_precision_recall_curve(lr,X_train,y_train)


#9.模型验证
# 对测试样本计算预测概率值
y_test_pred = lr.predict_proba(X_test)[:,1]
# 绘制 KS、ROC、PR 曲线
test_perf = sc.perf_eva(y_test, y_test_pred, plot_type=["ks", "roc","pr",
    "lift"], title = "test")
plot_roc_curve(lr,X_test,y_test)
plot_precision_recall_curve(lr,X_test,y_test)


#10.评分标尺
card = sc.scorecard(bins_adj,
                    lr,
                    X_train.columns,
                    points0=600,
                    odds0=1/19,
                    pdo=50,
                    basepoints_eq0=True)

# 使用评分标尺打分
train_score = sc.scorecard_ply(train, card, print_step=0)
test_score = sc.scorecard_ply(test, card, print_step=0)

# 比较训练集、测试集分数分布是否一致
sc.perf_psi(
        score = {'train':train_score, 'test':test_score},
        label = {'train':y_train, 'test':y_test})
```

在训练集和测试集上的模型效果如图 7-4、图 7-5 所示。

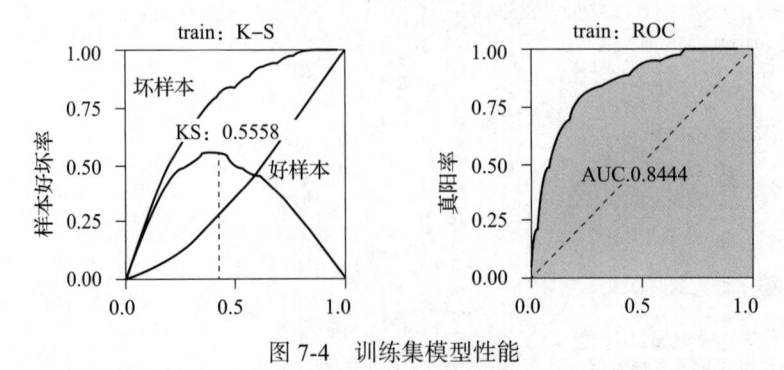

图 7-4 训练集模型性能

图 7-4 （续）

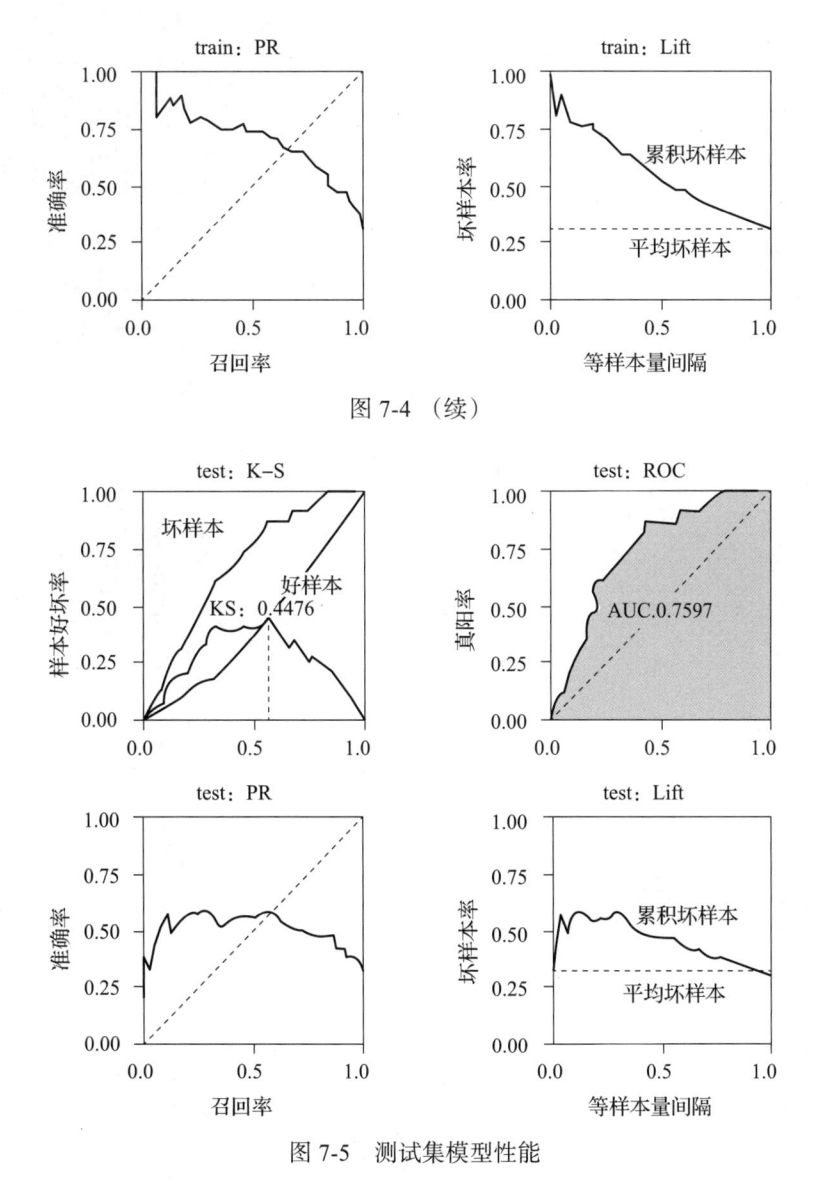

图 7-5 测试集模型性能

7.13.2 使用 toad 进行评分卡建模

1. 建模数据说明

本示例使用 GiveMeSomeCredit 数据集，下载地址为 https://www.kaggle.com/c/GiveMeSomeCredit/data。

2. 使用 toad 包建模

```
"""
功能说明：
```

```
"""
本程序使用toad进行评分卡建模
算法流程:
    依次进行读入数据、样本分区、数据EDA报告、特征分析、特征预筛选、特征分箱、调整合并分箱、
特征选择、模型训练、模型评估、模型验证、评分标尺
输入数据:
    数据为Kaggle比赛的GiveMeSomeCredit数据集
输出数据:
    评分模型结果
版本历史:
"""

# 导入相关包
import numpy as np
import pandas as pd

from sklearn.linear_model import LogisticRegression
from sklearn.model_selection import train_test_split

import toad
from toad.plot import badrate_plot, proportion_plot, bin_plot
from toad.metrics import KS, F1, AUC


#1. 读入数据

# 读入数据
data = pd.read_csv(r'D:\cs-training.csv')

# 数据描述
data.info()
data.describe()
data.head()


#2. 样本分区
Xtr,Xts,Ytr,Yts = train_test_split(data.drop('SeriousDlqin2yrs',axis=1),
                                   data['SeriousDlqin2yrs'],
                                   test_size=0.25,
                                   random_state=450)
data_tr = pd.concat([Xtr,Ytr],axis=1)
data_tr['type'] = 'train'
data_ts = pd.concat([Xts,Yts],axis=1)
data_ts['type'] = 'test'


#3. 数据EDA报告
toad.detector.detect(data_tr).to_excel(r'D:\ 数据EDA结果.xlsx')


#4. 特征分析计算特征IV、gini、entropy、unique
```

```python
quality = toad.quality(data,'SeriousDlqin2yrs')
quality.head(6)


#5. 特征预筛选
selected_train, drop_lst= toad.selection.select(data_tr,target = 'SeriousDlqin2yrs',
                                                empty = 0.5,
                                                iv = 0.05,
                                                corr = 0.7,
                                                return_drop=True,
                                                exclude='type')
selected_test = data_ts[selected_train.columns]
selected_train.shape
drop_lst     # 删除的变量


#6. 特征分箱，必须基于训练集

# 初始化一个 combiner 类
combiner = toad.transform.Combiner()

# 训练数据并指定分箱方法，需要分箱的变量共 7 个
combiner.fit(selected_train,
             y='SeriousDlqin2yrs',
             method='chi',
             min_samples = 0.05,
             exclude='type')

# 以字典形式保存分箱结果
bins = combiner.export()

# 查看每个特征的分箱结果
print('DebtRatio 分箱 cut:',bins['DebtRatio'])
print('MonthlyIncome 分箱 cut:',bins['MonthlyIncome'])
print('NumberOfOpenCreditLinesAndLoans 分箱 cut:',bins['NumberOfOpenCreditLinesAndLoans'])
print('NumberOfTimes90DaysLate 分箱 cut:',bins['NumberOfTimes90DaysLate'])
print('NumberRealEstateLoansOrLines 分箱 cut:',bins['NumberRealEstateLoansOrLines'])
print('RevolvingUtilizationOfUnsecuredLines 分箱 cut:',bins['RevolvingUtilizationOfUnsecuredLines'])
print('age 分箱 cut:',bins['age'])

# 使用 combiner.transform() 方法对数据进行分箱转换
selected_train_bin = combiner.transform(selected_train)

# 画分箱图，使用 bin_plot 函数绘制双轴图和分箱占比、分箱坏账率关系图
proportion_plot(selected_train_bin['DebtRatio'])
proportion_plot(selected_train_bin['MonthlyIncome'])
proportion_plot(selected_train_bin['NumberOfOpenCreditLinesAndLoans'])
proportion_plot(selected_train_bin['NumberOfTimes90DaysLate'])
```

```python
proportion_plot(selected_train_bin['NumberRealEstateLoansOrLines'])
proportion_plot(selected_train_bin['RevolvingUtilizationOfUnsecuredLines'])
proportion_plot(selected_train_bin['age'])
badrate_plot(selected_train_bin, target = 'SeriousDlqin2yrs', x = 'type',by = 
    'DebtRatio')
badrate_plot(selected_train_bin, target = 'SeriousDlqin2yrs', x = 'type',by = 
    'MonthlyIncome')
badrate_plot(selected_train_bin, target = 'SeriousDlqin2yrs', x = 'type',by = 
    'NumberOfOpenCreditLinesAndLoans')
badrate_plot(selected_train_bin, target = 'SeriousDlqin2yrs', x = 'type',by = 
    'NumberOfTimes90DaysLate')
badrate_plot(selected_train_bin, target = 'SeriousDlqin2yrs', x = 'type',by = 
    'NumberRealEstateLoansOrLines')
badrate_plot(selected_train_bin, target = 'SeriousDlqin2yrs', x = 'type',by = 
    'RevolvingUtilizationOfUnsecuredLines')
badrate_plot(selected_train_bin, target = 'SeriousDlqin2yrs', x = 'type',by = 'age')
bin_plot(selected_train_bin,x='DebtRatio',target='SeriousDlqin2yrs')
bin_plot(selected_train_bin,x='MonthlyIncome',target='SeriousDlqin2yrs')
bin_plot(selected_train_bin,x='NumberOfOpenCreditLinesAndLoans',target='Serious
    Dlqin2yrs')
bin_plot(selected_train_bin,x='NumberOfTimes90DaysLate',target='SeriousDlqin2yrs')
bin_plot(selected_train_bin,x='NumberRealEstateLoansOrLines',target='SeriousDl
    qin2yrs')
bin_plot(selected_train_bin,x='RevolvingUtilizationOfUnsecuredLines',target=
    'SeriousDlqin2yrs')
bin_plot(selected_train_bin,x='age',target='SeriousDlqin2yrs')


#7. 调整并合并分箱

# 定义调整分箱
# 调整分箱切分点
bins_adj=bins
bins_adj["age"]=[22, 35, 45, 60]
bins_adj["NumberOfOpenCreditLinesAndLoans"]=[2]
bins_adj["DebtRatio"]=[0.02,0.4,0.5,2]

# 定义分箱合并器
combiner2 = toad.transform.Combiner()            # 定义分箱 combiner
combiner2.set_rules(bins_adj)                    # 设置需要施加的分箱

# 应用调整分箱
selected_train_binadj = combiner2.transform(selected_train)

# 画分箱坏账率图
proportion_plot(selected_train_binadj['DebtRatio'])
proportion_plot(selected_train_binadj['MonthlyIncome'])
proportion_plot(selected_train_binadj['NumberOfOpenCreditLinesAndLoans'])
proportion_plot(selected_train_binadj['NumberOfTimes90DaysLate'])
proportion_plot(selected_train_binadj['NumberRealEstateLoansOrLines'])
```

```python
proportion_plot(selected_train_binadj['RevolvingUtilizationOfUnsecuredLines'])
proportion_plot(selected_train_binadj['age'])
badrate_plot(selected_train_binadj, target = 'SeriousDlqin2yrs', x = 'type',by =
    'DebtRatio')
badrate_plot(selected_train_binadj, target = 'SeriousDlqin2yrs', x = 'type',by =
    'MonthlyIncome')
badrate_plot(selected_train_binadj, target = 'SeriousDlqin2yrs', x = 'type',by =
    'NumberOfOpenCreditLinesAndLoans')
badrate_plot(selected_train_binadj, target = 'SeriousDlqin2yrs', x = 'type',by =
    'NumberOfTimes90DaysLate')
badrate_plot(selected_train_binadj, target = 'SeriousDlqin2yrs', x = 'type',by =
    'NumberRealEstateLoansOrLines')
badrate_plot(selected_train_binadj, target = 'SeriousDlqin2yrs', x = 'type',by =
    'RevolvingUtilizationOfUnsecuredLines')
badrate_plot(selected_train_binadj, target = 'SeriousDlqin2yrs', x = 'type',by =
    'age')


#8. 转换 WOE 值

# 设置分箱号
combiner.set_rules(bins_adj)

# 将特征的值转化为分箱的箱号
selected_train_binadj = combiner.transform(selected_train)
selected_test_binadj = combiner.transform(selected_test)

# 定义 WOE 转换器
WOETransformer = toad.transform.WOETransformer()

# 对 WOE 的值进行转化，映射到原数据集上，对训练集使用 fit_transform() 方法转化，对测试集使用
  transform() 方法转化
data_tr_woe = WOETransformer.fit_transform(selected_train_binadj,
                                            selected_train_binadj['SeriousDlqin
                                                2yrs'],
                                            exclude=['SeriousDlqin2yrs','type'])
data_ts_woe = WOETransformer.transform(selected_test_binadj)


#9. 特征选择，使用 stepwise() 方法选择变量
train_final = toad.selection.stepwise(data_tr_woe.drop('type',axis=1),
                                        target = 'SeriousDlqin2yrs',
                                        direction = 'both',
                                        criterion = 'aic')

test_final = data_ts_woe[train_final.columns]
print(train_final.shape) #7 个特征减少为 5 个


#10. 模型训练
```

```python
# 准备数据
Xtr = train_final.drop('SeriousDlqin2yrs',axis=1)
Ytr = train_final['SeriousDlqin2yrs']

# 逻辑回归模型拟合
lr = LogisticRegression()
lr.fit(Xtr, Ytr)

# 打印模型拟合的参数
lr.coef_
lr.intercept_


#11. 模型评估

# 在训练集上的模型表现
EYtr_proba = lr.predict_proba(Xtr)[:,1]
EYtr = lr.predict(Xtr)

print('train F1:', F1(EYtr_proba,Ytr))
print('train KS:', KS(EYtr_proba,Ytr))
print('train AUC:', AUC(EYtr_proba,Ytr))

# 分值排序性
tr_bucket = toad.metrics.KS_bucket(EYtr_proba,Ytr,bucket=10,method='quantile')
# 等频分段
tr_bucket


#12. 模型验证

# 在测试集上的模型表现
Xts = test_final.drop('SeriousDlqin2yrs',axis=1)
Yts = test_final['SeriousDlqin2yrs']

EYts_proba = lr.predict_proba(Xts)[:,1]
EYts = lr.predict(Xts)

print('test F1:', F1(EYts_proba,Yts))
print('test KS:', KS(EYts_proba,Yts))
print('test AUC:', AUC(EYts_proba,Yts))

# 基于分箱之后的数据，比较训练集、测试集变量稳定性分布是否有显著差异
psi = toad.metrics.PSI(train_final,test_final)
psi.sort_values(0,ascending=False)


#13. 分值转换
```

```
scorecard = toad.scorecard.ScoreCard(combiner = combiner, transer = WOETransformer,
    C = 0.1)
scorecard.fit(Xtr, Ytr)
scorecard.export(to_frame = True,)
```

7.14 评分卡建模常见问题

前面详细介绍了评分卡建模的方法和流程，本节介绍在实际工作中会面临的一些常见问题。

1. 冷启动问题

冷启动是指没有建模样本，包括以下两种情况。

1）业务未开展，故无样本。

2）业务虽已开展且有样本，但因未到首次应还款时点，故无表现样本。

此时因为没有符合条件的好样本和坏样本，所以不能建立数据驱动模型，因而面临冷启动问题。

对于冷启动问题，常见的解决方案如下。

1）基于专家经验或数据分析制定的业务规则。

2）基于专家评分卡，需要已有完整的数据定义。

3）基于产品迁移，即业务上判断并借鉴类似的产品，可以是行内的类似产品，也可以是行业内其他机构的评分经验。

4）基于第三方评分数据。

2. 样本量不足

样本量不足与冷启动不同，冷启动是没有建模样本，而样本量不足是指虽然有表现样本，但好样本或坏样本单方面不足（更常见的是坏样本不足），包含以下两种情况。

1）业务虽已开展且有贷款到表现期，但没有坏样本。

2）业务虽已开展且有贷款到表现期，但坏样本量太少。

对于样本量不足的问题，常见的解决方案如下。

1）基于专家经验或数据分析制定的业务规则。

2）基于专家评分卡，需要已有完整的数据定义。

3）基于产品迁移，即业务上判断借鉴类似的产品，可以是行内的类似产品，也可以是行业内其他机构的评分经验。

4）通过改变样本范围和模型设计定义增加样本量（特别是增加坏样本量），对于坏样本不足，可以将观察期、表现期相应拉长，或者降低目标定义，例如之前定义坏样本为 M3+，现在可以降低为曾发生过 M2+，或者 M1 两次以上。

5）基于外部第三方评分数据。

3. 样本不均衡问题

样本不均衡问题是指坏账率极低导致坏样本过少的情况，这里主要考虑样本量充足但不均衡的情况，即好坏样本数量均大于一定数量（比如 500）。对于信贷风险（包括欺诈风险和信用风险），负样本占比一般很低（商业银行通常在 1.5% 左右），当坏样本占比太少时会带来样本不均衡问题，此时坏样本的特征被稀释，模型难以学习到有效特征。

样本不均衡的问题已经很常见了，经常可以看到某一个类别的数量远高于其他类别，例如信贷领域，好样本数量远大于坏样本数量，样本不均严重影响了模型的效果，甚至影响到我们对模型好坏的判断。模型对占比高的类目预估准确率高，对占比低的类目预估准确率低，但是由于占比较高的类目对损失值或模型性能指标（loss/metric）影响较大，我们会认为得到了一个较优的模型。比如异常检测问题，我们直接返回没有异常，也能得到一个很高的准确率。

对于样本不均衡问题，可以有多种解决方法。

（1）重采样（包括降采样与过采样）

重采样这种方法比较常见，既可以对多数样本降采样，也可以对少数样本过采样，如图 7-6 所示。

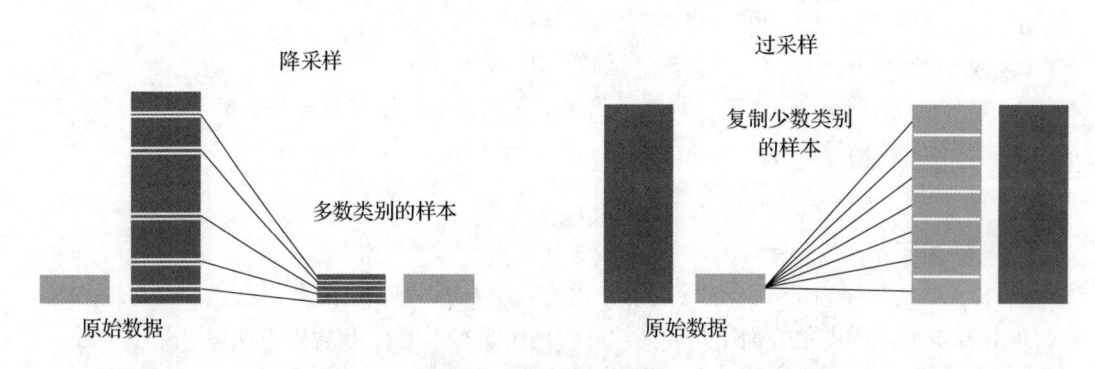

图 7-6 降采样与过采样

重采样的缺点比较明显，过采样对少数样本过度使用，其实质性信息并没有本质提升，降采样仅从多数样本抽取部分样本，会损失一部分信息。

重采样的方案有很多，最简单的就是随机过采样 / 降采样，使得各个类别的数量大致相同。还有一些复杂的采样方式，比如先对样本进行聚类，在需要降采样的样本上，按类别进行降采样，这样能减少丢失的信息。如果出现过采样，可以不用简单的样本复制，而是加一点"噪声"，生成更多的样本。

（2）SMOTE

SMOTE 方法的核心思想是通过插值和微扰制造出一些样本，SMOTE 在样本空间的少数样本中随机挑选一个样本，计算 k 个邻近的样本，然后在这些样本之间插入一些样本做扩充，反复这个过程，直到样本均衡，如图 7-7 所示。

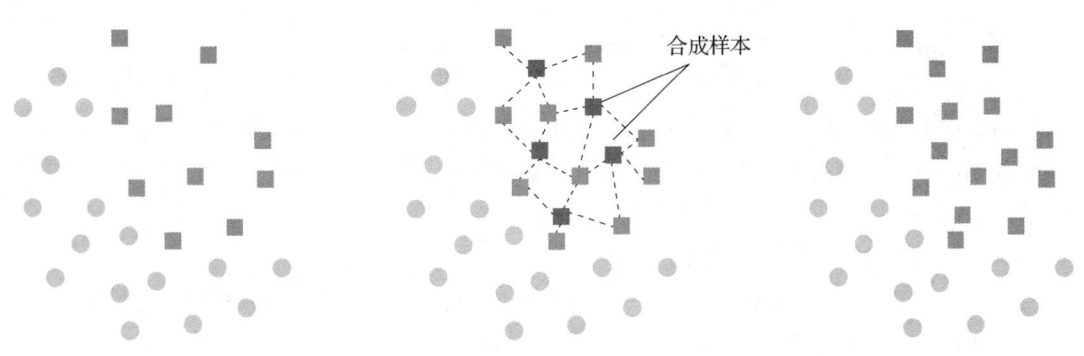

图 7-7　SMOTE 算法原理

（3）TOMEK

TOMEK 连接指的是空间上"最近"，但是类别不同的样本，删除其中占多数类别的样本。这种降采样方式有利于分类模型的学习。之所以删除最近的样本对中的大多数样本，是因为这些样本处于交界区域，类别区分度不高，算法原理如图 7-8 所示。

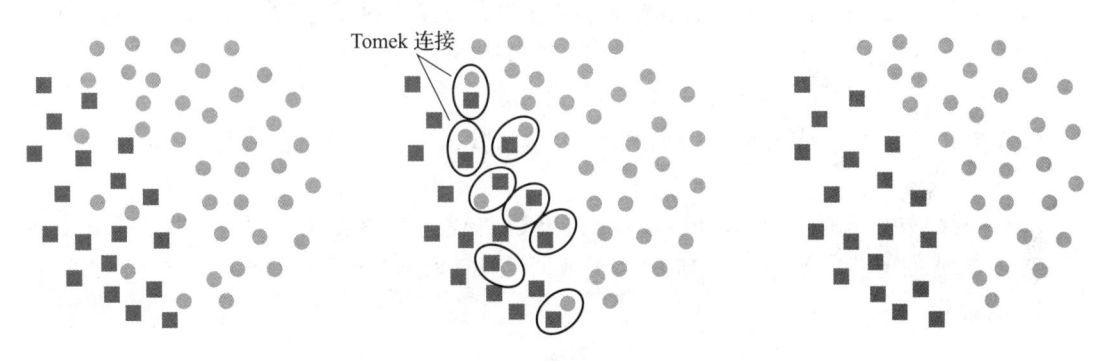

图 7-8　TOMEK 算法原理

（4）NearMiss-K

这是一种降采样的方法，通过距离计算，删掉一些无用的点。

1）NearMiss-1：在多数类样本中选择与最近的 3 个少数类样本的平均距离最小的样本。

2）NearMiss-2：在多数类样本中选择与最远的 3 个少数类样本的平均距离最小的样本。

3）NearMiss-3：对于每个少数类样本，选择离它最近的给定数量的多数类样本。

其中，NearMiss-1 考虑的是与最近的 3 个少数类样本的平均距离，是局部的，NearMiss-2 考虑的是与最远的 3 个少数类样本的平均距离，是全局的。NearMiss-1 方法得到的多数类样本分布也是不均衡的，它倾向于在比较集中的少数类附近找到更多的多数类样本，而在孤立的（或者说是离群的）少数类附近找到更少的多数类样本，原因是 NearMiss-1 方法考虑的局部性质和平均距离。NearMiss-3 方法则会使得每一个少数类样本附近都有足够多的多数类样本，显然这会使得模型的精确度高、召回率低。

（5）使用支持小样本建模的模型集成

模型融合不仅能提升训练效果，还能解决样本不均衡的问题。通常决策树模型对小样本的适应性比较强，对解决样本不均衡问题的帮助很大，特别是随机森林、XGBoost、LightGBM 模型等。因为树模型的作用方式类似于 if/else，所以迫使模型对少数样本也非常重视。

（6）使用多次降采样的训练集的集成学习

使用所有的少数样本和多次降采样的多数样本构建多个模型，得到多个模型并集成，通常可以取得不错的效果。

（7）使用多种降采样率的训练集的集成学习

使用所有的少数样本，并对多数样本尝试使用各种不同的采样率，训练不同的模型并集成，通常可以取得不错的效果。

4. 缺自变量问题

缺数据其实包含两个层面的含义，一方面是缺样本，另一方面是缺自变量。前面介绍的 3 种情况：冷启动、样本量不足和样本不均衡都是在样本维度（即行维度），对于列维度即缺少自变量的情况也很常见。缺自变量问题的解决方案如下。

1）扩充第三方数据，采购第三方数据作补充。

2）扩充行为类数据，通常传统信贷基本信息数据比较有限，此时可以考虑增加行为类、设备类数据。

上述两种方法都有一定的局限性，对于离线建模需要回溯数据，第三方数据不一定能回溯到所需要的建模时间窗口。扩充行为类数据仅对未来样本有用，对于历史样本行为类数据已无法获得。

7.15　本章小结

本章重点介绍评分卡模型开发全流程，包括样本分区、样本抽样、变量预筛选、变量分箱、变量再筛选、转换 WOE、模型拟合、模型验证、评分标尺以及 PMML 导出并测试。截至目前，模型的离线开发已全部完成，对于完整的评分卡生命周期来讲，后续还需要关注模型上线、监控、优化等问题，这些内容将在后面章节进行介绍。

第 8 章

评分卡模型验证

在评分模型的开发过程中、上线投产前及上线后的使用过程中，都需要对模型进行验证，以评估模型的性能，确保模型结果的正确性、准确性和有效性。本章将介绍评分卡模型的验证方法。

8.1 模型验证概述

评分卡建模的一个基础问题是如何对模型的质量和效果进行评价，即什么样的模型是"好"模型、如何判断模型性能是否下降甚至失效，因此需要有一套具有可操作性的指标或维度来评价。

8.1.1 模型性能的影响因素

评分卡模型通过评分度量违约可能性，通过历史样本训练模型，并使用训练好的模型对新的待打分样本评分，最关注的是给出的评分是否准确可靠。评分卡模型的本质是从历史样本中学习和提取映射关系，如果学习到的映射关系与新的待打分样本表现不一致，则意味着模型失效，给出的评分就不是准确可靠的。

实际上，在建模和模型使用过程中，经常遇到这样的情况：随着时间推移，训练的模型对于时间外样本的预测准确性下降，此时需要分析原因并给出优化建议。模型预测准确性下降主要有以下两方面原因。

1）模型的问题：通常是模型训练过程存在过拟合，导致模型过度学习了训练样本中的随机噪声，在打分样本上的泛化能力差。

2）样本的问题：打分样本与训练样本分布存在本质差异，即样本不再具有同质性。

8.1.2 模型质量的评价

可以从技术和非技术两个角度对模型质量进行评价，如表 8-1 所示。

表 8-1 评分卡模型的评价指标

评价角度	评价标准
技术角度	❏ KS 指标 ❏ Gini/AUC 指标 ❏ 稳定性 PSI 指标 ❏ 提升度 Lift 指标
非技术角度	❏ 安全性 ❏ 可解释性 ❏ 复杂度 ❏ 排序性 ❏ 分值集中度

从统计学习的技术角度来看，模型质量最核心的评价指标包含两部分。

1）准确性（区分能力）：这是从静态角度来看的，包括模型学习到的条件概率密度估计值与真实值是否一致，这里包含了置信区间和统计显著性两个概念，以及过拟合的概念。

2）稳定性：这是从动态角度来看的，包括对噪声的稳定性和对时间的稳定性，前者是内生因素，后者是外生因素。

对于工程背景的分析师来说，可能会过分重视技术类评价指标，而忽视非技术评价指标。实际上，非技术性因素也是需要重点考虑的，包括如下 5 项。

1）安全性：评分卡模型是否使用了有争议的变量（如性别、学历、民族、种族等），模型抗试探/攻击/操纵的能力如何。

2）可解释性：入模变量是否有显著的业务含义，是否是真正的风险特征，变量趋势和业务理解一致。

3）复杂度：通常金融业务中不建议使用太复杂的模型，在性能接近的情况下，模型越简单越好。模型简单的好处，首先是开发成本低，其次是模型上线后运行不容易出错，更易于维护，而且简单模型的稳定性一般比较好。

4）排序性：排序性具有显著的业务含义（不像 KS 指标那么抽象），评分具有较好的排序能力，评分低的区域坏账率高，评分高的区域坏账率低，银行业务人员更加看重排序性指标。排序性没有严格的量化指标，通常可以使用分值最低档 PD 和分值最高档 PD 的比值，或者分值最低档 PD 与整体平均 PD 比值（即提升度 Lift 指标），作为定量描述性能力的指标。

5）分值集中度：特别是低分值区域，需要控制单分值集中度不能过高，集中度过高容易因分值微小变化，导致通过率发生较大跳跃。

8.1.3 模型验证的目的

模型验证的主要目的是评估模型的预测力，确保模型性能良好（不会出现性能显著下降甚至失效的情况）。

1. 判断训练是否过拟合

即对于同一时间段的不同样本是否具有一致的预测能力。

在机器学习中判断训练是否过拟合的方法有很多，一般是看训练集和测试集模型 KS 等是否有显著差异。

模型验证阶段与模型训练阶段不同，在模型训练过程中，可以绘制学习曲线，即随着模型复杂度或者训练轮次的增加，预测损失的变化情况，来判断是否过拟合。而在模型验证阶段，通常只是基于已经训练好的模型，分别计算在训练集和测试集模型 KS 等性能指标判断是否过拟合。

2. 判断模型性能随时间的稳定性

即判断模型在时间外样本上的表现是否仍然稳定和有效。

一般来说，在模型训练过程中，训练集和测试集上模型性能变化不会太大，而时间外样本上模型性能可能会下降。时间外样本模型性能下降的原因可能是复杂的，既有可能是样本本身分布发生了变化（样本不同质），也有可能是模型在时间内样本过拟合。

广义的稳定性概念包含过拟合，稳定包括时间内稳定和时间外稳定。

8.2 模型性能的技术性评价指标

本节将分别介绍分类模型和回归模型性能的技术性评价指标。

8.2.1 分类模型

分类问题即目标变量是类别变量，模型是用来预测样本的标签，下文仅讨论二分类问题。

通常分类问题所建立的模型，例如逻辑回归、分类决策树、神经网络等，预测结果都是一个概率值。评分卡模型使用逻辑回归模型，首先得到的是一个介于 0 到 1 的违约概率值，对于每一个打分样本，使用评分卡模型预测其 PD 概率值。设定一个切分阈值（Cutoff）后，当 PD 高于 Cutoff，则预测 y=1，否则，预测 y=0，从而实现了二分类，样本就可以识别为不同的类别。

1. 混淆矩阵

混淆矩阵是给定一个 Cutoff 阈值后预测标签和实际标签交叉分布形成的矩阵，如图 8-1

所示。

混淆矩阵是定义单点指标的基础，对于给定的 Cutoff，从混淆矩阵中可以计算出多组比值，分别对应于评价指标集的多个技术指标。

2. 技术指标

技术指标是给定 Cutoff 或者连续变动 Cutoff 时计算出的多个量化指标，如表 8-2 所示。

	实际	
	真	假
预测 真	TP	FP
预测 假	FN	TN

图 8-1 混淆矩阵

表 8-2 分类模型评价技术指标

指标类别	指标名称	指标说明
单点指标	准确率（Accuracy）	$\dfrac{TP+TN}{TP+FP+FN+TN}$ 注：对于坏账率或欺诈率很低的场景，准确率指标没有实际意义
	单点 KS	$\dfrac{TP}{TP+FN} - \dfrac{FP}{FP+TN}$ 注：这里计算的是对应 Cutoff 的 KS 值，不同于模型整体 KS，单点 KS 的意义在于，对于业务策略要求的 Cutoff 不一定是模型 KS 对应的 Cutoff 决策点，此时给定 Cutoff 点对应的 KS 就是单点 KS
	精确率（Precision）	$\dfrac{TP}{TP+FP}$ 注：识别为坏的样本中有多少确实是坏的，与误报率对应
	召回率（Recall）	$\dfrac{TP}{TP+FN}$ 注：真实的坏样本中被识别出了多少，与漏报率对应
	F1	$\dfrac{2\times Precision \times Recall}{Precision + Recall}$ 注：F1 指标是精确率和召回率的调和平均值，综合考虑两方面因素
	灵敏度（Sensitivity）	同召回率 注：灵敏度是医学领域术语，是指真实阳性样本中被识别为阳性的样本占比
	特异度（Specificity）	$\dfrac{TN}{FP+TN}$ 注：特异度是医学领域术语，是指真实阴性样本中被识别为阴性的样本占比
	TPR	True Positive Rate（真阳率），同召回率
	FPR	False Positive Rate（假阳率），1 - 特异性
	漏报率	1 - 召回率，即 $\dfrac{FN}{TP+FN}$

(续)

指标类别	指标名称	指标说明
单点指标	误报率	1 - 准确率，即 $$\frac{FP}{TP+FP}$$ 在反欺诈中也叫误杀率
单点指标	提升度（Lift）	准确率 / 总体目标占比，即： $$\frac{TP/(TP+FN)}{(TP+FN)/(TP+FP+FN+TN)}$$
单点指标	覆盖率（命中率）	$$\frac{TP+FN}{TP+FP+FN+TN}$$ 覆盖率在反欺诈中即命中率
全局单点指标	模型 KS	当 Cutoff 变动时，可以得到一系列单点 KS，最大值即模型 KS
区域指标	AUC	Area Under Curve，即 ROC 曲线下方面积
区域指标	GINI	ROC 曲线与 45° 对角线围成的面积除以对角线下方面积

上述指标中，混淆矩阵和单点指标是在给定某个 Cutoff 阈值时计算出的指标，这些指标是相对于给定的 Cutoff 阈值而言的。ROC 曲线、PR 曲线、Lift 曲线、CAP 曲线则是连续变化后形成的轨迹曲线。AUC 和 GINI 区域指标则是对应曲线下的面积。

3. 性能图线

模型性能曲线有很多种，各类曲线的定义及功能如表 8-3 所示。

表 8-3 模型性能曲线

曲线	定义（X 轴 /Y 轴）	业务含义
KS 曲线	X 轴：总样本分位数占比、样本分值（等样本量间隔或等分值间隔）、PD 预测值 Y 轴：累计坏占比 - 累计好占比 注意 KS 曲线有多种口径（对应不同 X），曲线形状不同，但对最终 KS 值的计算以及模型解释没有本质区别和影响	衡量模型区分好坏样本的能力和排序能力，KS 指标是单点指标
ROC 曲线	X 轴：累计好占比 Y 轴：累计坏占比	衡量模型区分好坏样本的能力和排序能力
PR 曲线	X 轴：精确率 Y 轴：召回率	衡量召回率与精确率之间的关系
CAP 曲线	X 轴：总样本分位数占比 Y 轴：累计坏占比 CAP 曲线在经济学领域中即洛伦茨曲线	衡量模型排序能力，理想的 CAP 曲线是将坏样本全部排在前面，此时 CAP 曲线在起始段迅速线性增长到 100%
Lift 曲线、累积 Lift 曲线	X 轴：总样本分位数占比 Y 轴：Lift 值 / 累积 Lift 值	衡量模型相比于随机选择的情况下，抓住坏样本的效率

（1）KS 曲线

KS 曲线用于衡量模型的区分能力。将样本数据按评分升序排列，曲线横轴坐标是从低分到高分累计样本量分位点（注：KS 曲线可以有多种口径，此处为最常见的一种），纵轴两条曲线分别是累计坏占比和累计好占比（即好样本和坏样本的 CDF 累计概率函数），如图 8-2 所示。累计坏占比和累计好占比两条曲线的差值所绘制的曲线就是 KS 曲线，其中累计坏占比分布曲线是上凸的形状，累计好占比分布是下凹的形状，因此 KS 曲线的单调性趋势是先增加后减少的，最大值即总体 KS 值。

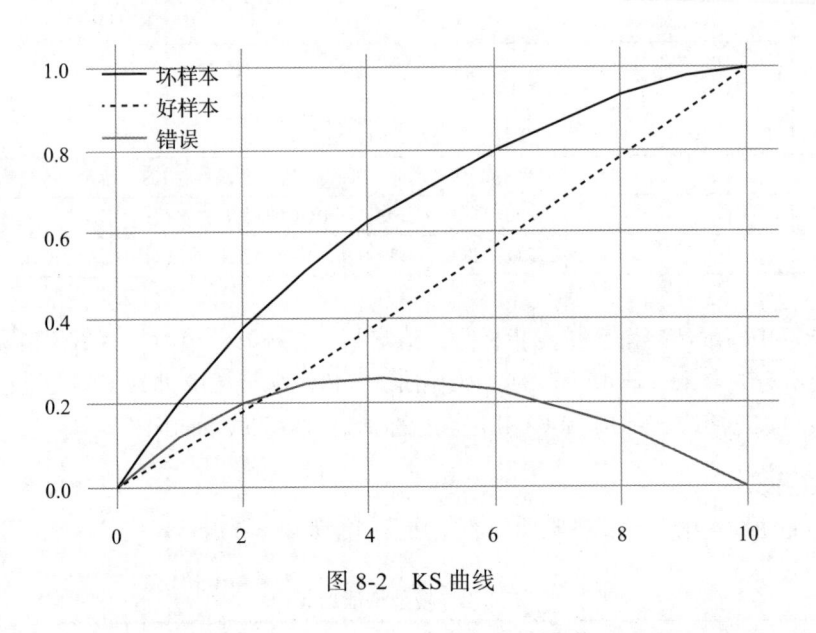

图 8-2 KS 曲线

KS 曲线的业务含义：我们允许模型犯错误，即将好样本错误地识别为坏样本（导致误拒），KS 指标关注的是允许犯少量错误，以换取最大限度识别出坏样本，即在审批拒绝样本中，正确拦截的坏样本占全部坏样本的比例，减去误拒的好样本占全部好样本的比例。

关于 KS 曲线还有两点需要补充说明。首先，累积坏分布与累积好分布是 KS 曲线中最重要的两条曲线，如图 8-3 所示。

竖直的虚线对应位置就是 KS 取最大值的位置，在坏样本概率密度函数曲线之下且在好样本概率密度函数曲线之上所夹的面积就是最大 KS。

其次，KS 曲线的横轴可以取总样本累计占比（等样本量间隔）、评分值（等分值间隔）、预测值。虽然曲线形状不同，但对最终 KS 值的计算以及模型解释没有本质区别和影响，可以理解为不同口径只是 X 轴分段拉伸变换，如图 8-4～图 8-6 所示。因为 KS 值是 BadCDF 和 GoodCDF 两条曲线的差值，并不受 X 轴拉伸的影响，所以计算的 KS 值是相同的。

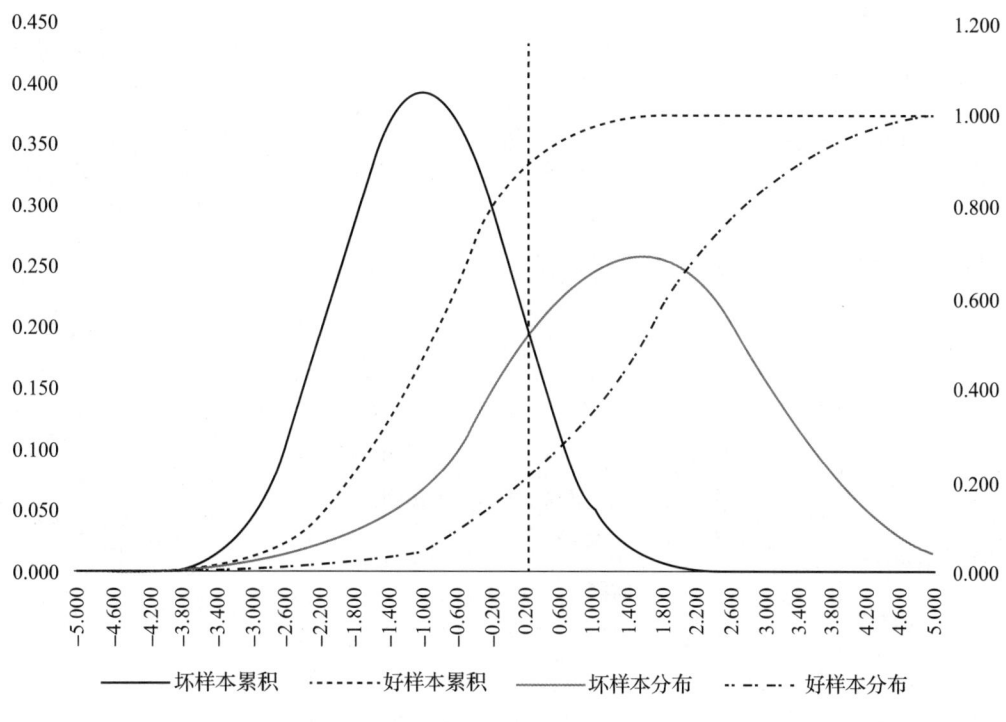

图 8-3 好坏样本的概率密度函数 PDF 和累计分布函数 CDF

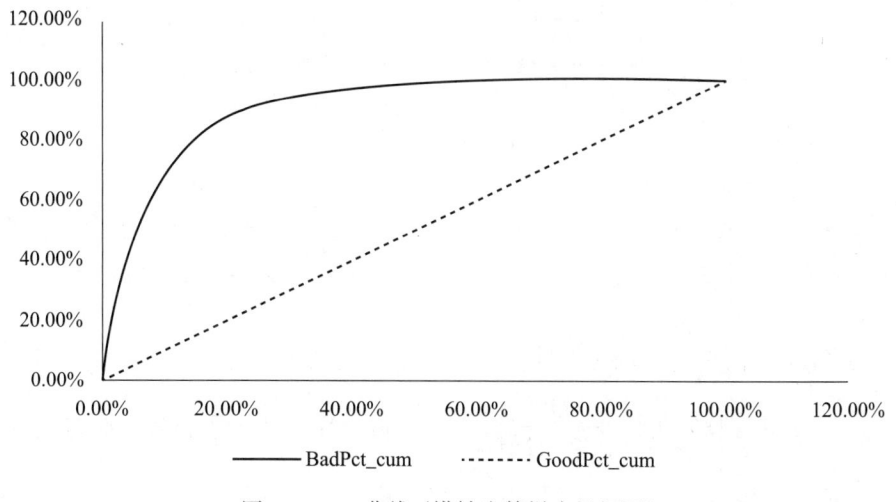

图 8-4 KS 曲线（横轴为等样本量间隔）

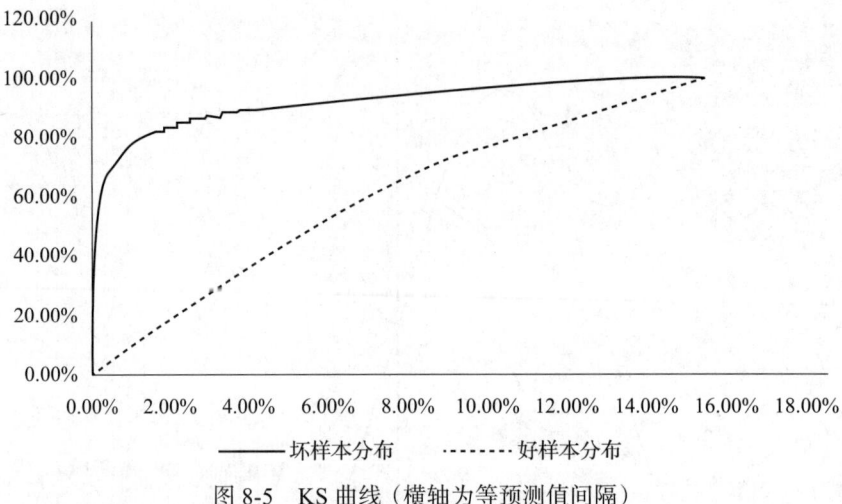

图 8-5　KS 曲线（横轴为等预测值间隔）

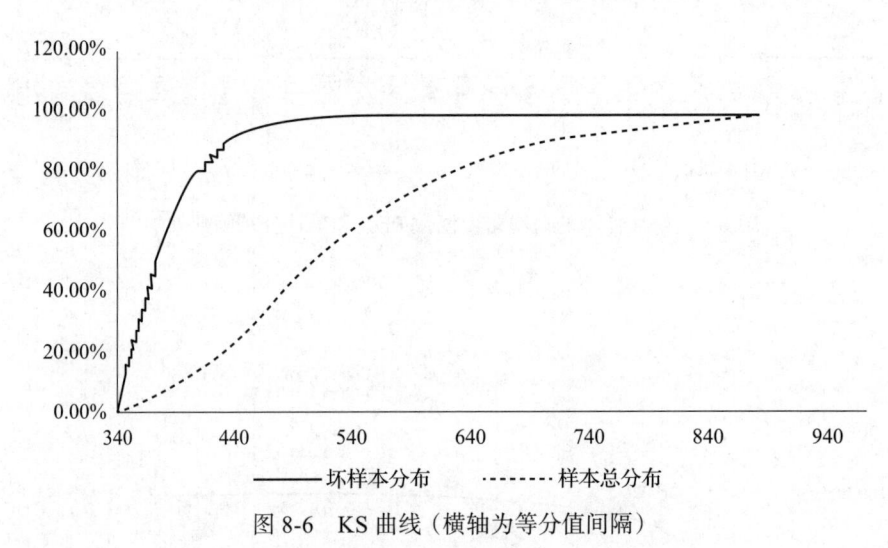

图 8-6　KS 曲线（横轴为等分值间隔）

当采用不同口径时，虽然 KS 曲线的形状会有差异，但不影响最终 KS 值。

当模型效果绝对理想时，评分排序后，坏样本全部排列在前面，累积坏分布曲线的形状是正方形左边和上边，而累计好分布曲线的形状是正方形下边和右边，此时 KS 达到 100%。

（2）ROC 曲线

ROC 曲线用于衡量模型的区分能力。将样本数据按评分升序排列，曲线横轴坐标是 FPR，即 FP 占真实好样本占比 $\left(\dfrac{FP}{FP+TN}\right)$，即 1 - 特异性，纵轴是 TPR，即 TP 占真实坏样本占比 $\left(\dfrac{TP}{TP+FN}\right)$，即召回率。

ROC 曲线与 KS 曲线有内在联系，因为 ROC 曲线与对角线的差值就是 KS 曲线，所以 ROC 曲线上与对角线竖直距离的最大值即 KS 值，同时这个点也是距离对角线的垂直距离最大值点，在这个点上，坏样本与好样本区分能力达到最大。

对于效果理想的模型，ROC 曲线是上凸的，而且是严格上凸的。

ROC 曲线也具备非常好的特性：改变好坏样本各自的抽样权重，曲线形状不变，如图 8-7 所示。

图 8-7 中，ROC 曲线的横轴是 FPR（False Positive Rate，假阳率）；纵轴是 TPR（True Positive Rate，真阳率）；对角线为随机分配曲线，是假设不使用模型所得到的随机分类结果；等误差率是 ROC 曲线上距离对角线最远的点，在该点模型区分能力最大，该点也正好是 KS 曲线的最大值点。

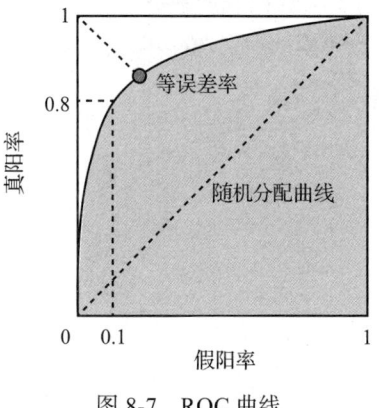

图 8-7 ROC 曲线

（3）PR 曲线

PR 曲线（Precision Recall Curve）将样本数据按评分升序排列，曲线横轴是召回率。纵轴是精确率。精确率和召回率是此消彼长的关系，精确率高则召回率就低，反之亦然。

正是因为精确率和召回率两个指标是此消彼长的，所以可以引入 F1 指标，即两者的调和平均来综合考虑两个指标，但在信用风险管理领域，一般很少看 F1 指标，主要原因是信贷业务对于精确率和召回率有所侧重，而不是两者同等重要（F1 指标中，精确率和召回率按倒数取平均值，所以同等重要）。

PR 曲线和 KS 曲线、ROC 曲线没有直接的推导关系。不同于 KS 曲线和 ROC 曲线，改变好坏样本抽样权重会改变 PR 曲线的形状。具体地说，当对好样本进行下采样后，精确率会上升，召回率不变，所以曲线总体上移，如图 8-8 所示。

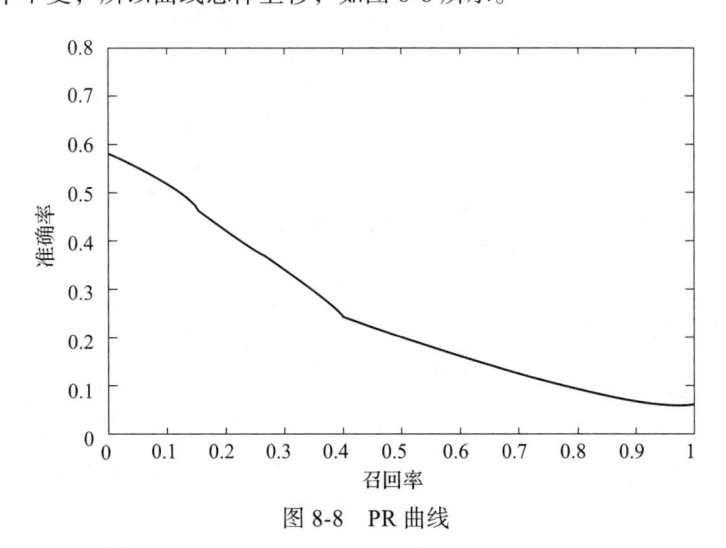

图 8-8 PR 曲线

（4）Lift 与累积 Lift 曲线

Lift 曲线将样本数据按评分升序排列，曲线横轴是全量样本分位数，纵轴是 Lift。累积 Lift 曲线将样本数据按评分升序排列，曲线横轴是全量样本分位数，纵轴坐标是累积 Lift。

Lift 曲线的业务含义是对应阈值位置，累积坏账率相对于全量样本坏账率的倍数，用以反映模型识别坏样本的能力，如图 8-9 所示。

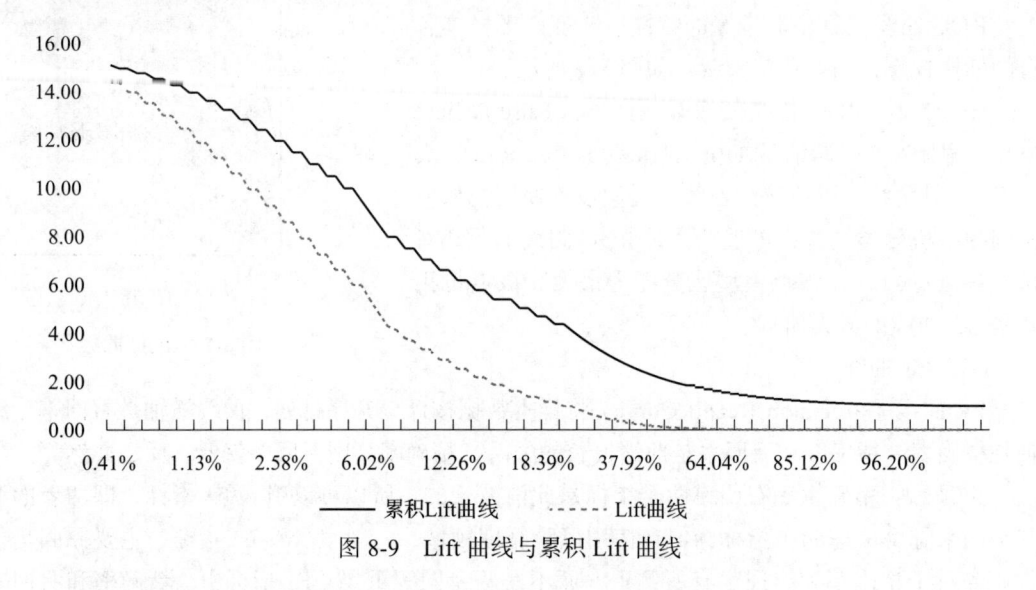

图 8-9 Lift 曲线与累积 Lift 曲线

在横轴取值接近 100% 时，累积 Lift 值接近 1，Lift 值接近 0。

（5）覆盖率曲线

覆盖率曲线将样本数据按评分升序排列，曲线横轴是全量样本分位数，纵轴是累积坏样体占全部坏样本的比例（TPR），曲线形状如图 8-10 所示。

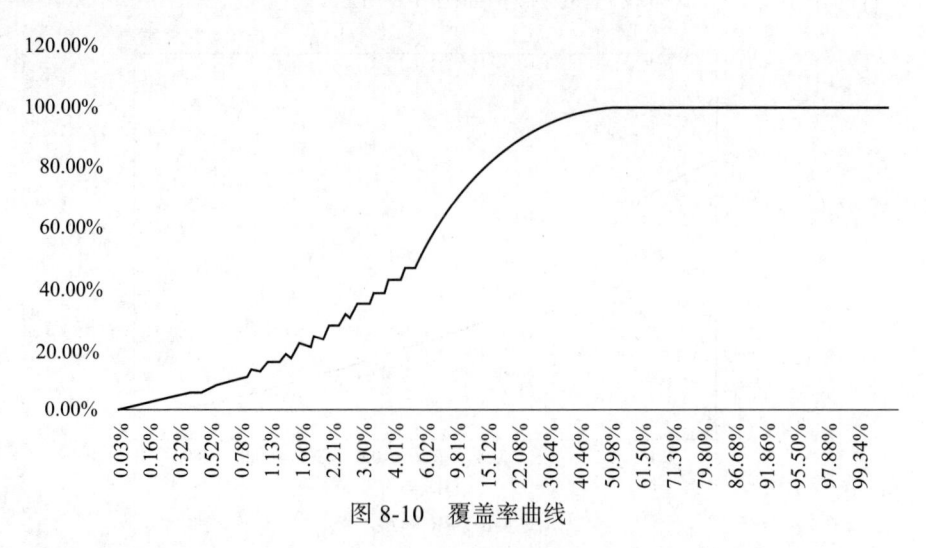

图 8-10 覆盖率曲线

当模型效果绝对理想时，评分排序后，坏样本全部排列在前面，这样一来，覆盖率曲线在横坐标 0 ~ 100% 之间为一条直线，从 0 迅速上升到 100%（即覆盖 100% 坏样本），直线斜率为 1/ 坏样本率。

8.2.2 回归模型

回归问题预测目标是连续取值，分别从预测误差和统计拟合优度对模型进行评估，如表 8-4 所示。

表 8-4 回归模型的评价指标

指标类别	指标名称	指标说明
预测误差	MAE	Mean Absolute Error，平均绝对误差
	MSE	Mean Square Error，均方误差
	RMSE	Root of Mean Square Error，均方根误差
	MAPE	Mean Absolute Percentage Error，平均绝对误差比例
拟合优度	R 方	广义线性回归拟合后，R 方指标 注：R 方指标并非统计值
	调整 R 方	广义线性回归拟合后，调整 R 方指标。 注：调整 R 方指标并非统计值
	回归显著性 F 检验	广义线性回归拟合后，总体线性显著性统计量和对应 P 值
	系数显著性 T 检验	广义线性回归拟合后，系数显著性统计量和对应 P 值
	分布拟合优度卡方检验	对分布拟合优度检验计算卡方统计量和对应 P 值

8.3 模型验证方法

本节将介绍模型验证的一般方法。

1. 验证样本划分

在第 7 章讲解模型开发时介绍过样本分区的概念，这里为了模型验证部分的内容完整性，再次列出验证样本的划分方法。

通常建模时，如果样本量充足（特别是坏样本充足时），一般会将建模样本拆分成训练集、验证集、样本外测试集、时间外测试集。

2. 验证报告

模型验证通常关注的技术指标包括排序性、准确性、区分能力、稳定性、集中度、分值分布等，相关内容在第 7 章已做详细介绍，这里不再赘述。

3. 验证类别

从统计学和机器学习角度，模型验证包括 3 种类别，如表 8-5 所示。

表 8-5 验证方法分类

方法	说明
留出法（Hold-Out）	将全量建模样本划分为训练集和测试集，通常采用分层采样：保持数据分布一致性，例如保留各目标类别比例
K 折交叉验证（K Fold cross validation）	K 折交叉验证是机器学习领域的概念，将样本集划分为 K 个互斥子集，同样保持数据分布一致性。每次用 $K-1$ 个子集训练，剩余的 1 个子集用作测试集。得到 K 个模型，分别在对应的验证集中评估结果，最后的误差 MSE（Mean Squared Error）或者 KS 等模型指标加和平均就得到了交叉验证误差。 Leave-One-Out（留一法）是当 $K=$ 总样本数时的特例 Jack-Knife 本身是统计学中统计推断的概念用语，用于在小样本量条件下对统计量进行估计 1）从数据集中依次切掉 1 个样本，在剩余 $n-1$ 个样本上计算统计量 2）如此重复 n 次，每次切掉不同样本，故得到 n 个统计量，然后计算均值作为最终统计推断的统计量估计值
自助法（BootStrap）	自助法是统计学中统计推断的概念，用于在小样本量条件下对统计量进行估计 1）有放回地抽取若干样本，在该样本集上计算统计量 2）如此重复 n 次，每次计算一次统计量，得到 n 个统计量，然后计算均值作为最终统计推断的统计量估计值

4. 验证阶段

模型验证可以分为上线前和上线后两个阶段。

1）上线前的验证：主要包括样本外验证和时间外验证，通过保留样本外测试集、时间外测试集进行。

2）上线后的验证：模型上线后需要定期或不定期开展验证工作。

具体模型验证阶段的划分，如表 8-6 所示。

表 8-6 模型验证的验证阶段

验证阶段	验证方式	验证方法
线下（上线前）	样本外验证	1）样本量足够时，建模时将同一建模时间窗口的样本按照一定比例分拆之后，保留部分样本作为验证样本，该部分样本即样本外验证，将模型训练的评分卡作用在验证样本上，计算模型评价指标如 KS、GINI 等，观察是否与开发样本表现有显著差异 2）当样本量不足时，采用自助法抽取验证样本，再用模型训练的评分卡作用在验证样本上，计算模型评价指标如 KS、GINI 等，观察是否与开发样本表现有显著差异
	时间外验证	验证目的是判断模型在时间外表现是否稳定
线上（上线后）	持续验证	1）计算入模变量的 PSI 稳定性、入模变量的 IV 预测能力 2）验证模型的稳定性和预测能力等

8.4 模型全面独立验证体系

本节将从模型管理角度，介绍银行巴塞尔新资本协议内部评级体系对模型验证的要求，包括验证的内容、范围和验证阶段。

8.4.1　模型全面独立验证与开发期验证

前面介绍了模型验证的基本方法,主要是针对模型开发过程中以及开发完成后对模型本身的验证,是以开发者视角,重点关注模型的可用性,并不特别强调独立审计功能。

根据巴塞尔新资本协议要求,在模型开发完成后,银行还需要对模型实施全面独立验证。全面独立验证与开发阶段验证的视角、目的、侧重点和范围有一定差异。

1)全面独立验证除了对模型本身的验证外,还包括数据验证、支持体系验证,包含的内容和范围更广,而且即使对模型本身的验证部分,全面独立验证包含的范围也更大,除了模型技术性指标验证外,也需要关注模型的基本定义、模型方法论和假设合理性。

2)全面独立验证所关注的模型类别不仅限于评分卡预测类模型,还包括 PD/LGD/EAD 参数模型和分池模型等。

3)全面独立验证强调独立审计职能,构筑风险三道防线的第三道防线,模型验证通常由负责模型独立验证和审计职能的部门承担。

8.4.2　模型全面独立验证的内容和范围

零售风险模型全面验证的内容和范围包括三部分:数据验证、对模型本身进行的验证和建模方法论合理性验证,以及对模型支持体系进行的独立检验和监控,如表 8-7 所示。

表 8-7　模型全面验证的内容和范围

验证范围	说明
数据验证	对建模所用数据的验证包括完整性、全面性、准确性、一致性 本质上属于数据治理范畴,即确保数据本身支持模型使用
模型验证	对模型本身的验证包括模型验证、建模方法论合理性验证等,具体包括模型基本定义、模型假设、准确性、区分能力、稳定性技术指标
支持体系验证	对支持体系的验证包括支持模型应用的政策、流程、信息系统,以及文档体系、工作流程的检查

商业银行须建立完善的模型验证体系,确保模型理论正确、假设合理、数据完整、运行良好、计算准确、使用正确。

8.4.3　模型全面独立验证的阶段划分

零售风险模型的全面独立验证阶段包括投产前全面验证、定期持续监控和投产后全面验证 3 个阶段。

1)投产前全面验证:对计量模型开发工作进行验证,重点验证计量模型方法的合理性、关键定义的合规及可操作性、数据的真实完整性和风险量化的有效性等;投产前全面验证还应对支持体系进行验证,重点验证模型的治理结构、政策流程、数据管理、IT 系统、应用和文档管理等。

2）投产后持续监控：关注计量模型的表现，分析模型运行环境或假设条件发生变化对模型结果的影响，监测模型支持体系的运作状况。

3）投产后全面验证：应针对已投产的计量模型和支持体系进行全面检验和测试，形成综合评估结果，为模型的改进提供依据，全面验证可以是定期的或不定期的。

8.5 本章小结

模型在上线前和上线后都需要进行模型验证，模型验证是确保模型质量和防范模型风险的重要方式。本章重点介绍了模型验证的目的、评价模型的技术性指标，以及模型验证的方法，最后介绍了新资本协议和银行内控中要求的模型全面独立验证体系。

第 9 章

评分卡模型部署

评分卡模型在完成训练和测试验证之后,经过银行内部模型评审流程,确认达到上线标准,接下来就需要在生产环境中正式上线、部署了。

模型部署环节也是模型生命周期的核心环节,必须确保部署过程没有错误,确保模型服务正常运行,确保模型计算结果正确。模型上线、部署过程中如果出现问题,会引起决策错误,从而带来决策风险,特别是如果缺乏一套有效的模型监控体系,就无法及时发现模型计算结果错误,从而导致业务损失。

9.1 模型部署概述

为了避免模型部署和运行错误所带来的决策风险,需要做好两方面工作。

1)确保部署期正确,即在模型上线部署过程中,按照标准部署技术规范和操作流程,经过数据测试和系统联调测试,确保模型服务运行正常且计算结果正确。

2)确保运行期正确,即模型正式投产使用过程中,及时对上线运行的模型进行监控,及时发现问题和错误,确保模型服务运行正常并且计算结果正确。

决策服务流程如表 9-1 所示。

表 9-1 决策服务流程

步骤	内容	发起方
信贷业务系统决策服务请求发起	由信贷业务系统主动发起决策服务请求,可能会同时传递数据	信贷业务系统

（续）

步骤	内容	发起方
决策前置系统进行数据获取和组装	在向决策引擎或模型引擎发起服务调用之前，须完成数据准备，所需数据可以来自业务系统数据集市，也可以是实时查询外部数据，获得数据之后进行加工和处理	决策前置系统
决策前置系统进行决策请求发起	完成数据组装后，向决策引擎或模型引擎发起服务调用	决策前置系统
决策引擎或模型引擎执行决策计算，并返回决策结果	决策引擎或模型引擎执行决策计算，并返回决策结果到服务调用方	决策引擎或模型引擎
决策服务结果返回给信贷业务系统	由风控前置返回决策结果给信贷业务系统	决策前置系统

决策服务的原理如图 9-1 所示。

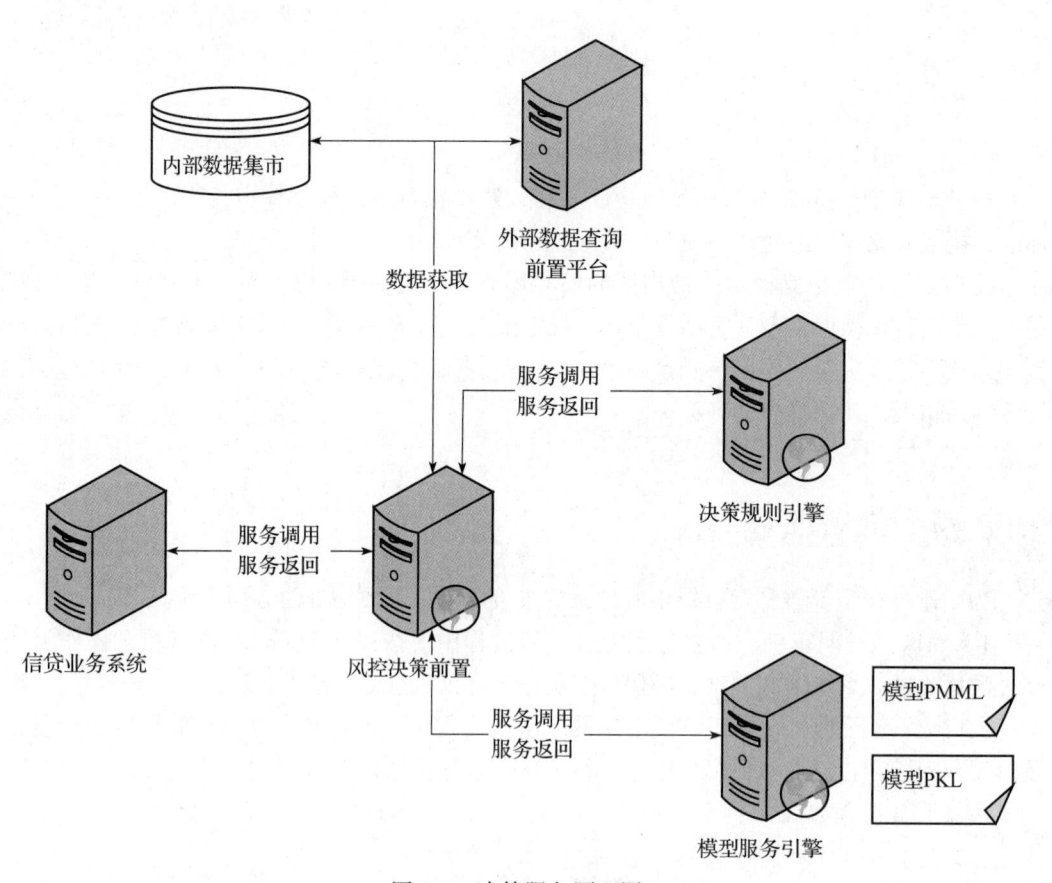

图 9-1 决策服务原理图

为提高业务决策自动化处理效率，通常需要使用决策自动化执行工具（即决策引擎）。目前主流的决策引擎产品及其功能特点如表 9-2 所示。

表 9-2 主流决策引擎及其功能

公司	产品名称	产品功能特点
FICO	Blaze Advisor	市场占有率高，支持规则集、决策树、决策表、评分卡决策规则建立
IBM	iLOG（又名 ODM）	市场占有率高，支持规则集、决策树、决策表、评分卡决策规则建立
Experian	SMG3	Experian SMG3（Strategy Management Generation 3）是目前主流的信贷决策工具之一，作为信贷决策管理工具，可服务于各个信贷生命周期中的各个阶段
信数	明策	由原 FICO Blaze Advisor 团队核心成员打造，不仅继承了 Blaze Advisor 基因，更针对当下决策日益复杂且不断变化的需求，提供了性能更强、更易用、可快速热部署的解决方案
华为	RTD	实时决策引擎
SAS	Real Time Decision Manager	不仅是一个规则引擎，还为高容量、呼入营销、客户渠道制定最佳决策
JBoss 开源	Drools（又名 Jboss rule）	决策引擎开源框架，企业可以基于此开源框架进行二次开发

决策引擎技术评价指标包括如下几项。

1）部署管理便利性：是否支持灵活多样的部署方式，例如规则集、决策树、决策表等，以及多种规则定义功能，如规则集、评分卡、模型、表达式、决策流；是否支持热部署和灰度发布。

2）高并发低延时：当业务量大且有高并发、低延时要求时，还需要考虑 QPS 和单笔响应时间等指标。

3）决策监控功能：是否具备较强可视化报表，可以输出决策运行结果。

4）高级模型支持：未来会使用更多深度学习等复杂模型，是否支持决策引擎。

5）功能模块支持：是否支持多变量测试（A/B 测试）等。

6）版本管理支持：是否支持版本控制以及版本回滚。

9.2 模型部署工作流程

完成模型和策略开发验证后，开始模型部署上线的工作，模型部署上线是一个系统化工程，涉及较多系统和环节，主要工作流程如图 9-2 所示。

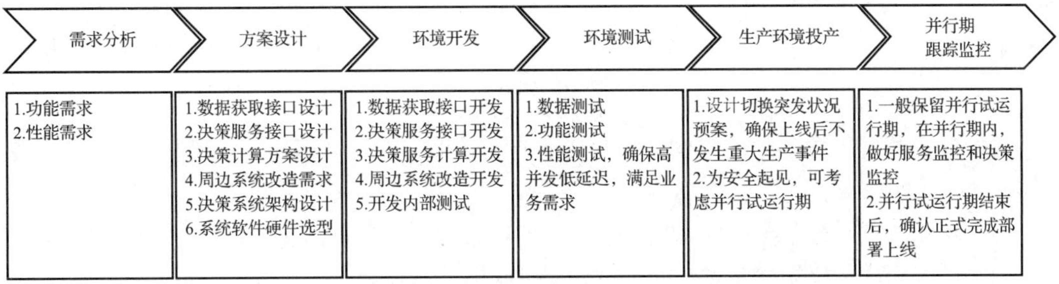

图 9-2 模型部署工作流程

下面对具体环节做详细介绍。

1. 需求分析

需求分析阶段明确决策部署对功能和性能方面的要求，包括由哪些业务系统发起决策服务调用，决策数据来源有哪些，对并发和时延的要求如何等。

1）功能需求：需要实现哪些功能、传递哪些参数、返回什么结果等。

2）性能需求：包括并发和时延要求等，如果业务量较大，对并发和时延有较高要求，则在系统架构方面就需要考虑并发分布式决策，在系统选型方面也需要特别考虑。

2. 方案设计

方案设计是指在明确需求之后具体设计解决方案和实施方案。决策体系涉及多个系统、多个环节，例如数据获取、服务请求与响应、决策计算等，方案设计主要包括以下方面。

1）数据获取接口设计：数据是通过信贷系统 API 传递还是由决策系统从数据库读取，或者实时调用外部数据服务 API；指标加工的逻辑如何。

2）决策服务接口设计：与决策服务请求对象的服务请求和响应接口参数设计。

3）决策计算方案设计：一般来说，服务请求通过 Web 服务以 API 方式调用决策引擎，决策引擎执行模型或规则的计算。

4）周边系统改造需求：因为决策部署涉及周边系统的交互，并由此衍生出对周边系统改造的需求，通常涉及信贷业务系统、数据集市、外部数据平台 3 个方面，例如信贷系统如果需要传递数据，则需要信贷系统完成数据的读取和加工等工作。如果需要实时调用查询外部数据，则涉及外部数据查询平台的额外开发。

5）决策系统架构设计：从全局角度，设计决策系统的内部结构和通信机制，与周边系统交互机制等。

6）系统软件硬件选型：基于决策系统架构设计方案，进行有针对性的选型，特别是数据库、决策引擎以及 Web 服务技术方案选择等。

3. 环境开发

在开发阶段按照技术方案进行开发，包括数据获取接口开发、决策服务接口开发、决策服务计算开发、周边系统改造开发等。在开发完成后，由开发团队完成开发内部测试，达到开发准出标准后，交由测试团队进行测试。

4. 环境测试

环境开发完成后，交由测试团队进行测试，包括以下内容。

1）数据测试：准备测试用例，比对特征计算结果，以及模型计算结果是否与标准答案一致。

2）功能测试：跨系统服务调用，是否正确返回结果；各页面功能点是否正常。

3）性能测试：执行高并发、低延时、高吞吐测试以及疲劳测试等。

环境测试可以是白盒测试或黑盒测试。

5. 生产环境投产

确认达到测试准出标准后，即安排生产环境投产，需要注意以下内容。

1）设计切换突发状况预案，确保上线后不发生重大生产事故。

2）同时为安全起见，设置并行试运行期，未来流量逐步切换。可以有两种方案：一是空跑陪跑，即原有决策流程不改变，只是将流量复制，在新的决策流程下试运行；二是切分少量流量，在真实业务流程中使用，经过并行期跟踪监控，确认没有错误的情况下逐步扩大流量。

6. 并行期跟踪监控

为安全起见，通常设置并行试运行期。在并行试运行期内，需要密切跟踪监控，重点监控两方面：一是决策服务是否正常；二是决策结果是否正确。

9.3 规则化部署方案

规则化部署即基于决策规则进行部署。对于评分卡模型，产出结果一般是评分表，可以以规则的方式进行部署。具体实施方案有两种：在信贷业务系统流程中硬编码，在独立通用决策引擎系统中部署。

9.3.1 在信贷业务系统流程中硬编码

直接在信贷业务系统流程中硬编码，将评分规则通过 Java/Python/SQL 等语言写进信贷业务系统进行固化。

对于实时决策场景，信贷业务系统一般是业务流程管理系统，在每个流程环节由系统调用决策规则相关代码实现决策打分，例如在信贷业务审批页面，业务人员录入借款人信息后，系统调用评分规则计算评分。

对于非实时决策场景，通过系统定时批处理完成批量打分，可以在数据库系统通过 SQL 将打分逻辑固化，然后在系统中设定定时自动化跑批任务，实现决策打分。

9.3.2 在独立通用决策引擎系统中部署

规则引擎提供了丰富的部署和管理工具，例如规则集、决策树、决策表、评分卡等。对于评分卡模型，评分分值表可以以规则的方式在决策引擎中部署。

决策引擎将决策计算的功能独立出来后集中在引擎系统中，并且决策引擎提供了完善的决策部署、规则管理、规则监控、热部署、版本管理、负载均衡等功能。

9.4 标准化部署方案

标准化部署是直接基于机器学习模型产出的标准化模型描述文件。客户端发起模型执行请求，服务端负责对标准化模型描述文件进行解释并执行，然后返回模型计算结果给客户端。

9.4.1 模型描述标准

机器学习领域主要的标准化模型描述文件包括 PMML、PKL、PB、ONNX 等。

1. PMML 文件

PMML（Predictive Model Markup Language）是一种利用 XML 文件描述和存储数据挖掘模型的标准语言。它依托 XML 本身特有的数据分层思想和应用模式，实现了数据挖掘中模型的可移植性。PMML 已经被 W3C 接受，任何软件栈都可以调用 PMML 存储的模型。PMML 主要用于跨平台的机器学习模型部署。

PMML 的主要优点如下。

1）通用性：PMML 是一种跨平台的语言，适用于绝大多数操作系统和应用平台。

2）规范性：PMML 是一种规范化的模型描述语言，有了它，系统就可以在不同的数据挖掘工具之间，以及数据挖掘工具和其他应用系统之间交换挖掘模型。

3）异构性：XML 本身具有异构性，可以对来自不同数据库和应用系统中的数据进行整合。PMML 建立在 XML 的基础上，可以和各种异构数据库进行数据交换，便于模型和数据之间的相互协作。

4）独立性：PMML 使得数据挖掘模型独立于数据挖掘工具和具体的数据，并成为数据挖掘工具外部一种存储模型的有效方式。

5）易用性：PMML 建立的模型本身就是 XML 文档，可以通过常用的文本编辑器或 XML 文档编辑器进行处理。

PMML 也有如下不足之处。

1）PMML 为了满足跨平台要求，牺牲了很多平台独有的优化功能，很多时候用算法库自带的保存模型的 API 得到的模型文件，要比生成的 PMML 模型文件小很多。同时 PMML 文件的加载速度也比算法库默认的模型文件的加载速度慢很多。

2）对于大规模的集成学习或深度学习模型，比如 XGBoost、随机森林，或者 TensorFlow 训练的深度学习模型，生成的 PMML 文件大小很容易就达到 GB 级，这时使用 PMML 文件加载和预测推理的速度可能会非常慢，建议为模型建立一个专有的环境。

写作本书时 PMML 最新版本是 4.4，可以支持的模型类别如下。

- ❏ Anomaly Detection Models
- ❏ Association Rules
- ❏ Baseline Models

- Bayesian Network
- Cluster Models
- Gaussian Process
- General Regression
- k-Nearest Neighbors
- Naive Bayes
- Neural Network
- Regression
- Ruleset
- Scorecard
- Sequences
- Text Models
- Time Series
- Trees
- Vector Machine

目前很多知名公司的数据分析产品均支持 PMML 标准，包括 FICO、SAS、Experian、Equifax、IBM、KNIME、Microsoft、KXEN、MicroStrategy、NIST、Spark、Teradata 等，具体支持情况可参见 DMG 官网。

关于 PMML 的更多技术信息，可参考 PMML 官网（http://dmg.org/pmml/v4-4-1/General-Structure.html）。

对于评分卡模型，PMML 标准提供了评分卡专用的 PMML 标准。关于评分卡专用 PMML 标准的更多信息，可参考官网（http://dmg.org/pmml/v4-4-1/Scorecard.html）。

2. PKL 文件

PKL 文件是 Python 文件序列化的文件格式，在 Pyhon 中多类对象都可以被序列化永久保存为磁盘文件，包括数据对象、模型对象等。保存和加载 PKL 文件可以使用 pickle 包或者 joblib 包，具体方法将在 9.4.2 节详细讲解。PKL 文件仅适用于 Python 环境，不具有跨平台的可迁移性。

3. TensorFlow 的 PB 文件

TensorFlow 深度学习框架通过 TensorFlow Serving 方式提供模型在线运行支持，所用的模型文件标准是 PB。

4. ONNX 模型标准

开放神经网络交换（Open Neural Network eXchange，ONNX）是一套表示深度神经网络模型的开放格式，由微软和 Facebook 于 2017 年推出，然后迅速得到各大厂商和框架的支持，并在几年的发展后成为表示深度学习模型的实际标准。有了 ONNX-ML 格式标准，系统可以支持传统非神经网络机器学习模型。ONNX 大有一统整个 AI 模型交换标准的趋势。

ONNX 定义了一组与环境和平台无关的标准格式，为 AI 模型的互操作性提供了基础，使 AI 模型可以在不同框架和环境下交互使用。硬件和软件厂商可以基于 ONNX 标准优化模型性能，让所有兼容 ONNX 标准的框架受益。目前 ONNX 主要关注模型推理，即使用不同框架训练的模型，转化为 ONNX 格式后，可以很容易地部署在兼容 ONNX 的运行环境中。

9.4.2　导出模型文件

1. 导出 PKL 文件

在 Python 中生成 PKL 文件比较简单，直接使用 pickle 模块或者 joblib 模块即可。

```
from sklearn.datasets import load_iris
from sklearn import tree
from sklearn2pmml import PMMLPipeline

# 读入数据
iris = load_iris()

x_train=pd.DataFrame(iris.data,columns=['sepal_length','sepal_width','petal_
    length', 'petal_width'])
y_train=pd.DataFrame(iris.target,columns=['series'])

# 训练模型
clf = tree.DecisionTreeClassifier(max_depth=2) # 定义分类器
pipeline = PMMLPipeline([("classifier", clf)]) # 定义 pipeline
pipeline.fit(x_train, y_train)                 # 此处使用带变量名称的数据框进行模型训练

# 方法 1：使用 pickle 包将模型保存为 PKL 文件
import pickle
with open("D:\\mdl.pkl", "wb") as f:
    pickle.dump(pipeline, f)

# 方法 2：使用 joblib 包将模型导出为 PKL 文件
from sklearn.externals import joblib
joblib.dump(pipeline, "d:\\pipeline.pkl", compress = 9)
```

本地环境加载和使用 PKL 文件，代码如下。

```
# 使用 pickle 包读取 pickle
with open('D:\\mdl.pkl', 'rb') as f:
    mdl_in = pickle.load(f)
y_pred=mdl_in.predict(iris.data)

# 使用 joblib 包读取 pickle
from sklearn.externals import joblib
mdl_in=joblib.load("d:\\pipeline.pkl")
y_pred=mdl_in.predict(iris.data)
```

2. 导出 PMML 文件

在 Python 中将训练好的模型导出为 PMML 文件的方法有多种，可以使用 sklearn2pmml 或 nyoka 包。

方法 1：使用 sklearn2pmml 包进行导出，代码如下。

```
from sklearn.datasets import load_iris
from sklearn import tree
from sklearn2pmml import PMMLPipeline

# 读入数据
iris = load_iris()
x_train=pd.DataFrame(iris.data,columns=['sepal_length','sepal_width','petal_
    length', 'petal_width'])
y_train=pd.DataFrame(iris.target,columns=['series'])

# 训练模型
clf = tree.DecisionTreeClassifier(max_depth=2) # 定义分类器
pipeline = PMMLPipeline([("classifier", clf)]) # 定义 pipeline
pipeline.fit(x_train, y_train)              # 此处使用带 columns 变量名称的 dataframe
                                            进行模型训练

# 模型导出为 PMML 文件
from sklearn2pmml import sklearn2pmml
sklearn2pmml(pipeline, "d:\\DecisionTree_Iris_sklearn2pmml.pmml", with_repr = True)
```

方法 2：使用 nyoka 包进行导出，代码如下。

```
from sklearn.datasets import load_iris
from sklearn.tree import DecisionTreeClassifier
from sklearn2pmml import PMMLPipeline

# 读入数据
iris = load_iris()
features = iris.feature_names
target = 'Species'

# 创建 pipeline 并训练模型
clf_pipeline=PMMLPipeline([('clf',DecisionTreeClassifier(max_depth=2))])
clf_pipeline.fit(iris.data, iris.target)         # 此处训练模型时不带变量名称

# 使用 nyoka 将模型导出为 PMML 文件
from nyoka import skl_to_pmml
skl_to_pmml(clf_pipeline, features, target, "d:\\DecisionTree_iris_nyoka.pmml")
```

本地环境加载和使用 PMML 文件的代码如下。

```
# 加载 PMML 文件
from pypmml import Model
```

```
model = Model.fromFile("d:\\DecisionTree_Iris_sklearn2pmml.pmml")

# 使用 PMML 格式的模型打分，整个数据集
y_test_pred=model.predict(x_train)         # 注：此处待打分的 DataFrame 也必须带变量名称，
                                           #     且与训练时保持一致

# 使用 PMML 格式的模型打分，单条记录
model.predict({'sepal_length': 5.1, 'sepal_width': 3.5, 'petal_length': 1.4,
    'petal_width'. 0.2})
model.predict('[{"sepal_length": 5.1, "sepal_width": 3.5, "petal_length": 1.4,
    "petal_width": 0.2}]')
model.predict('{"columns": ["sepal_length", "sepal_width", "petal_length",
    "petal_width"], "data": [[5.1, 3.5, 1.4, 0.2]]}')
model.predict(pd.Series({'sepal_length': 5.1, 'sepal_width': 3.5, 'petal_
    length': 1.4, 'petal_width': 0.2}))
```

9.4.3 模型文件的解释执行

每一类模型文件都有对应的解释执行方法，如表 9-3 所示。

表 9-3 各类模型文件的解释执行方法

解释执行器	PMML	PKL	PB
基于 OpenScoring 框架	支持	不支持	不支持，TensorFlow 专用模型格式
基于 Flask 的 Web 服务	客户端发起网络服务请求，服务器端调用 PMML 解释器的 Python 代码	客户端发起网络服务请求，服务器端调用 PKL 解释器的 Python 代码	不支持，TensorFlow 专用模型格式
基于 FastAPI 的 Web 服务	客户端发起网络服务请求，服务器端调用 PMML 解释器的 Python 代码	客户端发起网络服务请求，服务器端调用 PKL 解释器的 Python 代码	不支持，TensorFlow 专用模型格式
基于 JPMML 模型解析	客户端发起网络服务请求，服务器端 Java 语言开发 JPMML 包调用 PMML 解释器	不支持	不支持，TensorFlow 专用模型格式
基于 TensorFlow Serving	不支持	不支持	直接支持，TensorFlow Serving 专用于 TensorFlow 开发的深度学习模型

下面对各类解释执行方法进行介绍。

1. 基于 OpenScoring 框架

目前最受欢迎的模型文件解释执行方式是使用 OpenScoring 框架。需要在服务器端安装 OpenScoring 包。服务请求响应过程：由客户端调用服务，服务器端通过 OpenScoring 服务进行响应。

2. 基于 Flask 的 Web 服务

Flask 是轻量级的 Web 服务，可以使用 Flask 响应客户端请求，在服务器端执行 Python 代码。需要在服务器端安装 Flask 包。服务请求响应过程：由客户端调用服务，服务器端执行 Python 代码，进行 PMML 解释、执行。

3. 基于 FastAPI 的 Web 服务

FastAPI 是轻量级的 Web 服务，可以使用 FastAPI 部署模型，在服务器端进行 PMML 解释和执行，步骤如下。

（1）服务器端部署

首先编辑如下代码。

```
from fastapi import FastAPI
from pypmml import Model

    # 定义 FastAPI 对象
app = FastAPI()

@app.get("/items/{item_id}")
async def read_item(item_id: int, x: str=''):

    # 读取模型的 PMML 文件
    mdl = Model.fromFile("d:\\DecisionTree_Iris_sklearn2pmml.pmml")

    # 将读入的字符串 x 输入 predict() 函数，得到预测结果
    y_predict=mdl.predict(x)

    # 将计算结果返回给客户端
    return {"item_id": item_id, "x":x, "y_predict": y_predict}
```

（2）启动 main.py 服务

在服务器端执行如下命令，定位到 main.py 目录。

```
uvicorn main:app -reload
```

（3）客户端调用服务

客户端调用服务可以通过浏览器方式，也可以通过命令行方式，还可以在客户端使用 Python 脚本方式。

1）通过浏览器：在客户端打开浏览器，输入网址 http://127.0.0.1:8000/items/5?x=[{"sepal_length":5.1,"sepal_width":3.5,"petal_length":1.4,"petal_width":0.2}]。注意，x= 后面不要带引号。

2）通过命令行：在客户端打开命令行，执行如下代码。

```
curl -XPOST 'http://127.0.0.1:8000/items/5?x='+'[{"sepal_length":5.1,"sepal_width":3.5,"petal_length":1.4,"petal_width":0.2}]'
```

3）运行 Python 脚本：在客户端使用 requests 调用 Web 服务。

```
URL_str='http://127.0.0.1:8000/items/5?x='+'[{"sepal_length":5.1,"sepal_width":
    3.5,"petal_length":1.4,"petal_width":0.2}]'
res=requests.get(URL_str)
returnjson=res.text
print(returnjson)
```

4. 基于 JPMML 模型解析

目前在 Java 生态中最受欢迎的模型解释执行方式是 JPMML。需要在服务器端安装 JPMML 包。通过在服务器端调用 JPMML 来使用 Java 语言开发服务，解析 PMML 模型文件，并返回评分值。

9.5 模型部署常见问题

在模型部署过程中，会遇到一些问题，这里列举其中常见的一部分，如表 9-4 所示。

表 9-4 模型部署常见问题

问题	解决方案
分类变量在上线后出现新取值，导致打分错误	在生成评分卡时，每个变量预留一个其他档，例如分类变量如果在训练阶段仅有 A、B、C 三种取值，而上线后出现新取值 D，此时正确的逻辑是给 D 取其他档的评分
模型部署后打分结果错误	原因比较复杂，总体上可以分为以下几类 ❑ 数据或特征错误 ❑ 规则部署错误 ❑ 模型 PMML 文件逻辑错误 ❑ 打分服务异常

9.6 本章小结

评分卡模型部署是模型投产使用的最后环节，部署的正确性和敏捷性对于风险决策体系建设是很重要的。本章重点介绍了模型部署的一般原理、模型部署的工作流程，然后重点介绍了规则化部署方案和标准化部署方案，最后介绍了模型部署常见问题。

第 10 章 *Chapter 10*

评分卡模型监控

模型投产上线后，为了确保模型正常运行，确保模型结果的正确性和有效性，需要对模型运行情况进行监控。本章介绍监控评分卡模型的方法。

10.1 模型监控概述

模型监控是一个体系化工程，包括以下内容。

1）性能监控：目标是判断模型评分结果是否正确以及是否仍然有效，包括前端监控和后端监控。

2）数据和特征监控：目标是确保输入模型的数据是正确的。

3）服务监控：目标是判断评分服务是否正常运行，即执行正确。

1. 从监控到分析

监控只是手段不是目的。搭建监控指标报表体系相对容易，难点在于如何从监控报表中及时发现问题，并判断问题原因，最后给出解决方案。本节将重点介绍监控指标报表的分析思路。

2. 模型监控与模型优化的关系

模型监控通过观察模型关键指标的变化情况，判断当前模型性能是否仍然有效，模型监控为模型优化提供决策依据，通过监控可以发现模型性能是否下降，如果满足模型优化的触发条件，则需要执行模型优化。

3. 试运行期监控与运行期监控

第 9 章提到，在一般情况下，模型上线后会留几个月的试运行期，试运行期内新决策规则和模型可以只打分并不真正用于业务决策，也可以切分少部分真实业务流量用于业务决策。

试运行期的模型监控与正式运行期模型监控的侧重点会有所差异，试运行期模型监控重点在服务监控和结果正确性监控。除非发生特殊情况，一般不会出现模型刚上线即失效的情况。

10.2 前端监控

前端监控的目的是观察当前申请客户与开发样本分布是否一致。前端监控不依赖贷后表现，可以在评分卡模型上线后立即对新申请进件业务开始计算。如果发现客群分布发生较大变化，则应当进一步分析原因，判断是否影响模型性能。如果需要对模型进行调整，则应及时调整，以避免评分卡模型失效。

常见前端监控报告有以下几种。

1）总体评分分布。
2）总体评分分布稳定性。
3）总体平均分及偏移。
4）总体分值集中度。
5）变量取值分布。
6）变量取值分布稳定性。
7）变量加权平均分和偏移。

下面将对上述各类报告进行详细介绍。

10.2.1 总体评分分布

总体评分分布是模型上线后逐月统计各评分段样本频数分布，用于判断评分分布是否随时间发生较大偏移。需要注意：总体评分分布只是提供一个指示性指标，总体评分分布发生变化并不意味着模型失效，这是因为总体评分分布有可能来自客群结构发生变化。总体评分分布报表样表如表10-1所示。

表 10-1 总体评分分布表

评分区间	参考基准（模型开发时点）		201801		……		201806	
	#Total	%Total	#Total	%Total	#Total	%Total	#Total	%Total
(−, 450]								
(450, 500]								
(500, 550]								
(550, 600]								

（续）

评分区间	参考基准 （模型开发时点）		201801		……		201806	
	#Total	%Total	#Total	%Total	#Total	%Total	#Total	%Total
(600, 650]								
(650, 700]								
(700, 750]								
(750, 800]								
(800, 850]								
(850, +)								

注：报表中#表示数量，%表示列占比，下文报表中均按此约定。

为了更直观地展示评分分布情况，可以采用分布直方图的方式展示，如图10-1所示。

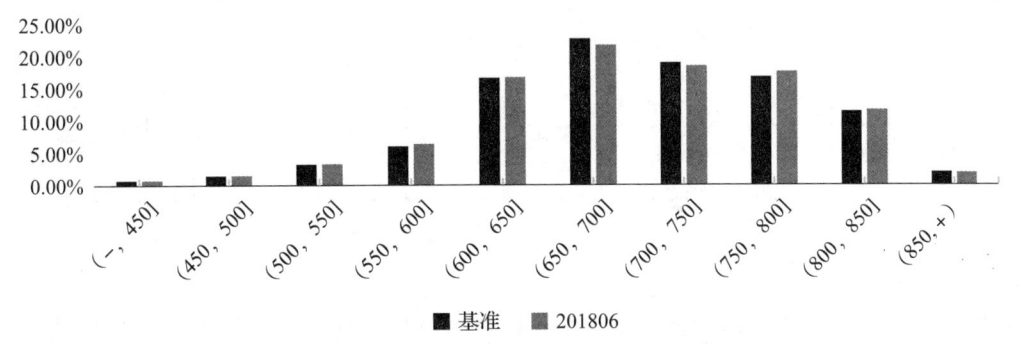

图10-1 总体评分分布直方图

10.2.2 总体评分分布稳定性

总体评分分布稳定性是在总体评分分布基础上，计算每月相对于参考时点（模型开发时点）的评分分布稳定性。总体评分分布稳定性报表样表如表10-2所示。

表10-2 总体评分分布稳定性

	201801	……	201806
评分PSI			

为了直观地展示评分PSI变动趋势，可以逐月以折线图方式展示，如图10-2所示。

10.2.3 总体平均分及偏移

总体平均分及偏移是计算每月总体样本平均分，并比较相对于参考基准时点（开发时点）的平均分偏移，用于反映总体评分是否发生系统性偏移。总体平均分及偏移报表样表如表10-3所示。

图 10-2　总体评分分布稳定性 PSI 趋势

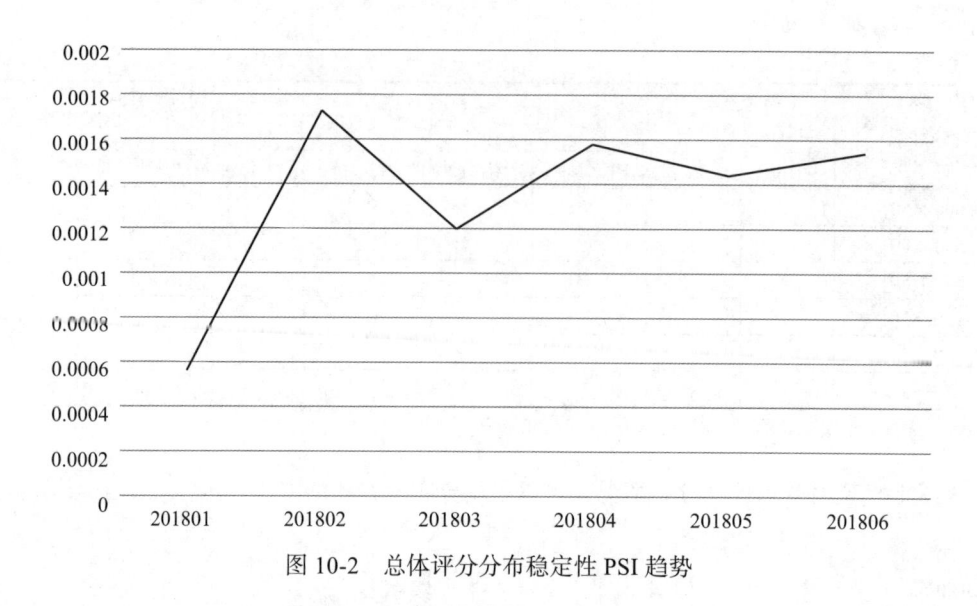

表 10-3　总体平均分及偏移

	参考基准	201801	……	201806
平均分值				

10.2.4　总体分值集中度

总体分值集中度也是需要关注的指标，特别是低分段的单分值集中度，因为在设定评分应用策略时，例如一般策略设计对于低分值段会直接拒绝（AD），如果阈值切分点附近集中度过高（例如超过 5%），则后续策略切分阈值调整时，虽然只是轻微调整，也可能导致审批通过率发生跳跃式突变。总体分值集中度可视作总体评分分布的特殊情形，即单独计算每个评分（而不是评分段）的样本频数占比。

10.2.5　变量取值分布

前面介绍了总体评分分布，除了关注总体分布外，还需要关注变量取值分布，反映各入模变量取值分布是否发生较大变化，一般而言，变量取值分布发生比较大偏移会带来总体分值分布偏移。变量取值分布报表样表如表 10-4 所示。

表 10-4　变量取值分布

变量	取值	参考基准（模型开发时点）		201801		……		201806	
		#Total	%Total	#Total	%Total	#Total	%Total	#Total	%Total
性别	男								
	女								

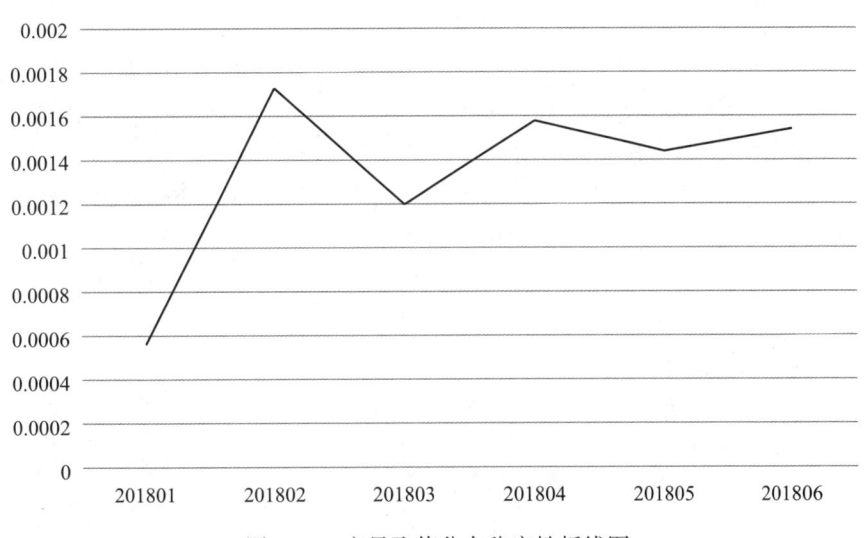

10.2.6 变量取值分布稳定性

变量取值分布稳定性是在变量取值分布的基础上，计算每月各变量取值分布相对于参考时点（模型开发时点）的偏移情况，变量取值分布稳定性报表样表如表 10-5 所示。

表 10-5 变量取值分布稳定性

	201801	……	201806
性别			

使用折线图可以更直观地展示变量取值分布稳定性的变化趋势，如图 10-3 所示。

图 10-3 变量取值分布稳定性折线图

10.2.7 变量加权平均分和偏移

随着时间推移，评分分布可能会发生偏移，此时需要判断各个变量对总体评分偏移的贡献度，通过该部分报表可以大致计算每个变量对总体评分偏移的贡献度和影响程度，如表 10-6 和表 10-7 所示。

表 10-6 变量分值占比权重

变量	取值	分值	参考基准（模型开发时点）			201806		
			#Total	%Total	分值占比权重	#Total	%Total	分值占比权重
性别	男	10						
	女	20						

表 10-7 变量加权评分分值偏移

	参考基准（模型开发时点）	201806	
	变量加权平均分值	变量加权平均分值	变量加权平均分值偏移
性别			

因为变量评分和评分偏移量都具有可加性，所以可以方便地计算每个变量的贡献度：变量评分偏移贡献度 = 每个变量加权平均分值偏移 / 总体评分偏移，以此来确定是哪些变量的分值变化对总体评分分布影响最大。

10.3 后端监控

后端监控的目的是判断评分卡模型是否仍具备区分能力和预测能力，后端监控依赖贷后表现，需要等待表现期满之后才能得到后端监控报表，故后端监控具有滞后性（当前时点只能监控从当前时点倒推表现期之前的评分表现）。

通过后端监控，如果发现模型区分能力和排序性等发生较大变化，则应当进一步分析原因，判断是否需要对模型进行调整优化。如果需要对模型进行调整优化，则应及时调整，以避免评分卡模型失效。

常见的后端监控报告有以下几种。

1）总体评分风险表现。

2）总体评分区分能力指标。

3）总体评分排序性。

4）变量取值风险表现。

5）变量区分能力指标。

需要注意，后端监控报告与前端监控报告存在一些差异，表现在以下几方面。

1）前端监控报告只有申请时点这一个时间概念，而后端监控报告存在申请时点和表现时点两个时间概念。

2）逾期表现需要经过一定时间（即表现期）才能表现，所以在不同的报告时点来看，贷款的逾期表现可能是不同的，即逾期表现是动态变化的，例如 2018 年 1 月放款，按月还款，在 2018 年 6 月逾期 M1，2018 年 7 月逾期 M2，2018 年 9 月逾期 M3，假设 M3+ 定义为"坏"，如果报告时点在 2018 年 5 月，则该账户为"好"，而在 2018 年 9 月该账户为"坏"，由此可见，账户好坏表现是随时间变化的。

下面详细介绍上述各类报告。

10.3.1 总体评分风险表现

总体评分风险表现统计各分值段的好坏样本数以及坏账率，判断各分值区间风险表现是否有显著差异，以及同一分值档在不同时点的坏账表现是否有显著差异。总体评分风险表现报表样表如表 10-8 所示。

表 10-8 总体评分风险表现

评分区间	参考基准（模型开发时点）							表现时点 201706						
	#Total	#Good	#Bad	%Total	%Good	%Bad	BR	#Total	#Good	#Bad	%Total	%Good	%Bad	BR
(−, 450]														
(450, 500]														
(500, 550]														
(550, 600]														
(600, 650]														
(650, 700]														
(700, 750]														
(750, 800]														
(800, 850]														
(850, +)														

10.3.2 总体评分区分能力指标

总体评分区分能力是计算评分的区分能力的指标，包括 KS、AUC 等，用于比较不同时点是否发生显著偏移，报表样表如表 10-9 所示。

表 10-9 评分区分能力

	参考基准	201701	……	201706
评分 KS				
评分 AUC				

10.3.3 总体评分排序性

基于总体评分风险表现报表，计算各评分档坏账率、Odds 等，判断评分排序性是否发生显著变化，总体评分排序性如图 10-4 所示。

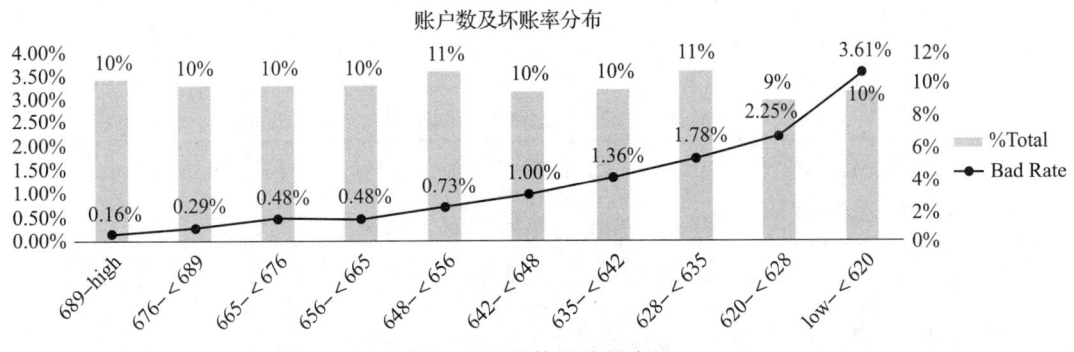

图 10-4 总体评分排序性

10.3.4 变量风险表现

变量风险表现可以反映出各变量取值的坏账率随时间是否发生显著变化，如表 10-10 所示。

表 10-10 变量取值逾期表现

变量	取值	参考基准（模型开发时点）								201706							
		#T	#G	#B	%T	%G	%B	WOE	BR	#T	#G	#B	%T	%G	%B	WOE	BR
性别	男																
	女																

表 10-10 中 #T 表示总样本数、#G 表示好样本数、#B 表示坏样本数、%T 表示样本占比、%G 表示好样本占比、%B 表示坏样本占比、WOE 表示证据权重（Weight of Evidence）、BR 表示坏账率（BadRate）。

10.3.5 变量区分能力指标

变量区分能力指标用于计算各变量的 IV 指标随时间变化的趋势，如表 10-11 所示。

表 10-11 变量区分能力 IV 指标

	参考基准	201701	……	201706
性别				

10.4 监控数据和特征

本节主要介绍如何对输入模型的数据和特征进行监控，以确保模型依赖的输入数据是正确的。

1. 数据和特征的分类

模型计算依赖的数据和特征有多种分类方式。

1）按照依赖的数据和特征来自内部还是外部，可以分为评分服务依赖内部数据和特征及评分服务依赖外部数据和特征，如表 10-12 所示。

表 10-12 数据和特征的来源

类别	说明
评分服务依赖内部数据和特征	数据或特征来自行内数据系统或决策引擎连接内部系统（业务系统或数仓），可以直接读取或决策引擎实时加工
评分服务依赖外部数据和特征	数据或特征来自外部数据 API 服务，可以直接读取或决策引擎实时加工

2）按照加工方式，可以将数据和特征分为表 10-13 所示的 3 类。

表 10-13　数据和特征的加工方式

类别	说明
直取简单特征	不需要额外加工，通常由决策引擎前置平台进行数据组装，直接从业务系统或数仓中读取
预计算特征	对于一些需要复杂衍生的特征，通常是在数仓提前一天（$T-1$）计算好，然后在决策调用时由决策引擎前置平台从数仓中读取并进行数据组装
实时计算特征	对于一些简单衍生（虽然也可以提前一天计算好），或者因为业务场景要求只能实时计算的特征（例如过去十分钟的点击行为流），通常由决策引擎前置平台提前做决策数据组装，从业务系统、数仓、数据流中读取数据，实时进行特征衍生计算

2. 如何对数据和特征进行监控

通过如下方式对数据和特征进行监控，及时发现和避免错误。

1）计算特征的分布 PSI 等指标，参见 10.2.4 节和 10.2.5 节。

2）数据运营日志，包括行内数据访问、外部数据 API 服务返回。

3）特征计算本身的校验规则。

10.5　监控服务运行

评分服务的持续性和正确性对于风险决策体系也很重要，为了确保评分服务正常运行，需要对评分服务响应情况进行监控，以确保模型执行引擎正常运行，需要监控如下指标。

评分服务发起和响应失败次数，样表如表 10-14 所示。

表 10-14　评分服务响应失败率

	201701	……	201706
评分服务发起次数			
评分服务成功次数			
评分服务失败次数			
评分服务失败比率			

评分服务返回状态码分布，样表如表 10-15 所示。

表 10-15　评分服务返回状态码分布

	201701	……	201706
0			
1			
2			
3			

评分服务单笔平均响应时长分布，样表如表 10-16 所示。

表 10-16　评分服务单笔平均响应时长分布

	201701	……	201706
<50ms			
50～100ms			
100～150ms			
150～200ms			
>200ms			

10.6　本章小结

本章重点介绍了在模型上线后，为了确保模型运行结果的正确性，能准确有效反映风险，需要监控的内容，包括前端监控、后端监控、数据和特征监控、服务运行监控等。

第 11 章

评分卡模型优化

评分卡模型上线后,随着业务变化和时间演进,模型性能可能会逐渐下降,为了确保模型的有效性,需要定期或不定期对模型进行优化调整。

11.1 模型优化概述

评分卡模型上线后,随着业务变化和时间演进,模型性能可能会逐渐下降甚至失效,这种趋势通常是不可避免的。

模型优化需要确定触发条件,在触发模型优化后进行原因诊断,确定是否需要优化以及如何优化。在评分卡模型优化调整完成后,还要评估优化后对现有决策体系的影响,可能还需要对现有决策体系,特别是策略的阈值进行调整。模型优化是持续性工作,同时也是系统性工作。

11.2 模型优化的触发条件

模型优化通常是在满足一定条件后触发的,模型需要优化的触发因素包括内部、外部两方面,如表 11-1 所示。

表 11-1 模型优化的触发条件

类别	常见因素
内部原因	1)业务变化:新业务上线,出现新的产品或客群,并且风险因素与之前产品不同 2)业务变化:信贷政策调整或其他外部因素(例如贷前授信收紧、贷后管理趋严、催收力度更大等)导致风险模式驱动因素发生变化

（续）

类别	常见因素
内部原因	3）数据变化：出现了新的取值、数据逻辑口径调整、数据分布发生变化
外部原因	1）有监督指标：模型性能评价指标发生显著下降，例如 KS 指标、排序能力 2）无监督指标：评分群体稳定性指标显示群体评分分布变化

11.3 模型性能下降原因

当模型性能指标下降时，首先需要做的是确定模型性能下降的原因并进行诊断、分析。

评分卡模型通过评分度量违约可能性，通过历史样本训练模型，并使用训练好的模型对新的待打分样本进行评分，最关注的是给出的评分是否准确可靠。评分卡模型的本质是从历史样本（X_i, y_i）中学习和提取出映射关系 f，如果学习到的映射关系与新待打分样本表现不一致，则意味着模型失效，给出的评分就不是准确可靠的。模型性能下降的原因如表 11-2 所示。

表 11-2 模型性能下降的原因

差异原因	如何判断
样本分布差异	通过统计分析或者计算入模变量 PSI 指标是否差异较大来判断样本分布是否有显著差异
样本风险变化	对比训练集和测试集上坏账率是否有显著差异，可以细化到各变量维度上
Train 模型过拟合	对比训练集和上线后时间外样本集的排序性和区分能力指标是否有显著差异

11.4 判断是否需要优化

在对模型性能下降原因进行诊断分析之后，确定是否需要优化。需要注意的是，模型性能指标下降，并不必然意味着模型失效，只有进一步确认模型确实失效后，才需要对模型进行优化。

1. 为什么说"模型性能指标下降不一定意味着模型失效"

我们经常看到一些技术资料提到，判断模型是否失效主要看以下指标。

1）上线后 KS 指标发生较大下降。
2）评分（和入模变量）PSI 发生较大变化。

上述观点并不严谨，原因在于以下两点。

1）上线后 KS 指标发生较大下降需要注意用于比较的基准，上线后评分 KS 指标计算并不包含已拒绝样本，此时训练集 KS 指标计算也应当去掉。

2）上线后 KS 指标发生较大下降可能原因是样本分布发生变化或样本风险发生变化。如果是因为样本分布发生变化但样本风险无变化，则模型仍然是适用的，即评分仍然能反映风险严重程度（虽然此时审批策略切分阈值可能需要做一定调整）。

3）即便PSI指标变化，也不一定说明评分完全失效，只要风险排序性没有变化，模型仍然适用。

2. 如何判断模型是否失效

最根本的评价指标是分值的排序性，而不是KS指标和PSI指标，参照第7章对于评分排序性的评估内容，如果训练集和上线后时间外样本集的排序性发生显著变化，本身坏账率也发生显著变化，则说明模型已失效。

对于模型失效，即模型评分和实际风险表现出现严重倒挂，此时评分高的样本实际贷后风险反而会很高，评分不再具有可信度。

11.5　确定模型优化方案

当判断模型性能确实下降甚至失效后，应制订模型优化的方案并实施。模型优化根据深入程度可以分为以下两项。

1）重新拟合（Re-fit）：不改变模型设计和入模变量，也不对分箱进行调整，只是重新拟合系数即执行逻辑回归，可以理解为只做简单的系数修正。

2）重新构建（Re-build）：按照优化的深入程度包括重新设计模型、重新衍生特征、重新分箱变量、重新挑选变量、重新拟合模型，是全面的模型重建。

11.6　优化调整对现有决策的影响

信贷业务决策系统是一个复杂的体系，涉及多个功能单元的协同，对任何一处改动都可能会牵一发动全身。进行模型优化后，评分分布可能会发生一定程度的变化，因此在模型优化之后还需要对原有决策体系进行影响评估。

影响评估将模型优化后和优化前进行对比，假设原有审批策略不变，对比审批决策的影响。影响评估的方法是直接将优化后的评分模型分值分布代入原有策略，基于原有策略切分阈值计算审批通过率、自动审批率、审批通过坏账率等指标，确定是否发生显著偏移。

11.7　对基于评分的决策进行调整

在模型优化之后，一般需要对原有决策规则切分阈值进行调整。在确定了影响方向和影响程度之后，核心工作是确定具体的策略调整方案，即对审批策略切分阈值做重新对齐，下面详细介绍不同情形下的决策调整方案。

1. 样本分布变化

此种情况下，评分预测的PD仍绝对可比，即优化后的PD=1%和优化前的PD=1%风险是一致的。例如人群中男性比例上升，导致进件人群整体评分下降，在原有策略 Cutoff 下，审批通过率会下降，坏账率也会上升。为了符合业务目标要求，此时需要通过模拟测算，按照业务目标要求，确定修正的策略切分。

2. 风险显著变化

此种情况下，评分预测的 PD 相对可比，即相对大小是可比的（PD 大的风险大）。例如因为宏观经济变差，失业率上升，借款人信用普遍变差，但女性比男性信用好，高学历比低学历信用好这个总体趋势仍然有效，此时可以采用相对排位的方法重新制定切分规则，即优化前切分阈值对应的审批通过率为 50%，则优化后的切分阈值应当取通过率为 50% 对应的评分。

3. 模型完全失效

原有模型不再有效，模型评分和实际风险表现出现严重倒挂，此时评分高的样本实际贷后风险反而会很高，评分不再具有可信度，此时必须重新训练模型，然后再基于新模型评分。可以采用相对排位的方法重新制订切分阈值规则，即优化前切分阈值对应的审批通过率为 50%，则优化后的切分阈值应当取通过率为 50% 对应的评分。

11.8 本章小结

本章重点介绍了评分卡模型优化的方法，包括优化的触发条件、原因诊断、判断是否优化、确定优化和如何优化、模型优化对现有决策体系的影响，并具体介绍了如何对现有决策做调整。

第 12 章

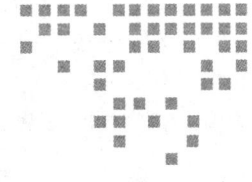

评分卡模型的拒绝推断

第 12～14 章将重点介绍评分卡模型的若干关键问题，本章介绍有关拒绝推断的内容，将按照什么是拒绝推断、为什么要做拒绝推断以及如何做拒绝推断的思路展开。

12.1 什么是拒绝推断

一般来说，新的评分卡开发完成后会取代已有部分规则或人工审批工作，而通过这部分规则或人工审批拒绝掉的样本，因为没有贷后表现（甚至没有数据留存），自然不会成为建模训练样本，但未来模型开发完成上线后，原本被规则或人工拒绝的样本需要使用评分卡进行评分，这样建模训练样本只是未来上线后全量打分样本的一部分，建模训练样本并不能完全代表全量打分样本，存在统计分布偏差，此时就需要通过拒绝推断来修正建模训练样本不能完全代表全量样本的偏差。

12.1.1 拒绝推断的过程

本节详细介绍拒绝推断的过程。

1. 评分卡模型开发期

评分卡模型开发期样本情况如图 12-1 所示。评分卡模型开发期能够获得的样本是原有规则审批通过的部分样本。根据模型设计，这部分样本又会被细分为排除、好、不确定、坏 4 类样本，最终进入模型训练的只有好和坏样本，排除和不确定样本都不会进入模型训练，但是排除和不确定样本的性质不同，排除样本是模型上线后不需要用评分卡打分的，而不确定样本在模型上线后需要用评分卡打分。

在模型开发期，原有规则审批拒绝部分样本因为已经被拒绝，没有贷后表现，甚至没有留存数据，所以不会进入训练样本。

2. 评分卡模型上线后

评分卡模型上线后的样本情况如图 12-2 所示。

评分卡模型上线后将会取代原有规则，进入原有审批规则的样本都需要进入模型进行打分（严格来讲，不包含排除项，这是因为排除项不需要使用模型打分），即模型上线后需要打分的样本包括 4 部分：原有审批通过好样本、原有审批通过坏样本、原有审批通过不确定样本以及原有审批拒绝但非排除部分。

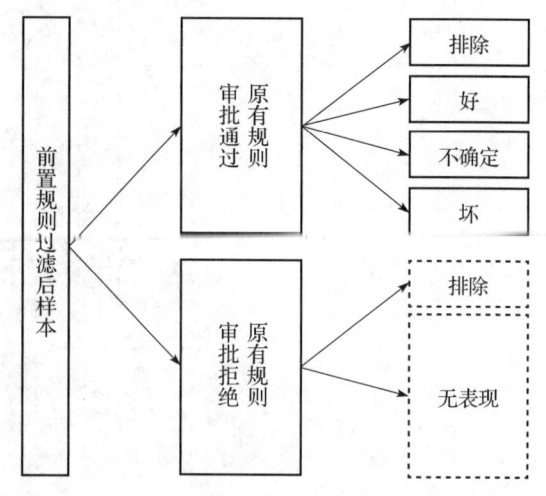

图 12-1 评分卡模型开发期样本情况

12.1.2 拒绝推断的合理假设

拒绝推断是一个比较复杂的问题，因为并不知道审批拒绝样本的真实表现，所以不确定拒绝样本和通过样本是否有显著差异，因此必然需要基于一些必要的先验且合理的业务假设。

1）原有审批时只能看到 X 自变量（并不知道贷后表现），因此审批通过样本和审批拒绝样本都使用相同审批标准公平对待，审批拒绝样本自然有被拒绝的理由，可以

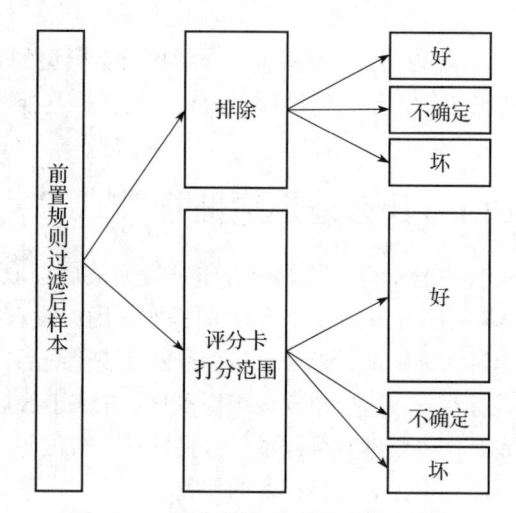

图 12-2 评分卡模型上线后样本情况

假设这些审批拒绝样本与审批通过样本的在某些特征上的分布特征存在一定差异。

2）通常原有审批都比较审慎，一般在有较充分把握或有证据表明该笔业务是高风险时才会拒绝，因此假设原有审批拒绝样本比已审批通过样本更坏是合理的。

3）原有审批也存在人为判断或随机因素，人为审批判断也有判断失误的时候，人为审批认为"坏"的未必最终表现为"坏"（如果审批通过有贷后表现）。此外，即便是相同的 X 自变量，贷后表现（假设审批通过）本身具有一定不确定性（这种不确定性不一定全是概率意义上的，有可能是因为信息不对称造成的，即只是因为审批人员未发现坏的特征证据），

结果可能"好"也可能"坏",因此原有审批拒绝样本只是概率意义上更坏,而并非绝对的更坏。

12.1.3 拒绝推断的本质

基于上述合理假设,在一定意义上,拒绝推断可以算作半监督学习,如果算上通过的不确定样本,则半监督学习中无标签的样本包括如下两类。

1)通过不确定样本,这部分样本因为还未到表现期或者表现是灰色的,所以没有明确的"好"、"坏"标签。

2)拒绝非排除样本,这部分样本因为在原有规则下被拒绝,所有没有贷后表现。

从业务角度来说,拒绝推断与半监督学习是存在差异的,即拒绝样本并不是完全随机的,其概率分布与通过样本的概率分布存在一定程度的确定性差异,拒绝样本空间与通过样本空间存在一定程度的重叠,包括两部分:一部分在通过样本空间中;另一部分在样本空间之外,即拒绝推断可能会扩充一部分样本空间,基于前文的合理假设,拒绝样本的 PD 通常会高于通过样本的 PD。

12.2 为什么要做拒绝推断

如前文所述,通常情况下,并不确定训练样本的分布与全量打分样本分布是否一致,此时就需要对原有审批拒绝的样本进行拒绝推断,主要目的是修正建模训练样本不能完全代表全量样本的偏差。

如图 12-3 所示,模型上线后需要对两个椭圆形覆盖区域(A+R 区域)的样本进行打分,但当前建模拿到的样本是通过样本空间(A 区域)的样本,两者分布存在差异,拒绝推断的目的就是通过某种处理,扩充建模样本范围,在一定合理假设之下,推断贷后表现。

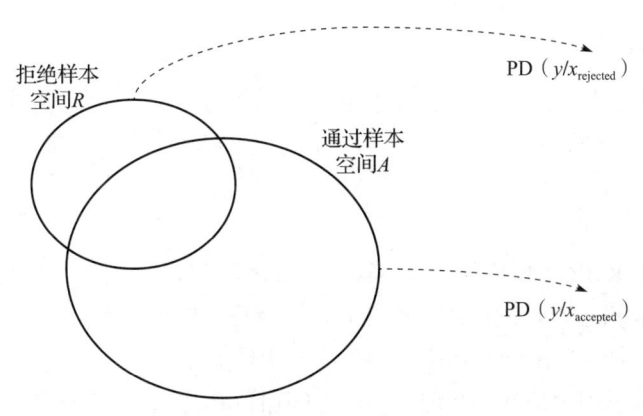

图 12-3 通过样本和拒绝样本概率空间

$PD(y/x_{rejected})$

$PD(y/x_{accepted})$

12.3 如何做拒绝推断

拒绝推断实际上是基于合理假设，寻找某种规则对拒绝样本打标签，可以使用的方法是在通过 KGB 样本训练建立评分卡、通过样本和拒绝样本本身的概率分布进行迁移。

12.3.1 Fuzzy 扩展法

Fuzzy 扩展法的原理是假设在通过样本上训练的评分卡对于拒绝样本的排序性仍然有效，但因为假设拒绝样本风险更高，所以需要对拒绝样本 Odds 做一定程度地放大，以此作为拒绝样本"真实违约率"的近似。

算法步骤如下。

1）在通过样本 KGB 上训练评分卡，得到打分函数 $f(x)$。

2）使用评分卡 $f(x)$ 对审批拒绝样本打分，得到每个样本 PD。

3）将拒绝样本每个样本分拆为两个样本，即坏和好样本，对应样本权重分别为 PD 和 1 – PD，然后进行样本权重 weight 调整，假设 Odds 放大倍数为 k，则坏样本权重调整为

$$\widetilde{PD} = \frac{k\,PD}{1+(k-1)PD}$$

好样本权重调整为 $1 - \widetilde{PD}$。

4）将打上标签后的拒绝样本与原有通过 KGB 样本合并，返回步骤 1）迭代，重新训练评分卡，直到达到收敛或停止条件：模型参数不再变化、拒绝样本 PD 不再变化，或者迭代达到预定次数或时间。

业界也有做法不是按 Odds 放大，而是直接对 PD 乘以一个放大倍数，建议选择使用 Odds 放大倍数，原因在于可以保证调整后的 PD 范围仍然为 [0, 1]，如果直接对 PD 放大，取值可能会超出 100%，此时需要做硬截断，这样就不是光滑的映射了。关于放大倍数 k 的设定，一般基于业务经验。

12.3.2 简单扩展法

简单扩展法的原理是假设在通过样本上训练的评分卡对于拒绝样本排序性仍然有效，直接使用评分卡对拒绝样本预测 PD，设定一个阈值，将 PD 高的拒绝样本作为坏样本，剩余拒绝样本作为好样本。

算法步骤如下。

1）在通过样本 KGB 上训练评分卡，得到打分函数 $f(x)$。

2）使用评分卡 $f(x)$ 对审批拒绝样本打分，得到每个样本 PD。

3）根据对拒绝样本打上的违约率，给拒绝样本打上标签。

4）将打上标签后的拒绝样本与原有通过 KGB 样本合并，返回步骤 1）迭代，重新训练评分卡，直到达到收敛或停止条件：模型参数不再变化、拒绝样本 PD 不再变化，或者迭代

达到预定次数或时间。

给拒绝样本打标签的方法有两种。

1）随机标签法：对每个拒绝样本按一定概率设置为好或坏，具体做法是产生均匀分布随机数，如果小于预测 PD，则该样本设定为坏，否则设定为好。理论上当样本数足够多时，随机标签法和 Fuzzy 扩展法效果类似。

2）排序标签法：将整体拒绝样本按预测 PD 降序排列，设定一个阈值 T，只要预测 $PD \geqslant T$，则作为坏样本，剩余为好样本。阈值 T 的设置有两种方法：一种是使拒绝样本总体标签坏账率为通过样本总体真实坏账率的两倍，即审批通过样本总体真实坏账率的两倍作为分位点，在此分位点以上的样本设定为坏，这样可保证拒绝样本的坏标签占比；另一种是使用绝对阈值即阈值 T 为审批通过样本总体真实坏账率的两倍，只要预测 $PD > T$，即设定为坏样本。

上述两种方法中，排序标签法是标准做法。

12.3.3 分段扩展法

分段扩展法是将拒绝样本按照硬阈值方式分成好样本和坏样本，这样进行切分会使拒绝样本的违约分布和通过样本的违约分布差别极大，而分段扩展可以修正这一缺点。分段扩展的算法原理是假设 KGB 评分卡对拒绝样本仍然有排序性，将拒绝样本参照审批通过样本的排序，对每个分数段，将审批通过样本的真实 PD 迁移过来（做一定程度的放大），然后使用硬截断、抽样法、权重法等方法将拒绝样本打上预测 PD 或好坏标签。

算法步骤如下。

1）在通过样本 KGB 上训练评分卡，得到打分函数 $f(x)$。

2）使用 $f(x)$ 对通过样本和拒绝样本打分，得到每个样本分值，然后按分值进行分段，统计通过样本的样本数和违约率，以及拒绝样本的样本数如表 12-1 所示。

表 12-1 分段扩展法样本统计

评分	接受样本		拒绝样本
	样本数	违约率	
0–350	548	26.70%	459
351–400	768	21.65%	524
401–450	974	14.36%	713
451–500	1248	12.25%	986
501–550	1530	10.82%	876
551–600	1624	7.33%	649
601–650	1404	5.09%	378
651–700	1091	2.80%	234
701–750	578	1.05%	108
751+	235	0.88%	73

表 12-1 中的违约率是真实违约率,而不是评分卡模型的预测违约率。

3)接下来按照各分数段对拒绝样本分段映射违约率,一般拒绝样本的违约率高于接受样本,通常设置一个违约率放大倍数 k,本例中假设拒绝样本的违约率是同分数段接受样本的 2 倍,得到拒绝样本每个分数段的映射违约率,从而对已拒绝样本进行扩展,如表 12-2 所示。

表 12-2 分段扩展法扩展好坏样本

评分	接受样本		拒绝样本		
	样本数	违约率	样本数	违约率	坏样本	好样本
0~350	548	26.70%	459	53.39%	245	214
351~400	768	21.65%	524	43.30%	227	297
401~450	974	14.36%	713	28.73%	205	508
451~500	1248	12.25%	986	24.49%	241	745
501~550	1530	10.82%	876	21.63%	189	687
551~600	1624	7.33%	649	14.67%	95	554
601~650	1404	5.09%	378	10.19%	39	339
651~700	1091	2.80%	234	5.59%	13	221
701~750	578	1.05%	108	2.11%	2	106
751+	235	0.88%	73	1.77%	1	72

4)根据拒绝样本的违约率,给落入各分段的样本打标签。

- Parceling 方法:将样本分拆为坏样本或好样本,坏样本权重为该分段的映射违约率,好样本权重为 1 - 坏样本权重。
- 随机标签法:按一定概率将该分数段内的样本设置为好样本和坏样本,具体做法是对每个样本产生均匀分布随机数,如果小于分段映射违约率,则该样本设置为坏样本,否则设置为好样本。
- 排序标签法:对各分数段内样本根据分数高低进行设置,高分设置为好样本,低分设置为坏样本。

上述 3 种做法中,排序标签法是最标准的做法。

5)将打上标签的拒绝样本与原有通过 KGB 样本合并,返回步骤 1)迭代,重新训练评分卡,直到达到收敛或停止条件:模型参数不再变化、拒绝样本 PD 不再变化,或者迭代达到预定次数或时间。

需要强调的是,分段扩展法使用的违约率是真实违约率,而简单扩展法使用的是评分卡预测违约率,相比较而言,分段扩展法的效果会更好一些。

12.3.4 拒绝推断的其他方法

前文介绍的是目前主流和核心的算法,本节介绍拒绝推断的其他方法。

1. 完全随机分配法

完全随机分配法不依赖原有通过 KGB 样本建立的评分卡，而是按一定概率对拒绝样本随机分配好坏标签，具体做法是产生均匀分布随机数，如果小于设置阈值，则该样本设置为坏样本，否则设置为好样本。关于阈值的设定，通常取使得拒绝样本中的坏占比为通过样本坏占比的两倍以上。

2. 拒绝即坏分配法

将全部拒绝样本都标记为坏样本，这种做法比较极端，实践中用得不多。

3. 基于业务规则

如果有业务规则可以定义好坏样本，则可以使用业务定义的规则打标签。例如在本产品被拒绝无表现，但在其他产品比如信用卡上有逾期表现，则可以迁移过来，在行内产品被拒绝无表现，但在人行征信报告上有逾期表现，则可以迁移过来。可以通过经验规则人为设定好坏标准，例如将无工作、非本地、无征信历史定义为坏样本。

4. 谨慎测试法

预留一部分申请件流量（本应该拒绝），为了测试并积累贷后表现，在审批环节有意通过，积累一定量的样本后，可以比较准确地对已拒绝样本的坏账率进行估计。

12.4 拒绝推断应注意的问题

1. 拒绝推断评分建模样本范围

根据前文对拒绝推断原理的解释，拒绝推断的样本范围如下。

1）并非包括全部拒绝样本，而是前置规则过滤后的样本。也就是说，如果这些前置规则在评分卡模型上线后仍然先于评分卡调用，则需要提前使用前置规则进行过滤。

2）并非前置规则过滤后的所有样本都需要参与拒绝推断评分卡建模，那些符合排除条件的样本需要先排除掉。

简言之，评分卡模型上线后需要用评分卡打分的样本都需要纳入拒绝推断建模范围。

2. 拒绝推断适用前提

拒绝推断依赖比较强的业务假设，并且这些强假设一般很难直接验证，当实际业务中这些假设明显不满足时，拒绝推断不再适用。

3. 验证拒绝推断的准确性

前文介绍的拒绝推断方法都是先验的（经验性的），拒绝推断的准确性并未得到严格证明，那么如何通过特定方法进行理论证明或事后验证呢？主要依靠上线后对拒绝推断样本实际贷后表现进行监控和分析。

4. 拒绝样本数量远大于通过样本数量应谨慎使用拒绝推断

拒绝推断本身就是基于合理假设下的近似，如果拒绝样本数量远大于通过样本数量，此时拒绝推断本身所依赖的假设可靠性会大大降低，使用拒绝推断的误差会被放大。

仅当有一定业务判断，拒绝样本和通过样本具有同质性时，才可以使用拒绝推断，但这种情况下，拒绝样本和通过样本已经具有同质性，不做拒绝推断，而是直接使用 KGB 评分模型给全量样本打分。

12.5　本章小结

本章重点介绍评分卡模型的拒绝推断问题，重点介绍了什么是拒绝推断、为什么做拒绝推断、如何做拒绝推断，以及在进行拒绝推断评分建模时需要注意的问题。

第 13 章

评分卡模型的可解释性

金融行业各类模型，特别是风险模型，有其特殊性，模型的可解释性非常重要，如果模型不具有可解释性，就意味着不清楚模型的内在评分逻辑，自然缺乏模型风险可控性。

13.1 模型可解释性

本节介绍模型可解释性的基本概念、原理和方法，包括什么是可解释性、为什么需要可解释性以及实现模型可解释性的几种算法。

13.1.1 什么是模型可解释性

模型解释是对模型如何做出预测结果的解释，而模型可解释的程度就是模型能被理解的程度。模型可解释性越好，就越容易理解模型所做预测的原因。易于解释的模型被称为白盒模型，难以解释的模型被称为黑盒模型，而模型可解释性研究的对象主要就是黑盒模型。

将各类机器学习模型按照模型精度和可解释性两个维度进行分析，线性回归、逻辑回归、决策树、k 最近邻、概率图模型的解释性最强，集成树模型、随机森林、XGBoost、LightGBM 等模型的可解释性次之，神经网络以及当前最前沿的各类深度学习模型（特别是 NLP 或 CV 领域的很多深度学习模型）普遍缺乏可解释性，对于深度学习模型的可解释性的研究也是现在深度学习领域的研究热点。

一般来说，模型的可解释性和精准性是一对此消彼长的矛盾统一体，模型的复杂程度越高，模型的精准性就越高，但可解释性越差。

13.1.2 为什么模型需要可解释性

在机器学习领域开始重视研究模型的可解释性之前，机器学习建模工作的注意力主要集中在特征工程、模型超参调优等技术层面，目的是追求模型的高性能。在 KDD、Kaggle、阿里天池等各类竞赛场合，各种复杂模型的组合使用被发挥到极致，更复杂的特征工程方法、更复杂的算法极大提高了模型性能，但模型的可解释性越来越差。

金融行业模型的安全性、可解释性、稳定性是最受关注的评价维度，甚至优先于模型性能本身，原因就在于金融风险管理本身就特别强调稳健和安全。在 2021 年 3 月由中国人民银行发布的金融行业建议性标准《人工智能算法金融应用评价规范 JR/T0221-2021》中，分别从安全性、可解释性、精准性、性能四方面制定了金融行业人工智能算法的标准，其中可解释性的优先级得到了提升。

1. 业务角度模型可解释的意义和价值

（1）建立对模型结果的信任

使用模型辅助风险管理，须确保模型结果本身具有很高的可靠性和可信度。如果模型不可解释（黑盒模型），在使用过程中很难让结果具备较强的说服力，例如申请贷款被拒绝，从业务角度不仅需要知道是应该"通过"还是"拒绝"，还希望能提供原因，说明为什么被拒绝。另外，当模型结果出现较大变动漂移时，也需要知道具体的原因。

（2）业务的可控性

模型不可解释，对模型内在机制不了解，在一定程度上意味着模型结果缺乏可控性，人们难以通过控制变量来对最终结果进行干预、控制和调整。

（3）指导下一步行动

从业务角度来说，人们不满足于模型仅给出一个结果，还需要知道"为什么"以及"我下一步该做什么"，如果模型不具备可解释性，就很难提供直接的线索指导。

（4）反向增进知识

数据挖掘和机器学习模型很重要的一方面是能够提供一些新的洞察、新的发现和新的规律，对业务人员现有认知起到补充作用。如果模型结果都是显而易见的结论，那么模型的价值就大打折扣。当模型具有很强的解释性时，模型结果往往有助于业务人员从业务角度得到一些新的发现，从而提升认知。

2. 技术角度模型可解释的意义和价值

（1）更深入理解建模数据

当我们理解了哪些特征更为重要以及特征之间的交互机制时，再结合对业务的理解，就可以知道未来数据收集以及特征衍生的努力方向。理解特征作用也有利于发现数据异常。

（2）指导模型调参和调优

在建模过程中，当了解了模型的内在机制后，就可以得到特征和模型结果之间的关系，调参就有了依据和指导方向。此外，当模型发生变化时，能够快速定位原因，并明确模型优化的调整方向，找到解决办法。

13.1.3 模型可解释性分类

可以根据多种角度和标准对模型可解释性进行分类。

1. 自解释与事后解释

根据可解释性是来自模型本身还是训练后事后分析，可以将模型可解释性分为自解释性和事后解释性。

自解释性也被称为基于模型内在的可解释性，是指模型由于结构简单被认为是可解释的，例如决策树或线性模型。自解释性是在建模前或建模中因为对模型结构本身的了解而获得的可解释性。自解释性的特点是模型本身变得可解释。

事后解释性也被称为基于事后结果的可解释性，是指模型训练后，仅基于模型训练结果运用的解释方法，置换特征重要性就是一种事后解释性。事后解释性是建模后仅基于模型结果，通过输入和输出结果观察规律，而不关心模型黑盒本身而获得的可解释性。事后解释性的特点是与模型无关，仅基于预测结果。

2. 模型相关与模型无关

根据可解释性方法是否仅用于特定模型类本身，可以将模型可解释性分为模型相关的和模型无关的。

模型相关：仅限于特定模型类，例如线性模型中回归权重的解释，决策树、随机森林、XGBoost、LightGBM 模型的变量重要性，以及只能应用于神经网络的解释工具，这些都是特定模型相关的。根据定义，自解释性都是模型相关的。

模型无关：在模型训练后，使用特定方法或工具，直接基于模型结果进行可解释性分析，这些与模型无关的方法通常通过分析特征数如何输出来实现可解释性分析，这些方法只允许使用模型结果数据，而不能访问模型内部信息（例如权重或模型内部结构）。根据定义，事后可解释性都是模型无关的。

3. 全局解释与局部解释

从模型解释的范围来看，模型可解释性分为全局解释的和局部解释的。

全局解释是对整体模型进行解释，是基于模型层面对自变量和因变量间相关关系以及自变量之间交叉作用的解释，全局解释针对模型整体，解释哪些变量对最终结果影响较大、变量与结果之间的影响关系如何等，但不针对单个样本。例如，在信用评分模型中，学历变量与违约呈反向关系，年龄变量与违约呈 U 形关系，并且"历史贷款逾期次数"变量评分权重高于"学历"变量评分权重，这就是对整体模型的全局解释。

局部解释针对单个样本具体实例，解释模型如何预测给定具体实例。例如在信用评分卡模型中，某个用户申请贷款被拒绝，因为"历史贷款逾期次数"过高，导致相比于平均值低了20分，这就是对单个样本的局部解释。

13.1.4 模型可解释性算法

下面按照13.1.3节所述的分类方法，模型可解释性算法如表13-1所示。

表13-1 模型可解释性算法

	全局解释	局部解释
基于数据	数据降维可视化（PCA算法、t-SNE算法）	无
模型相关	线性回归变量显著性 树模型特征重要性 全局代理决策树模型	局部代理决策树模型
模型无关	偏相关图PDP算法 置换特征重要性 全局Shapley值	个体条件期望图ICE算法 模型无关局部解释LIME算法 局部Shapley值

因为模型相关算法，特别是变量重要性算法，在训练模型过程中可以直接调用模型类对象的相应算法直接得到，所以接下来仅介绍偏相关图、个体条件期望图、置换特征重要性、模型无关局部解释、Shapley算法。

1. 偏相关图

偏相关图（Partial Dependance Plot，PDP）用于显示一个或两个特征对模型预测结果的边际效应，可以形象地理解为在扣除了其他变量交互作用贡献后的效应，PDP用于展示目标和特征之间的关系，例如线性的、单调的关系等。PDP之所以只关注一维或二维的特征，主要是因为更高维无法直观可视化。

PDP的原理是按待分析变量分组计算全部样本目标的取值分布（即不考虑其他变量，类似于求概率分布的边缘分布）。具体地说，是对数值型变量使用不同的特征值（通常取100分位点 T_i），然后计算各取值下模型预测值的平均值 y_i 和上下限 y_i^+、y_i^-，将 (T_i, y_i) 绘制折线图就得到了PDP。对分类型变量，也是使用不同的特征值，然后计算各取值下模型预测值的平均值 y_i 和上下限 y_i^+、y_i^-，由于变量是分类型变量，此时自变量取值不一定有顺序，所以尽管可以绘制折线图，但没有排序意义。

PDP的原理不复杂，比较容易实现，除了可通过编程实现外，也可以直接使用开源包，较新版本的sklearn.insppection模块就实现了PDP的绘制接口，另外开源项目pdpbox专门实现了PDP的功能，且有不错的数据分析可视化接口，下面举例介绍这两个包的使用算法。

```
import numpy as np
import pandas as pd
import matplotlib.pyplot as plt
```

```python
from sklearn.model_selection import train_test_split

# 读入数据
from sklearn.datasets import fetch_california_housing
cal_housing=fetch_california_housing()
X=pd.DataFrame(cal_housing.data, columns=cal_housing.feature_names)
y=cal_housing.target
X_train,X_test,y_train,y_test=train_test_split(X,y,test_size=0.3,random_state=0)

# 训练模型使用 GBDT 模型
from sklearn.ensemble import GradientBoostingRegressor
gbdt=GradientBoostingRegressor()
gbdt.fit(X_train,y_train)

# 方法一：使用 sklearn.inspection 模块
from sklearn.inspection import plot_partial_dependence
fig,ax=plt.subplots(figsize=(12,4))
plot_partial_dependence(gbdt,
                        X_train,
                        ['MedInc','AveOccup','HouseAge'],
                        method="brute",
                        ax=ax)

# 方法二：使用 pdpbox 包
from pdpbox import pdb
pdp_MedInc=pdp.pdp_isolate(model=gbdt,
                           dataset=X_train,
                           model_features=X_train.columns.tolist(),
                           feature='MedInc',
                           num_grid_points=30))

pdp.pdp_plot(pdp_MedInc,
             'MedInc',
             center=False
             )
```

2. 个体条件期望图

前面介绍的 PDP 是全局解释性模型，即描述变量的重要性和随目标的变化关系。个体条件期望图则是局部解释性模型，研究的是单个实例中指定的特征改变时预测目标如何变化，因此有多少样本就有多少条 ICE 曲线，将所有 ICE 曲线平均后就可以得到 PDP。PDP 是 ICE 的平均化，反应的是总体趋势。绘制 ICE 曲线也是使用 pdpbox 包来实现的，下面给出示例代码。

```python
from pdpbox import pdb
pdp_MedInc=pdp.pdp_isolate(model=gbdt,
                           dataset=X_train,
                           model_features=X_train.columns.tolist(),
                           feature='MedInc',
```

```
                            num_grid_points=30))

# 使用 pdpbox 包绘制单实例 ICE 图
pdp.pdp_plot(pdp_MedInc,
             'MedInc',
             center=False,
             plot_lines=True,
             frac_to_plot=10,
             plot_pts_dist=True)
```

3. 置换特征重要性

为了计算特征的重要性，很自然的思路是假设对该变量进行扰动，使用已训练好的模型重新打分预测，观察模型预测值是否受扰动产生较大影响和变化，当影响和变化较大时，即认为该特征的改变引起了模型性能的较大改变，说明该特征较为重要。当以精度表示模型性能时，这种变化称为平均降低精度，这种方法类似于敏感性分析。

置换特征重要性是将特征值的顺序随机打乱并重排，包括将特征值重置为缺失值、将特征值重置为均值或众数、将特征值随机填充为其他值。

置换特征重要性的原理不复杂，可以自行编程实现，也有开源包可以使用，如 eli5 就实现了随机置换特征重要性的计算方法。

```
# 使用 eli5 包进行特征随机置换
from sklearn.datasets import load_boston
from sklearn.ensemble import RandomForestRegressor    # 随机森林

import eli5
from eli5.sklearn import PermutationImportance


# 加载数据
ds=load_boston()

# 定义分类器
rf=RandomForestRegressor(random_state=123)
# 拟合模型
rf.fit(ds.data,ds.target)
rf.feature_importances_


# 计算置换变量值重要性
perm=PermutationImportance(rf).fit(ds.data,ds.target)
df_perm=pd.DataFrame(data=np.hstack([ds.feature_names.reshape(-1,1),
                                     perm.feature_importances_.reshape(-1,1).
                                         round(4),
                                     perm.feature_importances_std_.reshape
                                         (-1,1).round(4)]),
                     columns=['Feature','mean','std'])
```

```
df_perm.sort_values(by=['mean'],ascending=False,inplace=True)
```

```
# 查看置换变量重要性绘图，本段代码只能在 notebook 中查看
eli5.show_weights(perm)
```

运行结果如表 13-2 所示。

表 13-2 置换特征重要性结果

	Feature	mean	std
12	LSTAT	0.6557	0.0315
5	RM	0.5454	0.0134
7	DIS	0.1304	0.0156
4	NOX	0.0431	0.0044
0	CRIM	0.0401	0.0014
10	PTRATIO	0.0299	0.0035
9	TAX	0.0184	0.0016
6	AGE	0.0155	0.0007
11	B	0.0107	0.0002
2	INDUS	0.0043	0.0002
8	RAD	0.0035	0.0006
1	ZN	0.0007	0.0001
3	CHAS	0.0006	0.0001

通过 eli5 包输出变量重要性权重结果如表 13-3 所示。

表 13-3 变量重要性权重结果

Weight	Feature
0.5327 ± 0.0801	LSTAT
0.5229 ± 0.0312	RM
0.1201 ± 0.0312	DIS
0.0416 ± 0.0084	NOX
0.0402 ± 0.0020	CRIM
0.0289 ± 0.0048	PTRATIO
0.0189 ± 0.0032	TAX
0.0152 ± 0.0014	AGE
0.0103 ± 0.0015	B
0.0040 ± 0.0004	INDUS
0.0038 ± 0.0006	RAD
0.0006 ± 0.0001	ZN
0.0006 ± 0.0001	CHAS

4. 模型无关局部解释

复杂模型分类边界在局部可近似为线性关系，模型无关局部解释（Local Interpretable Model-Agnostic Explanations，LIME）算法的核心思想就是在局部（使用代理模型）进行线性近似。

获得可解释模型的最直接的方法是使用其他的可解释模型（称之为代理模型），代理模型一般选用具有很强可解释性的白盒模型，对原有模型进行局部采样，并且在局部采样样本上构建白盒模型，试图通过（局部）使用白盒模型来解释黑盒模型。

LIME 是在局部使用线性模型作为局部代理模型，解释任何机器学习的黑盒模型，支持表格型数据、文本分类、图片分类等数据类型的模型解释。

LIME 模型强调模型可解释的两个标准，即解释本身必须可解释和局部保真，局部保真表示局部解释必须与模型预测实例附近的行为相近，保障局部解释的可信度。LIME 属于模型无关的解释方法，不对原有模型做任何假设。为了最小化保真函数，LIME 采用局部有权重的随机均匀采样，权重由待解释实例临近度量确定。

LIME 算法的示例代码如下所示。

```
# 导入包
import numpy as np
import pandas as pd
import matplotlib.pyplot as plt

from sklearn.datasets import load_boston
from sklearn.ensemble import RandomForestRegressor        # 随机森林
from sklearn.model_selection import train_test_split

import lime
import lime.lime_tabular


# 加载数据
ds=load_boston()

# 定义分类器
rf=RandomForestRegressor(random_state=123)
# 拟合模型
rf.fit(ds.data,ds.target)


# 取值水平数小于10 的视作分类变量
categorical_features=np.argwhere(np.array([len(set(ds.data[:,1])) for i in range(ds.
    data.shape[1])])<=10).flatten()


# 创建解释器
explainer=lime.lime_tabular.LimeTabularExplainer(
```

```
        ds.data,
        feature_names=ds.feature_names,
        class_names=['house_price'],
        categorical_features=None,
        verbose=True,
        mode='regression'
        )

# 选取一个样本
spl=ds.data[0]
# 生成模型解释结果
exp=explainer.explain_instance(
        spl,
        rf.predict,
        num_features=5
        )
# 输出各变量的贡献
exp.as_list()
# 进行可视化
exp.show_in_notebook(show_table=True)
```

程序输出结果如图 13-1 所示。

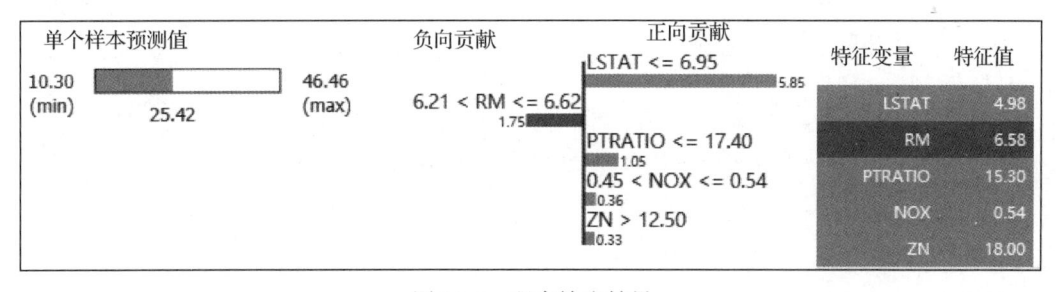

图 13-1　程序输出结果

5. SHAP 值

SHAP 值的主要思想来自博弈论中的 Shapley 值，指所得与自己的贡献相当，是一种分配方式，常应用于费用分摊、损益分摊等问题。Shapley 值由 Lioyd Shapley 教授提出，Shapley 值的提出是合作博弈在理论上的重要突破。

SHAP（SHapley Additive exPlanations，Shapley 可加性解释方法）是具有坚实理论支持的模型解释方法，能兼顾模型解释的公平、准确和一致性。基本思想是能影响和左右最终竞争态势结果的因素应当被认为更有影响力，所以更为重要。

对于机器学习问题，可以将某个预测看作各特征值共同作用的结果，"贡献"对应每个特征值的收益。Shapley 值可定义为特征值对所有可能的联合的平均边际贡献，这与 PDP 的边际效应类似，但由于 Shapley 值考虑了所有可能输入组合实例的预测值，因此可以保证模型预测的一致性和局部精度。

可以使用开源包实现 SHAP 可解释性，代码如下。

```python
# 导入包
import numpy as np
import pandas as pd
import matplotlib.pyplot as plt

from sklearn.datasets import load_boston
from sklearn.ensemble import RandomForestRegressor

import shap

# 初始化图形环境
shap.initjs()

# 加载数据
ds=load_boston()
# 取出一个样本
spl=ds.data[0].reshape(1,-1)

# 定义基准分类器
rf=RandomForestRegressor(random_state=123)
# 拟合模型
rf.fit(ds.data,ds.target)

# 定义 SHAP 树解释器
explainer=shap.TreeExplainer(rf,data=ds.data)

# 训练集上全体样本预测均值作为基准值
explainer.expected_value   #22.283 38

# 该单样本上各变量的 SHAP 值
splshapvalues=explainer.shap_values(spl).round(4)

df_splshapvalues=pd.DataFrame(data=np.hstack([ds.feature_names.reshape(-1,1),
                                              splshapvalues.reshape(-1,1),
                                              abs(splshapvalues).reshape(-1,1)]),
                              columns=['Feature','shap','shapabs'])
df_splshapvalues.sort_values(by=['shapabs'],ascending=False,inplace=True)
                                                       # 按 SHAP 绝对值降序排列
df_splshapvalues.drop(['shapabs'],axis=1,inplace=True)  # df_splshapvalues 是纵表
                                                        # 存储
df_splshapvaluescol=pd.DataFrame(data=splshapvalues,columns=ds.feature_names)
                                                     # df_splshapvaluescol 是
                                                     # 横表存储

df_splshapvalues  # 显示单样本各变量 SHAP 值
```

程序输出结果如表 13-4 所示。

表 13-4　程序输出结果

	Feature	shap
12	LSTAT	3.9655
10	PTRATIO	0.3724
7	DIS	−0.3602
8	RAD	−0.3132
9	TAX	−0.2345
0	CRIM	−0.1986
2	INDUS	0.17
4	NOX	−0.119
6	AGE	−0.1069
1	ZN	−0.029
11	B	−0.0076
3	CHAS	−0.0046
5	RM	0.0032

```
# 查看单样本 SHAP 值绘图，本段代码只能在 Jupyter notebook 中查看
shap.force_plot(explainer.expected_value,
                spl shapvalues,
                features=spl,
                feature_names=ds.feature_names)
```

程序输出结果如图 13-2 所示。

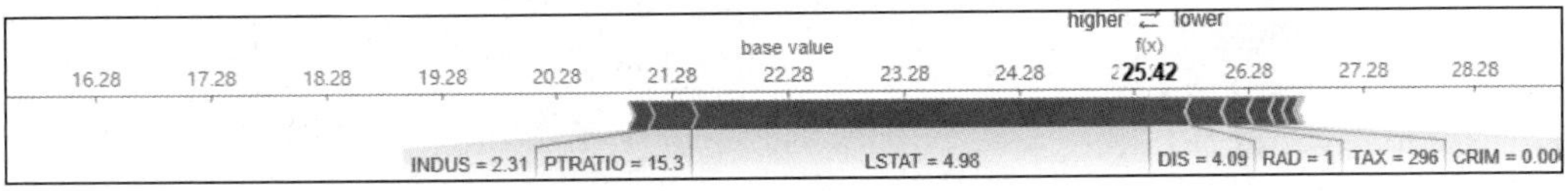

图 13-2　单样本 SHAP 值

```
# 样本集上各变量的 SHAP 值
shapvalues=explainer.shap_values(ds.data)

# 查看样本集上 SHAP 值绘图，本段代码只能在 Jupyter notebook 中查看
shap.force_plot(explainer.expected_value,
                shapvalues,
                features=ds.data,
                feature_names=ds.feature_names)
```

程序输出结果如图 13-3 所示。

```
# 绘制决策路径图，本段代码只能在 Jupyter notebook 中查看
shap.decision_plot(explainer.expected_value,
                   shapvalues[:1],
                   ds.feature_names)
```

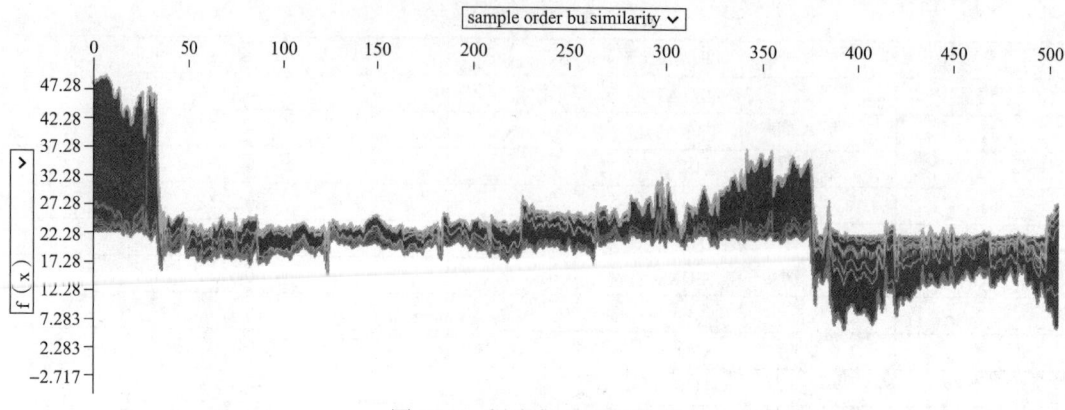

图 13-3　样本集上 SHAP 值

程序输出结果如图 13-4 所示。

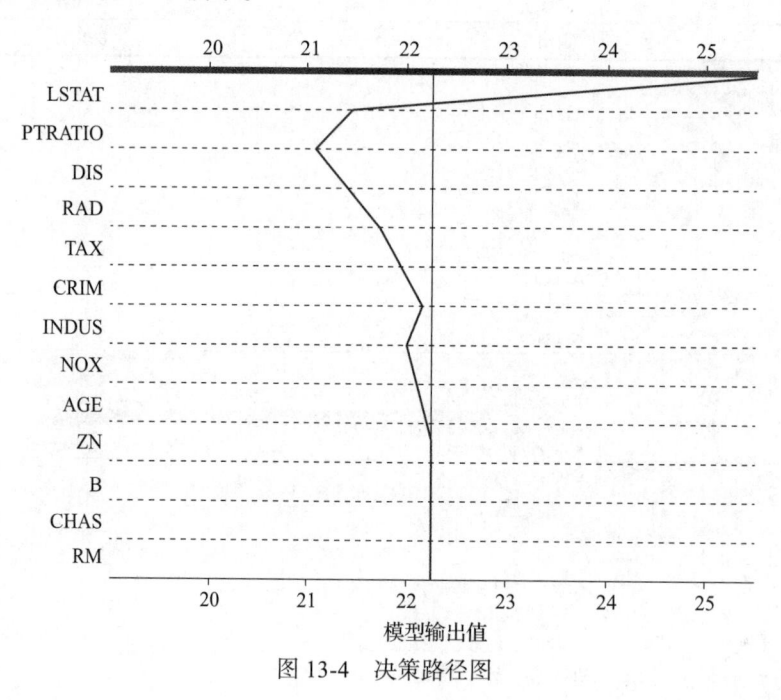

图 13-4　决策路径图

```
# 绘制特征依赖图，本段代码只能在Jupyter notebook中查看
shap.dependence_plot(ds.feature_names.tolist().index('LSTAT'),shapvalues,ds.data)
```

程序输出结果如图 13-5 所示。

结果说明：横轴是 Feature12 即 LSTAT 变量的值，纵轴是其 SHAP 值，散点代表与其交互效果最大的特征，在本例中与 LSTAT 变量交互作用最大的变量是 Feature7 即 "DIS"。

```
# 全局特征重要性，本段代码只能在Jupyter notebook中查看
shap.summary_plot(shapvalues,
```

```
            ds.data,
            feature_names=ds.feature_names,
            max_display=5)

# 以柱状图方式展示各变量 SHAP 绝对值的平均值
shap.summary_plot(shapvalues,
            feature_names=ds.feature_names,
            plot_type='bar',
            max_display=5
            )
```

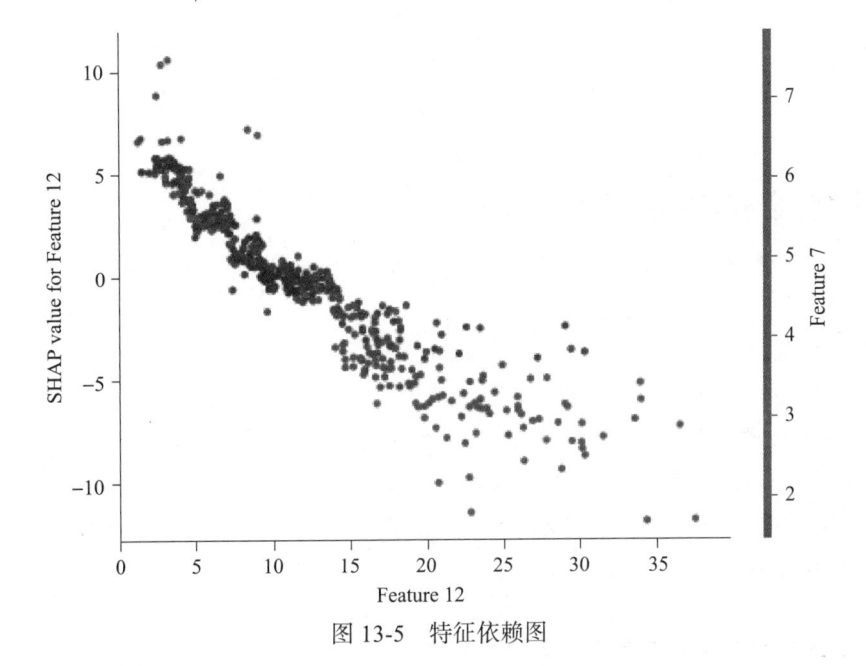

图 13-5　特征依赖图

程序输出结果如图 13-6、图 13-7 所示。

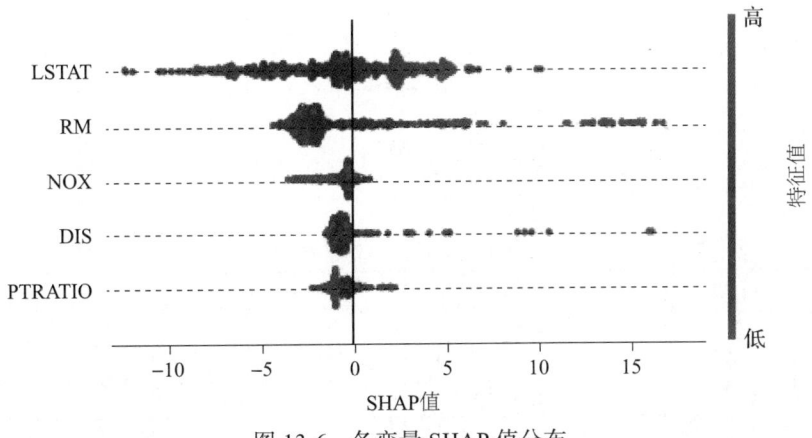

图 13-6　各变量 SHAP 值分布

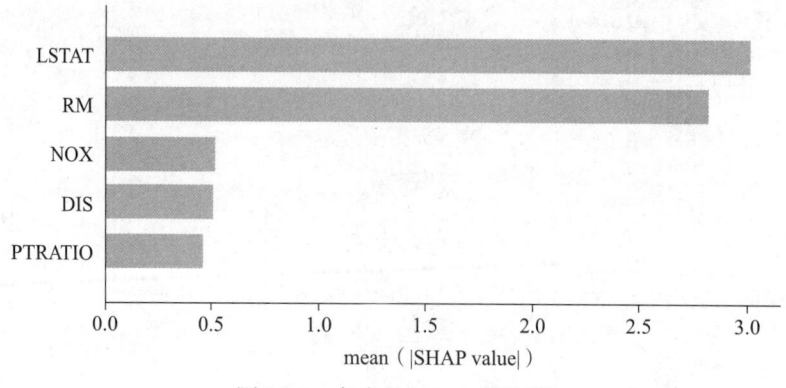

图 13-7　各变量 SHAP 值均值

13.2　评分卡模型可解释性

传统评分卡模型可解释性也称为归因方法。评分卡具有可加性，即总评分是各变量评分的和。可以基于可加性实现模型可解释性。

业界实践中，评分卡可以有以下两种形式。

1）有截距形式：保留截距分值，截距分值为 $A - B\beta_0$，此时变量取值有正有负。

2）无截距形式：不保留截距分值，将截距分值分摊到每个变量且最低档分值一致。

两种形式没有本质区别，打分结果完全一致，且两种形式中同一变量的分值权重一致。以下分别举例示意，为简化示意仅使用 4 个变量。

1）有截距形式，如表 13-5 所示。

表 13-5　有截距形式评分表

变量	取值	取值分值
Intercept	截距项	79
性别	男	−10
	女	10
	其他（WOE=0 对应分值）	0
学历	初中及以下	−15
	高中 / 中专 / 职高	−5
	本科 / 大专	5
	研究生	15
	其他（WOE=0 对应分值）	0
年龄	18～25	−9
	25～35	−1
	35～45	6
	45～60	1
	其他（WOE=0 对应分值）	0

(续)

变量	取值	取值分值
是否本地居住	是	5
	否	−5
	其他（WOE=0 对应分值）	0

2）无截距形式，如表 13-6 所示。

表 13-6 无截距形式评分表

变量	取值	取值分值
性别	男	10
	女	30
	其他（WOE=0 对应分值）	20
学历	初中及以下	10
	高中 / 中专 / 职高	20
	本科 / 大专	30
	研究生	40
	其他（WOE=0 对应分值）	25
年龄	18～25	10
	25～35	18
	35～45	25
	45～60	20
	其他（WOE=0 对应分值）	19
是否本地居住	是	20
	否	10
	其他（WOE=0 对应分值）	15

13.2.1 全局可解释性

全局可解释性是指从总体角度（不针对单个样本）描述变量的重要性，即定量计算各变量对最终分值的影响程度。

根据评分卡模型评分标尺原理，变量分值权重即变量重要性计算公式如下。

$$\text{Importance}_i = \max_j \text{Score}_{ij} - \min_j \text{Score}_{ij} = -B\beta_i \left(\max_j \text{WOE}_{ij} - \min_j \text{WOE}_{ij} \right)$$

变量分值权重为变量最高取值分值与最低取值分值的差，有时为了简单计算，也可以直接去掉系数 B。

> **注意** 因为本书约定 WOE 计算的是好比坏，所以回归系数 β_i 要求均为负。评分标尺中假定：

$$\text{Score} = A - B\log\left(\frac{\text{PD}}{1-\text{PD}}\right) = A - B\sum_{i=0}^{m}\beta_i \text{WOE}_i，系数 A 和 B 均为正。$$

需要特别说明的是，逻辑回归系数 β_i 不是变量重要性，并非 β_i 绝对值越大该变量越重要，β_i 是由 WOE_{ij} 值分布与目标变量协方差决定的，变量重要性除了与 β_i 相关，也与 WOE_{ij} 的取值范围有关。

对于前文给定的评分卡，按照公式定义可计算各变量分值权重，如表 13-7 所示。

表 13-7 计算各变量分值权重

	最高档分值	最低档分值	变量分值权重
性别	10	−10	20
学历	15	−15	30
年龄	6	−9	15
是否本地居住	5	−5	10

13.2.2 局部可解释性

局部可解释性是指针对单个样本，解释单样本总分受哪些因素影响以及影响程度。假设给定样本各变量取值，可通过查找评分表得到样本变量分值，如表 13-8 所示。

表 13-8 局部可解释性所用样本示例

	样本变量取值	样本变量分值
性别	男	−10
学历	本科／大专	5
年龄	25～35	−1
是否本地居住	否	−5

局部可解释性有两种方法：相对中性差值、相对最高档差值。业务实践中常用后者。

1. 相对中性差值

相对中性差值方法的基本思想是跟总体平均风险进行比较（总体平均风险即 WOE=0 所对应的分值），计算各变量对最终总分贡献是正向还是负向，即风险是高于还是低于平均值，因此该方法是相对均值差值。

为便于计算，通常直接基于有截距形式的评分卡（此时 WOE=0 对应的取值为 0），每个变量分值即可直接作为对最终评分的贡献，变量分值为正表示该样本在该变量取值是正向作用（即风险低于总体平均），该变量分值为负表示该样本在该变量取值是负向作用（即风险高于总体平均），通常可以使用直方图（或瀑布图）方式直观表达。

对于前面给定的打分样本，每个变量的分值贡献如图 13-8 所示。

图 13-8　样本变量分值

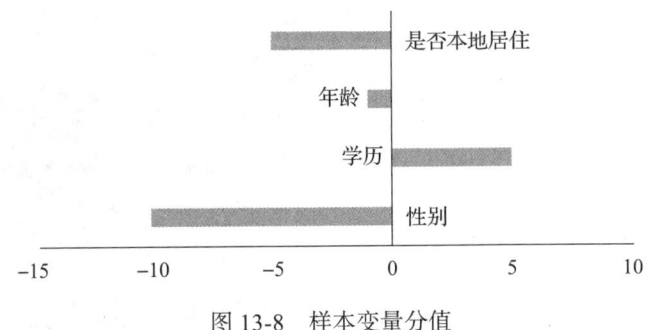

由图 13-7 可知，该样本的性别变量带来的分值是 –10 分，在 4 个变量中绝对值最大，是影响因素最大的变量，且是负向因素（即该样本性别变量取值导致其风险较高）。

2. 相对最高档差值

实际信贷业务实践中，经常面临解释性问题，当一笔贷款申请被拒绝时，需要提供有说服力的理由，一方面用于向银行审贷业务部门解释，另一方面用于向贷款申请人解释。

相对最高档差值的基本原理是，当一笔贷款申请被拒绝时，一般是在某些方面表现较差，即某些变量为高风险取值（低分值），风险管理更关注坏的因素，而失分原因，计算各变量与该变量最高档分值的差值，差值越大表明该变量失分越多，即该变量是需要重点关注的风险点。

在计算出相对最高档差值后，可以进一步计算风险占比和风险贡献度：

$$风险占比 = \frac{相对最高档差值}{变量权重}$$

$$风险贡献度 = \frac{相对最高档差值}{\text{sum}(各变量相对最高档差值)}$$

对于前面给定的打分样本，可以计算各变量的相对最高档差值、风险占比、风险贡献度等，如表 13-9 所示。

表 13-9　相对最高档差值方法计算表

	最高档分值	最低档分值	变量权重	样本变量取值	样本变量分值	相对最高档差值	风险占比	风险贡献度
性别	10	–10	20	男	–10	20	100.00%	42.55%
学历	15	–15	30	本科/大专	5	10	33.33%	21.28%
年龄	6	–9	15	25～35	–1	7	46.67%	14.89%
是否本地居住	5	–5	10	否	–5	10	100.00%	21.28%

可以将风险贡献度以饼状图直观展示，如图 13-9 所示。

13.2.3 业务特殊考虑

在实际信贷业务运营中，对于评分卡模型的可解释性，在业务上有如下须特殊考虑的因素。

1. 评分卡入模变量本身应具备可解释性

评分卡入模变量的可解释性是基础，前面介绍的可解释性方法仅基于技术角度，在给定入模变量的情况下，对变量重要性进行量化。如果入模变量本身就不具备可解释性，则在面向申请人进行解释时很难有说服力。例如在行为评分卡中经常使用的额度使用率，一般规律是额度使用率非常高时风险较高，但面向客户时，不能解释为因为额度使用率高所以申请被拒绝。

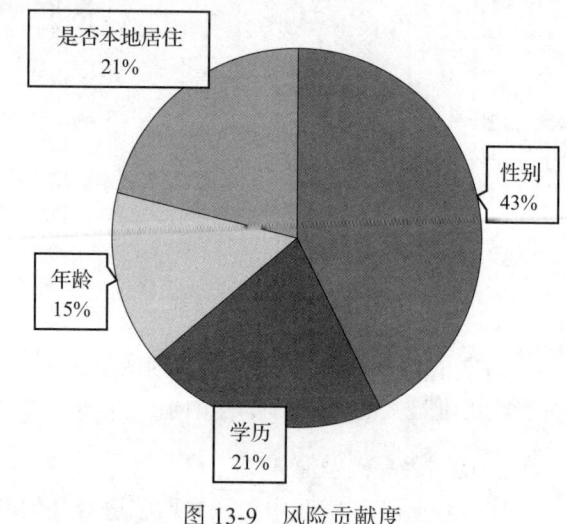

图 13-9 风险贡献度

2. 提供解释时须确保模型变量保密和安全

银行评分卡模型的安全性是最重要的，在提供解释结果时应避免泄露模型变量，通常对模型变量的名称进行模糊化，也可以将变量进行抽象和归类，同时还应避免提供具体分值。

13.2.4 基于 PMML Scorecard 的可解释性

PMML 是跨平台的模型描述语言，直接支持对 Scorecard 模型的解释。PMML 标准目前的最新版本是 4.4。PMML Scorecard 技术标准可参考官网（http://dmg.org/pmml/v4-4-1/Scorecard.html）了解。PMML 标准通过 tag 属性来定义和实现拒绝原因码。

1. <Scorecard> XML 标签

评分卡模型 PMML 通过 <Scorecard> 定义评分卡，语法如下。

```
<Scorecard modelName="SampleScorecard" functionName="regression" useReasonCodes=
    "true" reasonCodeAlgorithm="pointsBelow" initialScore="0" baselineMethod=
    "other">
......
</Scorecard>
```

<Scorecard> XML 标签包含 useReasonCodes、reasonCodeAlgorithm、baselineMethod 等属性，如表 13-10 所示。

表 13-10　PMML 的 <Scorecard> XML 标签说明

属性	说明
useReasonCodes	该属性用于控制是否使用原因码。如果设置为 false，则原因码不会被计算
reasonCodeAlgorithm	允许取值为 pointsAbove 或 pointsBelow，用于描述原因码的排序方式
baselineScore	单一数字用于对各特征变量决定原因码排序时的基准比较分值。此外，也可以对每一个变量单独设置唯一的基准分值仅当 useReasonCodes 值为 true 且没有设置特征级别的 baselineScore 时，该属性才必须要设置
baselineMethod	该属性用于描述建立基准分值的方法，允许取值如下 ❏ max：变量最高档取值的分值 ❏ min：变量最低档取值的分值 ❏ mean：变量各档取值分值的平均值（加权平均值） ❏ neutral：风险中性分值（即整体风险水平对应的分值） ❏ other：使用其他方式衍生计算的基准分值

2. <Characteristic> XML 标签

通过 <Characteristic> XML 标签定义每个入模变量的打分，同时包含了拒绝原因码和拒绝原因参考分值。

```xml
<Characteristic name="ageScore" reasonCode="RC2" baselineScore="18">
    <Attribute partialScore="-1">
        <SimplePredicate field="age" operator="isMissing"/>
    </Attribute>
    <Attribute partialScore="-3">
        <SimplePredicate field="age" operator="lessOrEqual" value="18"/>
    </Attribute>
    <Attribute partialScore="0">
        <CompoundPredicate booleanOperator="and">
            <SimplePredicate field="age" operator="greaterThan" value="18"/>
            <SimplePredicate field="age" operator="lessOrEqual" value="29"/>
        </CompoundPredicate>
    </Attribute>
    <Attribute partialScore="12">
        <CompoundPredicate booleanOperator="and">
            <SimplePredicate field="age" operator="greaterThan" value="29"/>
            <SimplePredicate field="age" operator="lessOrEqual" value="39"/>
        </CompoundPredicate>
    </Attribute>
    <Attribute partialScore="18">
        <SimplePredicate field="age" operator="greaterThan" value="39"/>
    </Attribute>
</Characteristic>
```

<Characteristic> XML 标签包含属性 reasonCode、baselineScore，如表 13-11 所示。

表 13-11　PMML 的 <Characteristic> XML 标签说明

属性	说明
reasonCode	定义变量层的拒绝原因码
baselineScore	定义各变量计算拒绝原因码时的参考基准分值

上面是在变量层级定义拒绝原因码，也可以在变量取值层级定义拒绝原因码，代码如下。

```xml
<Characteristic name="ageScore" baselineScore="18">
    <Attribute partialScore="-1" reasonCode="RC2_1">
        <SimplePredicate field="age" operator="isMissing"/>
    </Attribute>
    <Attribute partialScore="-3" reasonCode="RC2_2">
        <SimplePredicate field="age" operator="lessOrEqual" value="18"/>
    </Attribute>
    <Attribute partialScore="0" reasonCode="RC2_3">
        <CompoundPredicate booleanOperator="and">
            <SimplePredicate field="age" operator="greaterThan" value="18"/>
            <SimplePredicate field="age" operator="lessOrEqual" value="29"/>
        </CompoundPredicate>
    </Attribute>
    <Attribute partialScore="12" reasonCode="RC2_4">
        <CompoundPredicate booleanOperator="and">
            <SimplePredicate field="age" operator="greaterThan" value="29"/>
            <SimplePredicate field="age" operator="lessOrEqual" value="39"/>
        </CompoundPredicate>
    </Attribute>
    <Attribute partialScore="18" reasonCode="RC2_5">
        <SimplePredicate field="age" operator="greaterThan" value="39"/>
    </Attribute>
</Characteristic>
```

<Characteristic> XML 标签包含属性 baselineScore，同时 <Attribute> XML 标签包含属性 reasonCode。

当 reasonCodeAlgorithm 为 pointsBelow 且 baselineMethod 为 max 时，就是局部可解释性中的 PointsBelowMax（相对最高档差值）方法。

当 reasonCodeAlgorithm 为 pointsAbove 且 baselineMethod 为 neutral 时，就是局部可解释性中的 PointsAboveNeutral（相对中性差值）方法。

13.3　本章小结

本章重点介绍了评分卡模型可解释性。

评分卡模型可解释性即归因方法，包括全局可解释性和局部可解释性。

第 14 章

评分卡模型的其他常见问题

在建立评分卡模型的过程中,除了拒绝推断和可解释性问题之外,还会面临许多实际问题。本章将列举若干常见问题并给出解决方案,同时会对评分卡模型中更深层次的问题进行分析。

14.1 分值分布不均衡问题

训练后的模型需要进行评估和验证,如果出现某些分值过于集中、分值偏斜、双峰分布等问题,可能会给模型的应用带来一定影响,例如影响策略的稳定性或评分分布与业务直觉不相符。

虽然一般情况下,总体分值、好样本分值、坏样本分值都呈中间多两边少的形态分布,但有时候模型训练得到的结果并非如此。分值分布不均衡的可能原因以及解决方案如表 14-1 所示。

表 14-1 分值分布不均衡问题

不均衡形态	可能原因	解决方案
局部分值集中(竖烟囱)	样本空间局部集中,在特定变量取值上出现了评分过分集中	找出评分权重较高且导致局部集中度过高的变量,替换变量或调整分箱
双峰分布	样本空间局部集中,在特定变量的两个不同取值上出现了评分过分集中	找出评分权重较高且导致局部集中度过高的变量,替换变量或调整分箱

我们需要重点关注局部分值集中的问题，特别是在低分值区域策略附近。分值过于集中可能会导致制定策略按分值切分，产生审批通过率跳跃和不稳定的问题。

14.2　特定群体或局部分数段区分能力弱问题

模型训练后需要对模型进行评估和验证，可能存在某些分值段 KS 低，即局部区分能力弱的问题。评分提供了一个对样本排序的依据，在模型开发过程中，除了看评分对于全量样本的排序性和 KS 指标外，也会看在特定子群体或局部分数段上的排序能力和区分能力。

1. 特定子群体

在特定子群体上，使用模型打分后评估排序能力和区分能力，如果在子群体上排序能力和区分能力不佳，则说明模型不适用该子群体，需要慎用。

2. 局部分数段

使用模型对全量样本打分后，通常按分值分成 10 段（可以是等样本量，也可以是等分值间隔），在每个分值段评估排序能力和区分能力，因为通常制定策略更关注低分区和高分区（低分区自动拒绝，高分区自动通过），所以需要留意低分区和高分区两头的排序能力和区分能力。

如果需要针对特定群体或分值段样本设计策略，但评分在此群体上区分度低，就需要对评分卡模型进行优化调整，对此评分在该群体上的应用须谨慎。

14.3　训练 – 测试 – 时间外评分分布差异

本节介绍训练 – 测试 – 时间外（Train-Test-OOT）评分分布差异问题及调整方案。为了确保基于评分的策略的稳定性，要求训练 – 测试 – 时间外分值分布无显著差异，导致差异的原因主要是样本自变量分布差异。通常建模要求评分卡模型在训练集、测试集、时间外样本三个数据集上打分，并且等评分分值间隔下，三个数据集上分值分布应无明显差异。

1. 为什么需要关注分值分布差异

在离线建模时，在训练集上基于模型评分做审批切分阈值策略设计，并且基于训练集评估策略效果（自动审批率、审批通过率、审批通过坏账率等），如果测试集、时间外测试集评分分布与训练集的有显著差异，则策略上线后不稳定，自动审批率、审批通过率等指标会发生显著变化。

2. 如何检验分值分布差异

可以通过以下 3 种方法评估训练–测试–时间外评分分布是否有显著差异。

1）计算训练–测试–时间外评分分布 PSI 指标，以训练集作为基准。
2）计算训练–测试–时间外评分分布卡方检验。
3）采用非假设检验方法评估训练–测试–时间外分值分布是否有显著差异。

3. 导致分值分布差异的原因及调整方案

导致分值分布差异的可能原因和调整方案如表 14-2 所示。

表 14-2 训练–测试–时间外评分分布差异原因

差异原因	如何判断	如何调整
训练–测试集分区的随机性	通过统计分析或者计算入模变量 PSI 是否差异较大来判断训练–测试集自变量分布是否有显著差异。如果随机性较好，则训练–测试样本在入模变量的 PSI 应当较小	模型开发时选择入模变量应确保训练–测试数据集 PSI 无显著变化
训练–时间外样本集在时间外，业务发生了结构性变化	通过统计分析或者计算入模变量 PSI 是否差异较大来判断训练–时间外样本集自变量分布是否有显著差异。如果时间外样本集业务无本质变化，则训练–时间外样本集在入模变量的 PSI 应当较小	模型开发时选择入模变量应确保训练–时间外数据集 PSI 无显著变化

14.4 训练–测试–时间外评分性能差异

14.3 节关注的是训练–测试–时间外评分分布差异，本节关注训练–测试–时间外评分性能差异（与目标变量 y 有关）。产生差异的原因一方面来自样本分布差异，另一方面来自风险差异，需要基于模型评估指标做判断。

1. 为什么需要关注评分性能差异

使用在训练集上训练的模型给测试集和时间外测试集打分，相当于在训练集上得到一个标尺，用于度量样本风险。如果样本风险发生了较大变化，则标尺就不能准确度量，进而导致风控决策出现偏差甚至错误。

2. 如何评估评分性能差异

通常评估评分性能采用的方法是直接对比在 3 个数据集上的排序性、区分能力 KS 指标，如表 14-3 所示。

3. 导致差异的原因及调整方案

造成训练–测试–时间外评分性能差异的原因来自以下几个方面，如表 14-4 所示。

表 14-3 训练 – 测试 – 时间外评分性能差异

评分	训练集							测试集							时间外测试集						
	#B	#G	#T	%B	%G	%T	BR	#B	#G	#T	%B	%G	%T	BR	#B	#G	#T	%B	%G	%T	BR
(-, 450]																					
(450, 500]																					
(500, 550]																					
(550, 600]																					
(600, 650]																					
(650, 700]																					
(700, 750]																					
(750, 800]																					
(800, 850]																					
(850, +)																					

表 14-4　评分性能差异的原因及调整方案

差异原因	如何判断	如何调整
样本分布差异	通过统计分析或者计算入模变量 PSI 是否差异较大	确保模型开发时训练－测试分区随机性即关键入模变量 PSI 无显著变化，确保训练－时间外关键入模变量 PSI 无显著变化
样本风险差异	对比训练－测试样本集的坏账率是否有显著差异	如果风险表现发生了系统性改变，但经验证排序性良好，则模型仍然可以使用，但须谨慎使用
训练模型过拟合	对比 Train-Test 样本集上排序性和区分能力指标是否有显著差异	增加样本量和变量，降低模型复杂度，学习曲线早停机制

14.5　模型迭代漂移现象

随着模型不断迭代，建模样本不断去除低分区域样本，导致建模样本逐渐向高分段漂移。模型上线后一般会定期迭代、优化并重新训练，会存在这样一个特殊现象：因为模型上线后，基于评分的新的审批策略将拒绝低分样本，所以审批通过的样本（相比于原有训练样本）不包含被审批策略拒绝掉的坏样本，审批通过的样本风险表现会更好，会逐渐向高分段偏移，即经过不断迭代，坏样本被不断切除，剩余样本被不断提纯，风险表现会越来越好，迭代后的模型与迭代前的模型相比，建模样本逐渐向好样本偏移，正常情况下，当样本被不断提纯后，因为模型性能有上限，所以不断迭代后，模型性能可能不会显著提升（甚至会下降），这种现象即模型迭代漂移。

14.6　潜在建模作弊问题

本节介绍建模过程中潜在的作弊问题，包括逆向选择的随机数种子以及计算 WOE 使用的测试集信息。在建模过程中可能会发生作弊，有些作弊甚至是无意识的，常见的两种情形如下。

1）逆向挑选的随机数种子，即多跑几个随机数种子下的 Train-Test 分区，挑选表现最好的随机数种子，理想的、稳健的模型应当不显著受随机数种子影响。

2）在计算 WOE 时，应仅基于训练集，不应使用测试集的分布信息。

防止作弊的基本原则是训练阶段不要使用任何测试集的样本信息。

14.7　本章小结

本章介绍评分卡建模中的常见问题，包括分值分布不均衡、局部区分能力弱、训练－测试－时间外评分分布差异和评分性能差异、模型性能下降和失效、迭代漂移以及潜在的建模作弊等问题。

第 15 章

从传统评分卡模型到高维机器学习模型

传统评分卡模型是 20 世纪 60 年代由 FICO 提出的,并以极强的稳定性和可解释性在金融行业中得到了广泛应用。

近些年来,无论是技术领域还是银行业务均发生了较大的变化。在技术领域,机器学习中的集成学习算法理论以及深度学习建模技术得到了快速发展,在非金融领域的各项机器学习任务中均取得了非常好的效果,甚至不断刷新历史纪录。在银行业务领域,随着互联网金融的发展,越来越多的信贷业务通过线上渠道实现互联网化,各类风险弱相关的数据和另类数据得到大范围应用。在此背景下,金融风险领域的建模技术需要与时俱进、取长补短,引入新的建模技术,特别是高维机器学习模型,提升模型效果。

15.1 传统评分卡模型和高维机器学习模型的结合

近些年,随着机器学习技术的发展,各类高维机器学习模型取得了非常好的应用效果,广泛应用于金融领域,因此有人认为传统评分卡模型已经过时。本节将从一个相对客观的角度分析和比较传统评分卡模型和高维机器学习模型,以及思考如何同时用好这两类工具。

15.1.1 技术和业务发展背景

先来简要回顾一下近年来在技术和业务领域的一些关键发展,这些发展对于我们分析和理解传统评分卡模型和高维机器学习模型提供了重要参考。

1. 技术领域发展

近年来，机器学习领域的发展主要体现在以下 2 个方面。

1）高维机器学习特别是集成学习技术的发展，2016 年 KDD XGBoost 算法、2017 年 NIPS LightGBM 算法相继提出，这些算法在 Kaggle、天池等各类数据挖掘比赛中得到了广泛应用并取得了非常好的预测效果。

2）2006 年以来，深度学习领域 CNN、RNN、LSTM 等深度学习模型相继提出，在人脸识别等非金融场景中，不断刷新历史最高水平，使得深度学习成为业界关注热点，随后各类深度学习模型被广泛应用于金融领域。

2. 业务领域发展

近些年国内金融信贷领域发生了一些重要变化。

1）消费金融行业快速发展，持牌消费金融机构数量快速增加，互联网大厂也加入了消费信贷市场，商业银行纷纷加入消费金融业务。消费金融业务的发展以及国家普惠金融政策的推进，催生了更多消费金融需求，客群信用质量不断下沉，很大一部分比例的贷款申请者是薄征信甚至无征信。传统评分模型过于依赖强信用数据，在新形势下难以取得很好的预测效果。

2）随着移动互联网的发展，越来越多的金融业务实现了线上互联网化，业务模式也发生了一些变化，更多依赖于线上互联网化服务。为优化信贷业务流程，提升客户体验，传统的信贷信息数据将会逐渐减少，更多使用第三方数据和非传统数据。同时随着线上互联网化，将越来越多地采集和使用非传统数据，特别是行为数据、设备数据。

3）随着金融业务互联网化，风险特征也逐渐呈现多元化且复杂多变，传统评分卡模型虽然具有很好的稳定性，但捕捉弱风险特征的能力较差，难以捕捉微弱的复杂多变的风险特征。

15.1.2　摒弃两种极端观点

关于传统评分卡模型和高维机器学习模型的比较，常见两种极端观点。

一种极端是"过时论"。习惯于使用新的机器学习和深度学习技术的建模人员对于新的算法模型乐此不疲，认为传统评分卡模型的训练效果不佳，传统评分卡模型已过时，未来会被先进的高维机器学习模型所取代。

另一种极端是"炫技论"。以统计学派分析人员为主的一些传统评分卡模型的建模人员重视传统评分卡模型设计、变量设计和选择，非常关注从业务角度理解和解释每一个建模细节，重视统计检验等，不会过度追求 KS 指标的提升，而是非常关注模型稳定性和可解释性，坚持使用传统评分卡模型，对最新的复杂的机器学习技术心存排斥。

上述这两种观点都比较极端，理性的观点应该是将传统评分卡模型和高维机器学习模型相互结合，取长补短，毕竟各类模型都有适用的场景和条件，应该充分发挥各自的优势，借鉴各类模型的原理，提升建模效果。

15.1.3 传统评分卡模型与高维机器学习模型的比较

为了能更好地结合两类模型，需要先对两类模型进行全面分析和比较。

传统评分卡模型与高维机器学习模型的基本特征比较如表 15-1 所示。

表 15-1 传统评分卡模型与高维机器学习模型基本特征比较

	传统评分卡模型	高维机器学习模型
模型效果	KS 一般在 30%～60%	KS 一般在 40%～70%
入模变量	入模变量一般在 15～20 个左右	支持几百个入模
数据要求	1）因为入模变量少，所以需要少而精的变量，特别是征信相关变量、强信用风险相关变量，对于数据质量和变量多重共线性的要求较高 2）可以小样本建模（千量级）	1）因为入模变量多，所以弱风险变量均可以累积提升模型效果，具有增量效益 2）通常需要较大样本量（数万甚至数十万量级），在样本量少的情况下，难以充分发挥威力，模型容易过拟合
模型原型	使用逻辑回归模型	支持多种模型，包括传统逻辑回归和决策树模型，以及 GBDT、XGBoost、LightGBM 等模型，支持集成学习机制
复杂度	低	高
稳定性	强	一般
可解释性	强	弱
部署维护难度	低	高
适用性	轻量级模型，适用于业务较成熟、风险特征较稳定，且数据变量是征信相关、强信用风险相关的数据。善于捕捉稳定的风险特征	较灵活，特别适用于互联网环境下复杂多变的风控业务建模需求

传统评分卡模型之所以在模型稳定性和可解释性方面优势显著，是源于其关键的技术细节。传统评分卡模型建模方法论除了包含宽表形成之后的变量分箱、拟合模型、评估测试外，也包含前期模型设计，但因为模型设计对于传统评分卡模型和高维机器学习模型都适用，所以模型设计不作为两者比较的内容，我们谈及传统评分卡模型技术核心，更关注在宽表给定的前提下进行的后续操作，如表 15-2 所示。

表 15-2 评分卡模型核心技术

核心技术点	说明
变量分箱	分箱操作是传统评分卡模型非常关键的技术，分箱提升了模型的稳定性，同时提升了对异常值、缺失值的适应性，在一定程度上也有利于模型的可解释性
转换 WOE	这一步是传统评分卡模型技术升华的关键，通过转换 WOE，提升模型的稳定性和对异常值、缺失值的适应性
变量选择	传统评分卡建模在变量选择上，特别关注变量的业务含义、变量分箱的合理性、WOE 趋势的业务可解释性等。因为传统评分卡建模候选变量较少（通常几百个），所以对变量逐个进行业务含义分析是可行的

(续)

核心技术点	说明
统计检验	传统评分卡建模更倾向于统计学派,特别重视统计检验,逻辑回归本身并不复杂,因为是小样本建模,所以统计显著性很重要,包括总体线性显著性检验 F 值、变量显著性 T 检验以及多重共线性检验 VIF 等
评分标尺	评分标尺是传统评分卡模型的亮点,正是有了评分标尺,逻辑回归结果才得以转换为真正的评分表,评分表对于业务可解释性、业务部门易用性以及部署决策引擎的便利性都是很重要的,而 XGBoost 和 LightGBM 不能得到评分表

上述核心技术决定了传统评分卡模型具备很强的稳定性和可解释性,因此 XGBoost、LightGBM 等高维机器学习模型可以作为传统评分卡模型的有效补充,但不能完全替代。

表 15-3 解释了为何高维机器学习模型是必要的。

表 15-3 高维机器学习模型核心技术

核心技术点	说明
梯度提升算法模型预测效果更好	在样本量比较大的情况下,通常 XGBoost、LightGBM 模型 KS 会更高,对于金融领域很多场景(特别是非风控场景,更看重预测准确率),可以广泛使用并能体现优势
风险弱相关数据	1)XGBoost 和 LightGBM 模型都是集成树模型,与逻辑回归有本质差别 2)逻辑回归必须使用全部变量,这直接导致预测能力在一定程度上被平均化 3)XGBoost 和 LightGBM 模型都是集成树模型,对于局部区域,因为是树切割,所以能取得很好的预测效果。特别是风险弱相关数据,各类数据可能仅能反映某个局部或者侧面,使用 XGBoost 和 LightGBM 模型可以使得变量在局部的预测力得到发挥
无多重共线性要求	传统评分卡模型使用的是广义线性逻辑回归模型,要求变量不能有多重共线性,这直接导致变量容量有限,而 XGBoost 和 LightGBM 模型都是集成树模型,没有多重共线性要求,所以可以纳入更多变量,不同变量都能或多或少反映一些预测力
对特征稳定性要求降低	因为 XGBoost 和 LightGBM 模型可以使用的变量更多,所以在一定程度上对于不那么稳定的特征有较好的适应性。评分卡模型只有入模变量非常稳定时,模型预测才会稳定

15.1.4 两种工具结合使用

前文详细比较了传统评分卡模型和高维机器学习模型,每种模型都有各自的适用范围,只有将两者结合使用,发挥各自优势,才能建立一个较好的模型。模型的选择和使用需要考虑如下因素。

1)业务场景:对于传统信贷业务场景,风险特征轮廓明显,风险特征稳定,如果数据量不是特别大,建议优先考虑传统评分卡模型。

2)数据条件:在数据量不是特别大,以传统信贷和风险数据为主的情况下,优先考虑传统评分卡模型。如果数据量比较丰富,且使用大量另类数据,可以考虑高维机器学习模型。

3)模型要求:在对模型稳定性、可解释性要求较高,应对监管要求,开发、部署和维护资源有限的情况下,优先考虑传统评分卡模型。

15.2 高维机器学习模型 XGBoost

本节介绍目前流行的高维机器学习模型 XGBoost，简述其算法模型原理以及 XGBoost 算法 Python 包的使用。

15.2.1 XGBoost 算法原理

XGBoost（eXtreme Gradient Boosting，极端梯度提升）经常被用在一些数据挖掘比赛中，以取得极好的预测效果。XGBoost 算法是 GBDT（Gradient Boosting Decision Tree）的改进，既可以用于分类问题，也可以用于回归问题。

本节详细介绍 XGBoost 算法原理，需要读者已经了解基本的决策树（含回归树）、Boosting 集成学习、GBDT 模型的基本原理。如果对此不太了解，可以查阅相关资料。

1. XGBoost 算法原理说明

因为 XGBoost 基于 GBDT 模型，所以可以假设预测值为 K 棵 CART 树串行，即假设预测值为

$$\hat{y}_i = \sum_{k=1}^{K} f_k(X_i)$$

其中，i 为样本编号，$f_k(X_i)$ 为第 k 棵决策树的预测值，$\hat{y}_i$ 是第 i 个样本的预测值。

定义损失函数表示为

$$L(\theta) = \sum_{i=1}^{n} l(y_i, \hat{y}_i) + \sum_{k=1}^{K} \Omega(f_k)$$

其中，$l(y_i, \hat{y}_i)$ 为样本预测误差，$\Omega(f_k)$ 为第 k 棵决策树的正则项，用于控制决策树的复杂度不过高，可以定义为

$$\Omega(f_k) = \gamma T + \frac{1}{2}\lambda \sum_{j=1}^{T} w_j^2$$

其中，T 为叶子结点个数，w_j 为第 j 个叶子结点的预测值，γ 和 λ 是正则化超参数。

因为 XGBoost 的训练过程就是不断新增加树，所以每次向模型中加入一棵树，其损失函数便会发生变化。另外，在加入第 t 棵树时，前面第 $t-1$ 棵树已经训练完成，此时前面 $t-1$ 棵树的正则项和训练误差都为已知常数项，故上面的损失函数等价于

$$L(\theta) = \sum_{i=1}^{n} l(y_i, \hat{y}_i^t) + \sum_{k=1}^{t} \Omega(f_k) = \sum_{i=1}^{n} l[y_i, \hat{y}_i^{(t-1)} + f_t(X_i)] + \Omega(f_t) + C$$

其中，在进行第 t 步计算时，之前的正则化项已经是常数，合并进 C。

特别地，损失函数采用均方误差时，上面的目标损失函数变为

$$L(\theta) = \sum_{i=1}^{n} \{y_i - [\hat{y}_i^{(t-1)} + f_t(X_i)]\}^2 + \Omega(f_t) + C$$

$$= \sum_{i=1}^{n}[y_i - \hat{y}_i^{(t-1)}]^2 + 2[\hat{y}_i^{(t-1)} - y_i]f_t(X_i) + f_t(X_i)^2 + \Omega(f_t) + C$$

$$= \sum_{i=1}^{n}\{2[\hat{y}_i^{(t-1)} - y_i]f_t(X_i) + f_t(X_i)^2\} + \Omega(f_t) + C_1$$

接下来的目标就是优化 $L(\theta)$，寻找使得损失函数取最小值的参数 θ。

对损失函数 $L(\theta)$ 使用泰勒展开式近似

$$L(\theta) = \sum_{i=1}^{n} l(y_i, \hat{y}_i^t) + \sum_{k=1}^{t} \Omega(f_k)$$

$$= \sum_{i=1}^{n} l[y_i, \hat{y}_i^{(t-1)} + f_t(X_i)] + \Omega(f_t) + C$$

$$\approx \sum_{i=1}^{n} l[y_i, \hat{y}_i^{(t-1)}] + \frac{\partial l[y_i, \hat{y}_i^{(t-1)}]}{\partial \hat{y}_i^{(t-1)}} f_t(X_i) + \frac{1}{2}\frac{\partial^2 l[y_i, \hat{y}_i^{(t-1)}]}{\partial^2 \hat{y}_i^{(t-1)}} f_t(X_i)^2 + \Omega(f_t) + C$$

上式中，分别记 $g_i = \frac{\partial l[y_i, \hat{y}_i^{(t-1)}]}{\partial \hat{y}_i^{(t-1)}}$，$h_i = \frac{\partial^2 l[y_i, \hat{y}_i^{(t-1)}]}{\partial^2 \hat{y}_i^{(t-1)}}$。

在第 t 棵树时，$l[y_i, \hat{y}_i^{(t-1)}]$ 已经是常数，可以合并到常数项中，忽略常数项，得到下式

$$L(\theta) \approx \sum_{i=1}^{n} g_i f_t(X_i) + \frac{1}{2} h_i f_t(X_i)^2 + \Omega(f_t)$$

设 $f_t(X_i) = w_{q(X_i)} = w_j$，则

$$L(\theta) \approx \sum_{i=1}^{n} g_i f_t(X_i) + \frac{1}{2} h_i f_t(X_i)^2 + \Omega(f_t)$$

$$= \sum_{i=1}^{n} g_i w_{q(X_i)} + \frac{1}{2} h_i w_{q(X_i)}^2 + \Omega(f_t) = \sum_{j=1}^{T}\left(\sum_{i \in I_j} g_i\right) w_j + \frac{1}{2}\left(\sum_{i \in I_j} h_i\right) w_j^2 + \gamma T + \frac{1}{2} \lambda \sum_{j=1}^{T} w_j^2$$

上式中，$q(X_i)$ 脚标表示在样本中遍历，i 脚标表示转换成在叶子结点遍历。

记 $G_j = \sum_{i \in I_j} g_i$，$H_j = \sum_{i \in I_j} h_i$，则上式可重写为

$$L(\theta) \approx \sum_{j=1}^{T} G_j w_j + \frac{1}{2}(H_j + \lambda) w_j^2 + \gamma T$$

对 w_j 求偏导，并令偏导数为 0，则有：

$$G_j + (H_j + \lambda) w_j = 0$$

可求解：

$$w_j^* = -\frac{G_j}{H_j + \lambda}$$

此时对应最小损失为

$$L(\theta)^* = -\frac{1}{2}\frac{G_j^2}{H_j + \lambda} + \gamma T$$

类似于 CART 树拆分使用 GINI 系数，XGBoost 树拆分时使用 $L(\theta)$ 作为分拆依据，计算分拆后 $L(\theta)$ 减少的增益，取使得增益最大的拆分变量及拆分阈值。

$$\text{Gain} = \frac{1}{2}\left(\frac{G_L^2}{H_L + \lambda} + \frac{G_R^2}{H_R + \lambda} - \frac{(G_L + G_R)^2}{(H_L + H_R) + \lambda}\right) - \lambda$$

上式中 $\frac{G_L^2}{H_L + \lambda}$ 为拆分后左子树分数，$\frac{G_R^2}{H_R + \lambda}$ 为拆分后右子树分数，$\frac{(G_L + G_R)^2}{(H_L + H_R) + \lambda}$ 为拆分前分数，因为拆分多出来一个叶子结点，所以最后需要减去 γ。

2. XGBoost 与 GBDT 比较

1）XGBoost 将树模型的复杂度加入正则项中避免过拟合，因此泛化性能优于 GBDT。

2）XGBoost 的损失函数是用泰勒展开式展开的（用到了一阶导和二阶导），可以加快优化速度。

3）GBDT 只支持 CART 作为基分类器，XGBoost 还支持线性分类器，并且在使用线性分类器的时候可以使用 L1、L2 正则化。

4）XGBoost 引进了特征子采样，类似随机森林模型，既能降低过拟合，又能减少计算量。

5）XGBoost 在寻找最佳分割点时，考虑到传统的贪心算法效率较低，实现了一种近似贪心算法，用减少内存消耗，除此之外还考虑了稀疏数据集和缺失值的处理，对于缺失特征值的样本，XGBoost 依然能自动找到其要分裂的方向。

6）XGBoost 支持并行处理，XGBoost 并行不是在模型上并行，而是在特征上并行，将特征列排序后以块的形式存储在内存中，在后面的迭代中重复使用这个结构。这个块也使得并行成为可能，在进行节点分裂时可以算出每个特征的增益，最终选择增益最大的特征去做分割，那么各个特征的增益计算就可以多线程进行。

15.2.2 XGBoost 包简介

XGBoost 算法有对应的 Python 开源包可以直接调用，本节简要介绍 XGBoost 包的使用。感兴趣的读者可以参考如下官方资源网站获得更多技术支持。

XGBoost 算法论文：https://arxiv.org/pdf/1603.02754.pdf。

XGBoost 工具包官方文档：https://xgboost.readthedocs.io/en/latest/。

XGBoost 代码托管：https://github.com/tqchen/xgboost。

直接在 Python 控制台窗口运行如下命令行即可完成安装。

```
pip3 install xgboost
```

1. XGBoostClassifer 类及其属性方法

通过 xgboost.XGBClassifier() 方法定义一个分类器实例化对象。

类构造函数的参数如表 15-4 所示。

表 15-4　类构造函数的参数说明

参数名	参数数据类型	默认值	参数说明
n_estimators	int		梯度提升的层级数
use_label_encoder	bool		标签编码（该选项已废除）
max_depth	int		基分类器决策树的最大深度
learning_rate	float		学习率
verbosity	int		显示训练过程的信息层级：0（不显示）～3（debug 模式）
objective	string 或 callable		学习目标函数
booster	string		梯度提升的算法类型：gbtree、gblinear 或 dart
tree_method	string	auto	决策树的生长方式
n_jobs	int		并行计算的线程数，当使用类似 Scikit-learn 中的网格搜索算法时，可以选择并行计算的算法
gamma	float		最小损失衰减参数，用于决定决策树叶子结点是否需要拆分
min_child_weight	float		决策树子结点最低样本实例权重要求
max_delta_step	int		最大步长增量用于决策树权重估计
subsample	float		训练样本实例抽样比率
colsample_bytree	float		在构建每一棵决策树时对变量的抽样比率
colsample_bylevel	float		每一层决策树变量抽样比率
colsample_bynode	float		每一次决策树拆分时对变量的抽样比率
reg_alpha	float		正则化项 $L1$ 参数
reg_lambda	float		正则化项 $L2$ 参数
scale_pos_weight	float		平衡正负样本权重
base_score			全局样本实例初始分值
random_state	int		随机数种子
missing	float	np.nan	对缺失值的处理
num_parallel_tree	int		使用随机森林提升
monotone_constraints	string		变量单调性约束
interaction_constraints	string		变量交互性约束，该约束参数须为网格列表形式，其中内部元素列表是一组允许相互交叉效应的变量的索引号
importance_type	string	gain	用于计算变量重要性属性的方法类型，可以取 gain、weight、cover、total_gain 或 total_cover 等取值

类实例化对象的属性如表 15-5 所示。

表 15-5　类实例化对象的属性

属性名称	说明
coef_	拟合系数（仅针对使用线性分类器的情况）
intercept_	拟合截距项（仅针对使用线性分类器的情况）
feature_importances_	变量重要性

类实例化对象的方法如表 15-6 所示。

表 15-6　类实例化对象的方法

名称	功能说明
apply()	返回预测的叶子结点序号
evals_result()	返回评估结果
fit()	拟合训练模型
get_booster()	获得 XGBoost 的推进器 Booster
get_num_boosting_rounds()	获得 XGBoost 梯度提升的层级数
get_params()	获得模型估计器的参数
get_xgb_params()	获得 XGBoost 设定的参数
load_model()	从序列化文件中读取模型
predict()	预测类别标签（默认的阈值设置为 0.5）
predict_proba()	预测概率值
save_model()	将模型保存为序列化文件
set_params()	设置模型估计器的参数，与 get_params() 对应

2. XGBoostRegressor 类及其属性方法

通过 xgboost.XGBRegressor() 方法定义一个预测器实例化对象。

类构造函数的参数同 XGBoostClassifier 类的，见表 15-4 即可。

类实例化对象的属性和类实例化对象的方法也同 XGBoostClassifier 类的一样，分别参见表 15-5 和表 15-6。

3. 模块函数

XGBoost 提供了若干函数，用于绘图或训练模型，如表 15-7 所示。

表 15-7　XGBoost 模块函数

名称	说明
xgboost.train()	训练函数
xgboost.cv()	交叉验证函数
xgboost.plot_importance()	绘制变量重要性图
xgboost.plot_tree()	绘制指定的单棵树
xgboost.to_graphviz()	将指定单棵树转化为 graphviz 实例化对象，后续可以供 graphviz 包进行绘图等处理

15.2.3　使用 XGBoost 包建立预测模型

下面给出使用 XGBoost 建立预测模型的示例,代码如下。

```python
# 导入库包
from sklearn.datasets import load_breast_cancer
from sklearn.model_selection import train_test_split
from sklearn.metrics import accuracy_score
from sklearn.metrics import plot_precision_recall_curve
from sklearn.metrics import plot_roc_curve

import xgboost
from xgboost import XGBClassifier

# 载入数据集
iris = load_breast_cancer()
data=iris.data
target = iris.target

# 把数据集拆分成训练集和测试集
X_train,X_test,y_train,y_test =train_test_split(data,target,test_size=0.2)

# 定义 XGBoost 模型
model = XGBClassifier(n_estimators=3, max_depth=2)
model.get_params()

# 模型拟合
model.fit(X_train, y_train)
model.score(X_train, y_train)
model.feature_importances_

# 打印变量重要性
xgboost.plot_importance(model)

# 进行 PR 和 ROC 曲线绘制
plot_precision_recall_curve(model,X_train,y_train)
plot_roc_curve(model,X_train,y_train)

# 预测
y_test_predict=model.predict(X_test)
```

15.3　高维机器学习模型 LightGBM

本节介绍目前流行的高维机器学习模型 LightGBM,简述算法模型原理以及 LightGBM 算法 Python 包的使用。

15.3.1 LightGBM 算法原理

LightGBM 算法模型由微软团队提出，对 XGBoost 模型性能进行了优化。

GBDT 是常用的机器学习算法，有少量高质量的实现算法，例如 XGBoost 和 pGBRT。当特征维度很高或者数据量很大时，在实现的工程优化算法中，效率和可扩展性仍然不能得到满意的结果。主要原因是对于每个特征，我们都需要去扫描整个数据集来获得分割点，这个过程是非常耗时的。针对这个问题，LightGBM 算法提出了两种解决方法：基于梯度的单边采样（Gradient-based One-Side Sampling，GOSS）和互斥的特征捆绑（Exclusive Feature Bundling，EFB）。

对于 GOSS，我们排除了一部分梯度值小的数据实例，仅使用剩下的数据评估信息增益。这样做是因为梯度值大的数据集在信息增益计算时扮演更重要的角色。在小数据集上 GOSS 可以获得更加准确的信息增益的评估结果。

对于 EFB，通过捆绑互斥的特征来减少特征的数量。最优的互斥特征是一个 NP 难问题（NP-hard problem），贪心算法可以取得近似的分数（在不损害分割点方向准确率的情况下有效减少特征值）。

15.3.2 LightGBM 包简介

LightGBM 算法有对应的 Python 包，本节简要介绍 LightGBM 包的使用。感兴趣的读者可以参考如下官方资源网站获得更多技术支持。

LightGBM 算法论文：https://blog.csdn.net/u014411730/article/details/78816859。
LightGBM 工具包官方文档：https://lightgbm.readthedocs.io/en/latest/index.html。
LightGBM 代码托管：https://github.com/microsoft/LightGBM。

直接在 Python console 控制台中运行如下命令即可完成安装。

```
pip3 install lightgbm
```

1. LGBMClassifier 类及其属性方法

通过 LGBMClassifier() 方法定义一个分类器实例化对象。因为包含的参数太多，这里不详细罗列，可以参考官方文档 API 说明。

类构造函数的参数如下所示。

```
class lightgbm.LGBMClassifier(
    boosting_type='gbdt',
    num_leaves=31,
    max_depth=-1,
    learning_rate=0.1,
    n_estimators=100,
    subsample_for_bin=200 000,
    objective=None,
```

```
class_weight=None,
min_split_gain=0.0,
min_child_weight=0.001,
min_child_samples=20,
subsample=1.0,
subsample_freq=0,
colsample_bytree=1.0,
reg_alpha=0.0,
reg_lambda=0.0,
random_state=None,
n_jobs=-1,
silent=True,
importance_type='split',
**kwargs)
```

类实例化对象的属性如表 15-8 所示。

表 15-8　类实例化对象的属性

属性名称	说明
best_iteration_	如果设置了早停轮数参数，该参数表示拟合模型的最优迭代次数
best_score_	拟合模型的最优模型表现得分
booster_	模型使用的提升器
classes_	类别标签（仅针对分类问题）
evals_result_	如果设置了早停轮数参数，该参数表示模型训练评估结果
feature_importances_	变量重要性
n_classes_	类别数量
n_features_	特征数量
objective_	拟合模型使用的目标函数

类实例化对象的方法如表 15-9 所示。

表 15-9　类实例化对象的方法

名称	功能说明
fit()	拟合模型
get_params()	获得模型对象参数
predict()	使用训练好的模型预测类别
predict_proba()	使用训练好的模型预测各类概率
set_params()	设置模型对象参数

2. LGBMRegressor 类及其属性方法

通过 LGBMRegressor() 方法定义一个回归器实例化对象，因为包含的参数太多，这里不详细罗列，可以参考官方文档 API 说明。

类构造函数的参数如下所示。

```
class lightgbm.LGBMRegressor(
    boosting_type='gbdt',
    num_leaves=31,
    max_depth=-1,
    learning_rate=0.1,
    n_estimators=100,
    subsample_for_bin=200 000,
    objective=None,
    class_weight=None,
    min_split_gain=0.0,
    min_child_weight=0.001,
    min_child_samples=20,
    subsample=1.0,
    subsample_freq=0,
    colsample_bytree=1.0,
    reg_alpha=0.0,
    reg_lambda=0.0,
    random_state=None,
    n_jobs=-1,
    silent=True,
    importance_type='split',
    **kwargs)
```

类实例化对象的属性和方法参见表 15-8 和表 15-9。

3. 模块函数

LightGBM 提供了若干函数，用于绘图或训练模型，如表 15-10 所示。

表 15-10　LightGBM 模块函数

名称	说明
lightgbm.create_tree_digraph()	指定有向图表示
lightgbm.cv()	交叉验证
lightgbm.early_stopping()	早停的回调函数
lightgbm.plot_importance()	绘制模型变量重要性图
lightgbm.plot_metric()	绘制模型训练过程中指定模型性能指标变化曲线（学习曲线）
lightgbm.plot_split_value_histogram()	指定特征的分拆价值的直方图
lightgbm.plot_tree()	绘制指定决策树
lightgbm.print_evaluation()	创建打印模型评估结果的回调函数
lightgbm.record_evaluation()	创建记录评估历史的回调函数
lightgbm.reset_parameter()	创建回调函数在第一次迭代后重置参数
lightgbm.train()	训练模型

15.3.3 使用 LightGBM 包建立预测模型

下面给出使用 LightGBM 建立预测模型的示例。

```
# 导入库包
import matplotlib.pyplot as plt

from sklearn.datasets import load_breast_cancer # 乳腺癌数据，目标变量是二分类变量

from sklearn.model_selection import train_test_split
from sklearn.metrics import plot_precision_recall_curve
from sklearn.metrics import plot_roc_curve
from sklearn.metrics import roc_curve
from sklearn.metrics import roc_auc_score

import lightgbm as lgb
from lightgbm import LGBMClassifier


# 准备数据，目标变量是二分类变量
ds_cancer = load_breast_cancer()
data=ds_cancer.data
target = ds_cancer.target
X_train,X_test,y_train,y_test =train_test_split(data,target,test_size=0.3)


# 定义分类器
lgbm = LGBMClassifier(boosting_type="gbdt", class_weight=None, colsample_bytree=
    0.7,
                                isunbalance=True, learning_rate=0.01, max_bin=15,
                                max_depth=1, min_child_samples=100, min_child_
                                    weight=1,
                                min_split_gain=0.04, n_estimators=100, num_
                                    leaves=32,
                                objective="binary", random_state=27, subsample=
                                    0.8, subsample_freq=1)


# 显示模型对象参数
lgbm.get_params()

# 拟合模型
lgbm.fit(X_train,y_train)


# 获得模型对象的属性
lgbm.classes_
lgbm.feature_importances_
```

```
lgbm.n_classes_
lgbm.n_features_
lgbm.objective_


# 模型预测
y_train_predict_proba=lgbm.predict_proba(X_train)


# 模型评估
fpr,tpr,pct = roc_curve(y_train, y_train_predict_proba[:,1]) # ROC 曲线计算 FPR 和
                                                               TPR 序列值
ks=abs(fpr-tpr).max() #KS 指标
plt.plot(tpr,"b-",label="TPR")
plt.plot(fpr,"b--",label="FPR")
plt.title("KS Curve")
lt.legend()roc_auc_score(y_train, y_train_predict_proba[:,1])# AUC 指标基于真实标
                                                         签和预测概率评分
plot_precision_recall_curve(lgbm,X_train,y_train)
plot_roc_curve(lgbm,X_train,y_train)

# 调用 lightGBM 函数绘制相关图
lgb.create_tree_digraph(lgbm,tree_index=1)
lgb.plot_importance(lgbm)
lgb.plot_tree(lgbm,tree_index=1,figsize=(12,9))
```

程序运行结果如图 15-1 ～图 15-3 所示。

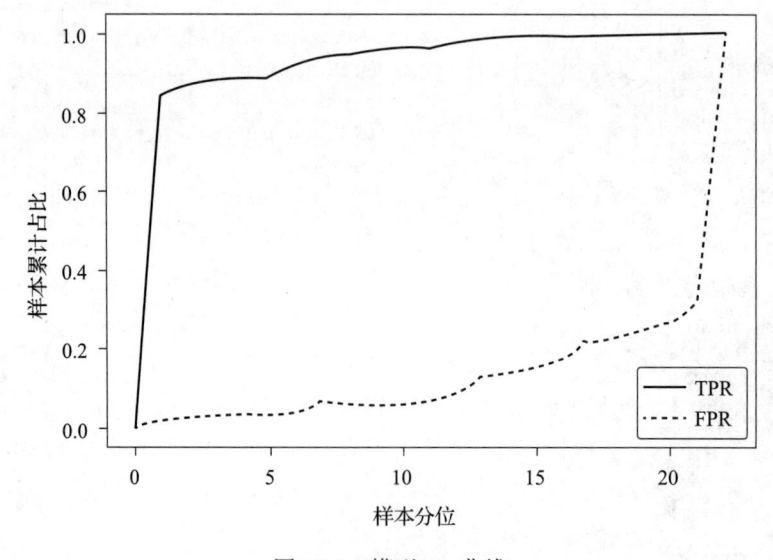

图 15-1 模型 KS 曲线

图 15-2　模型 PR 曲线

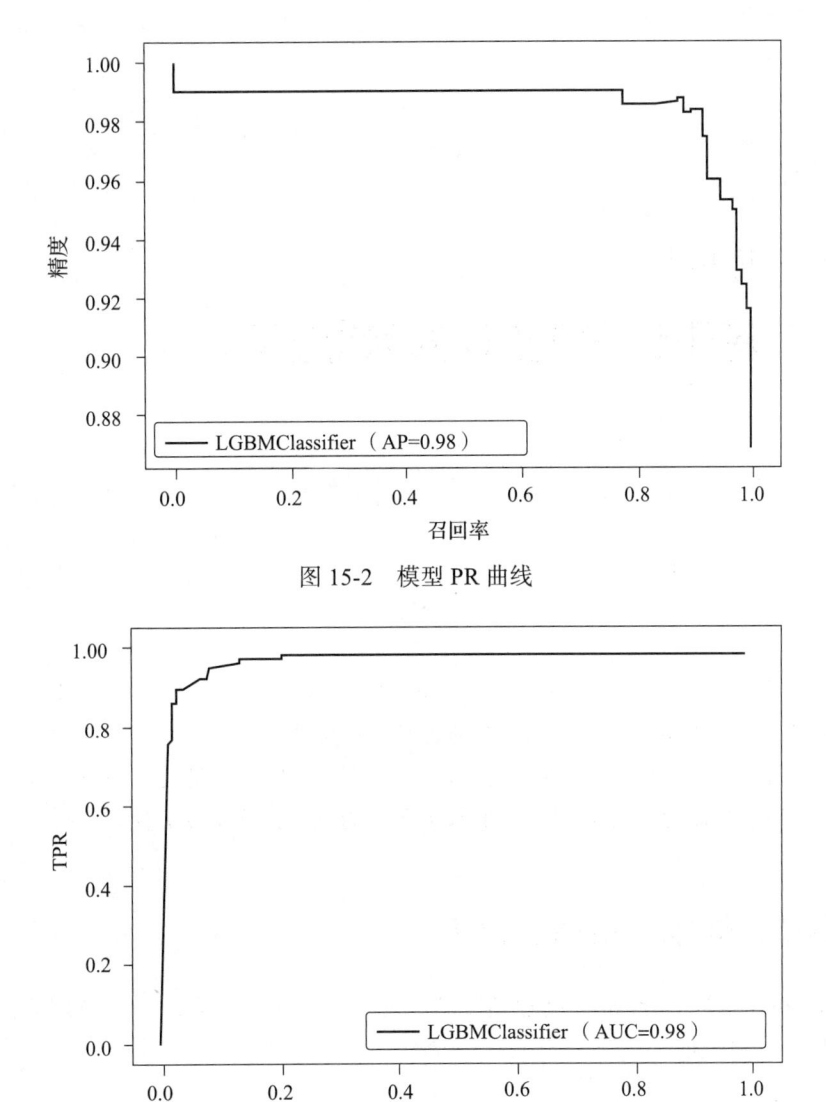

图 15-3　模型 ROC 曲线

15.4　本章小结

本章比较了传统评分卡模型和高维机器学习模型的差异，读者需要根据不同应用场景将两种工具结合使用。本章还分别介绍了高维机器学习建模最常用的 XGBoost 和 LightGBM 算法模型的原理以及 Python 开源工具包的使用，并给出了使用这两个模型建立预测模型的示例。

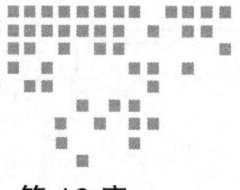

第 16 章

基于评分的风控策略应用

前面章节全面介绍了评分卡模型建模的流程及方法，评分卡模型只是业务应用的工具和抓手，需要在风控策略中得到应用才能体现其业务价值。

本章介绍基于评分的风控策略应用，首先介绍策略的概念及其与模型、规则的联系和区别，然后以贷前自动化审批为例，介绍基于评分的风控策略构建方法。

16.1 模型、规则、策略、政策

在风险分析实践中，经常会接触到模型、规则、策略和政策，本节将介绍它们的概念和定义以及联系和区别。

1. 概念和定义

模型的概念比较好理解。模型是基于一定的假设，通过统计学习和最优化方法求解出最优参数的一种结构。在风控实践中，最常用的模型是评分卡模型。除了评分卡模型，还有很多机器学习和深度学习模型，例如非监督、半监督、最优化模型等，以及自然语言模型、知识图谱模型等。

策略是在一定约束条件下为达成特定业务目标而制订的差异化应对方案。策略是一个相对抽象的概念，只要是服务于业务目标提升的方法，都可以是策略。风险策略从属于风险战略和风险政策约束。

规则是条件和决策结果的集合，即在一定条件下对应的决策结果，在业务中的具体体现为 if-else 组合，基于规则的决策过程类似于决策树。

政策是银行信贷政策部门制定的业务准许性和指导性规定，是业务部门强制或建议遵守和执行的基本原则。政策决定了"什么可做、什么不可做"。

2. 联系与区别

模型、策略、规则、政策四者之间相互关联且有所区别。在业务实践中有些观点将模型和策略视作平行对等关系，严格地说，这种观点并不准确。

模型主要为策略设计提供工具抓手，策略设计可以基于模型，也可以不基于模型。策略最主要的落地形式是规则，除了规则这种形式之外，策略也可以体现为其他形式，比如运营流程优化、获客渠道优化等。政策是顶层要求，策略从属于政策。

16.2 基于评分的贷前自动化审批策略

本节重点介绍基于评分的策略构建，这里主要针对贷前自动化审批设计策略。

16.2.1 贷前审批环节需要解决的问题

信贷审批需要着力解决的问题（优化目标）是在限定审批资源的前提下，提升审批效率和业务量，同时控制风险和降低运营成本，主要体现为以下 3 个核心业务指标。

1）审批通过率：审批通过率决定了业务发展规模，如果审批通过率太低，会制约业务规模的增长。

2）自动审批率：自动审批率决定了审批时效和审批成本。借助评分卡模型和决策引擎，可以实现审批过程的全自动化。提升全自动审批率，可以有效降低人工成本，缩短审批时间，提高审批效率。

3）坏账率：风险成本，坏账率也是考核风险管理工作最核心的指标。

一般来说，在不改变策略其他因素的情况下，提升审批通过率的同时会导致坏账率提升。

16.2.2 线上信贷业务流程和风控流程

当前零售信贷，特别是消费信贷业务逐步发展为线上化和纯信用化，线上渠道主要包括银行自建线上渠道（手机 App、微信 H5、网上银行等）以及合作导流渠道（通过贷超导流、线上助贷等，一般以 API 方式接入），总体业务流程如图 16-1 所示。

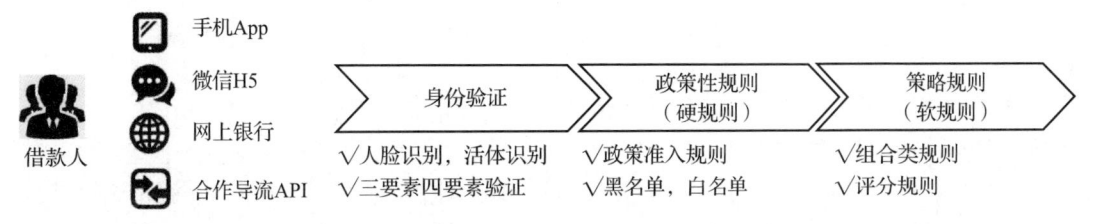

图 16-1　线上业务流程

线上业务的风控流程如图 16-2 所示。

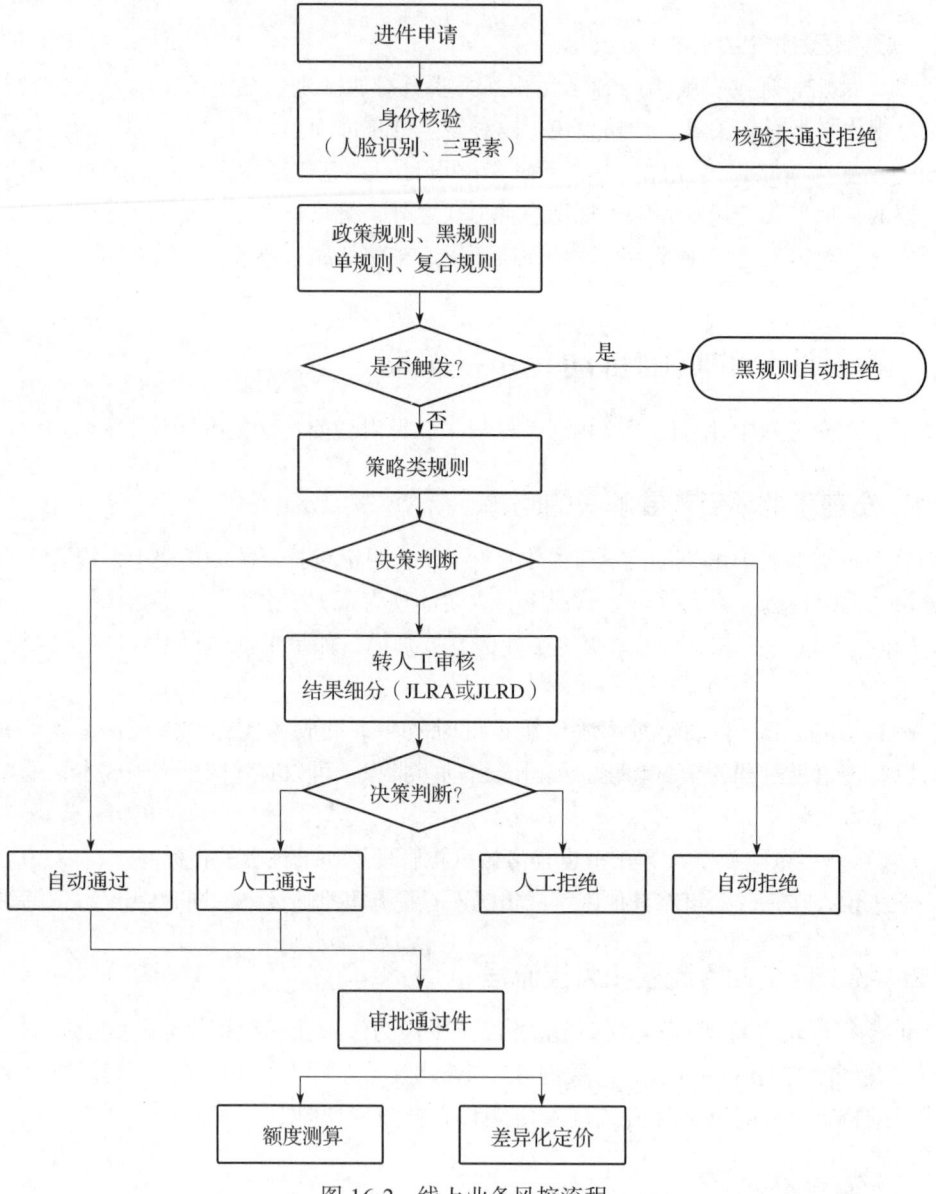

```
                    进件申请
                       ↓
                    身份核验
                  （人脸识别、三要素） ——→ 核验未通过拒绝
                       ↓
                  政策规则、黑规则
                  单规则、复合规则
                       ↓
                   是否触发？ ——是——→ 黑规则自动拒绝
                       ↓否
                    策略类规则
                       ↓
                    决策判断
                       ↓
                   转人工审核
                结果细分（JLRA或JLRD）
                       ↓
                   决策判断？
          ↙          ↓         ↓          ↘
      自动通过    人工通过    人工拒绝    自动拒绝
                       ↓
                   审批通过件
                   ↙       ↘
               额度测算    差异化定价
```

图 16-2 线上业务风控流程

图 16-2 所示的风控流程是实际业务风控决策流程的简化和抽象，实际工作中的风控流程更加复杂，特别是需要考虑跨多个信息系统的数据和信息交互（包括但不限于：前端渠道系统、信贷业务系统、风险决策前置系统、数据集市、模型引擎、规则引擎、知识图谱平台等）。因为本章聚焦评分的策略应用，所以对全风控流程做了上述简化和抽象。

16.2.3 基于评分构建贷前审批策略

根据可用的评分数据情况，可以采用多种基于评分的审批策略，包括单评分应用策略、多评分交叉应用策略、评分用于决策树、规则与评分交叉应用策略等。

1. 单评分应用策略

单评分应用策略基于单一评分，通过设置切分阈值决定自动通过（AA）、自动拒绝（AD），基本原理如图 16-3 所示。

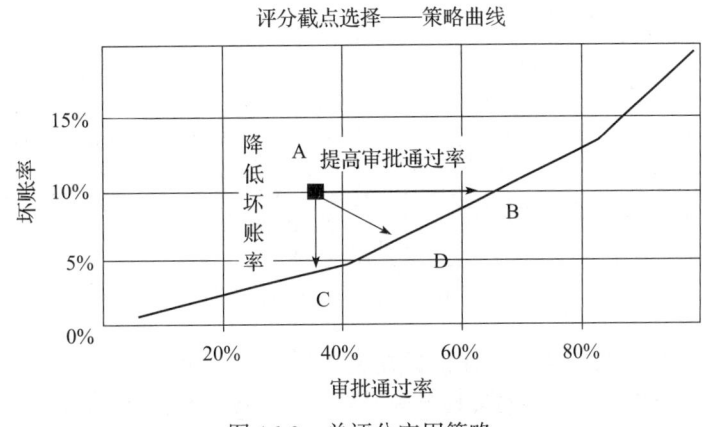

图 16-3　单评分应用策略

如图 16-3 所示，假设当前（在应用新评分之前）审批通过率为 36%，坏账率为 10%，对应于图中 A 点，如果评分卡模型有效，则审批效率曲线如图中折线所示，可以按如下方式构建审批策略。

1）保持坏账率不变，使用评分可以将审批通过率提升到 73%，对应于图中 B 点。
2）保持通过率不变，使用评分可以将坏账率降低到 4.8%，对应于图中 C 点。
3）平衡通过率和坏账率，提升审批通过率，降低坏账率，对应于图中 D 点。

上面的介绍针对全自动化审批业务，即只保留自动通过、自动拒绝，无须人工审批（记为 JL）。对于非全自动化审批业务，也可以根据信用审批人力资源可支持的业务容量情况，保留一部分业务转人工审批，同时根据风险评分对转人工审批部分细分为建议通过（记为 JLRA）和建议拒绝（记为 JLRD），供人工审批时参考。

2. 多评分交叉应用策略

多评分交叉应用策略基于双评分，实现"双保险"。因为各评分都会有一定的预测错误概率，所以两个评分都是低或高风险时，可以结合使用，这样对贷款风险的判断会更有把握。多评分交叉应用策略通过设置切分阈值决定是自动通过还是自动拒绝。

对于多评分交叉应用策略中的两个评分，可以分别按评分分为 5 或 6 个分值区段。比较理想的情况是，多评分交叉应用策略中两个评分应当具有一定的相关性，但相关性又不能太高。如果相关性太高，两个评分互补性低，此时做多评分交叉应用策略的提升效果不大。按两个评分做上述切分后，会得到多行多列的交叉矩阵，统计每个单元格的坏账率，比较理想的情况是分值呈现较明显的阶梯状分布，即左上角坏账率最高，右下角坏账率最低。

接下来按坏账率水平进行划分，将单元格依次分类为超高风险（HH）、高风险（H）、中风险（M）、低风险（L）、超低风险（LL）共5档，设置各档坏账率切分阈值，最终策略决策结果如图16-4所示。

风险等级	Cutoff	#Total	#Bad	%Total	%Bad	BadRate
HH	14.00%	100	16	1.00%	2.94%	16.00%
H	8.00%	2275	225	22.75%	41.33%	9.89%
M	4.20%	3375	197	33.75%	36.20%	5.84%
L	1.80%	2625	84	26.25%	15.37%	3.19%
LL	0.00%	1625	23	16.25%	4.16%	1.39%
合计		10 000	544			5.44%

图16-4 多评分交叉策略结果

比较理想的策略结果是各档总样本量控制在业务目标范围内，各档坏账率呈现显著的单调性趋势。在实际项目中，一般很难得到严格的阶梯状单调趋势，此时需要多次调整切分阈值。

3. 评分用于决策树

直接将评分用于策略决策树也是常用的思路，具体做法如下。

1）确定策略决策树细分维度，通常按照渠道、产品、担保方式、期限、征信情况进行维度细分。

2）使用交互式决策树工具进行策略构建（例如SAS Enterprise Miner建模软件的交互式决策树工具、FICO Model Builder建模软件里的决策树工具），放入细分维度，同时增加风险评分，以交互式方式生成决策树。

3）从业务角度评估策略决策树的合理性，将结果作为最终策略。

使用决策树方法的好处是可以融合多个风险细分维度，灵活性更高，避免了单评分切分阈值或交叉矩阵方法中的评分一刀切造成区分能力不足的问题。

4. 规则与评分交叉应用策略

可以考虑将规则和评分结合起来使用构造策略，使规则的区分能力更强，评分对风险的划分更精细。通常将规则分为如下两类。

1）政策类规则：政策类规则是硬规则，只要触发就会拒绝。

2）策略类规则：按照重要性分为高、中、低三档。

规则决策结果包括：未触发、R（通过）、RD（建议拒绝）、D（拒绝）。

评分部分按照单评分阈值划分后，决策结果包括 SA（评分自动通过）、SRA（评分建议通过）、SR（评分人工审核）、SRD（评分审慎审核）、SD（评分快速拒绝）。

可以综合使用规则和评分形成交叉矩阵来构建策略，原理如图 16-5 所示。

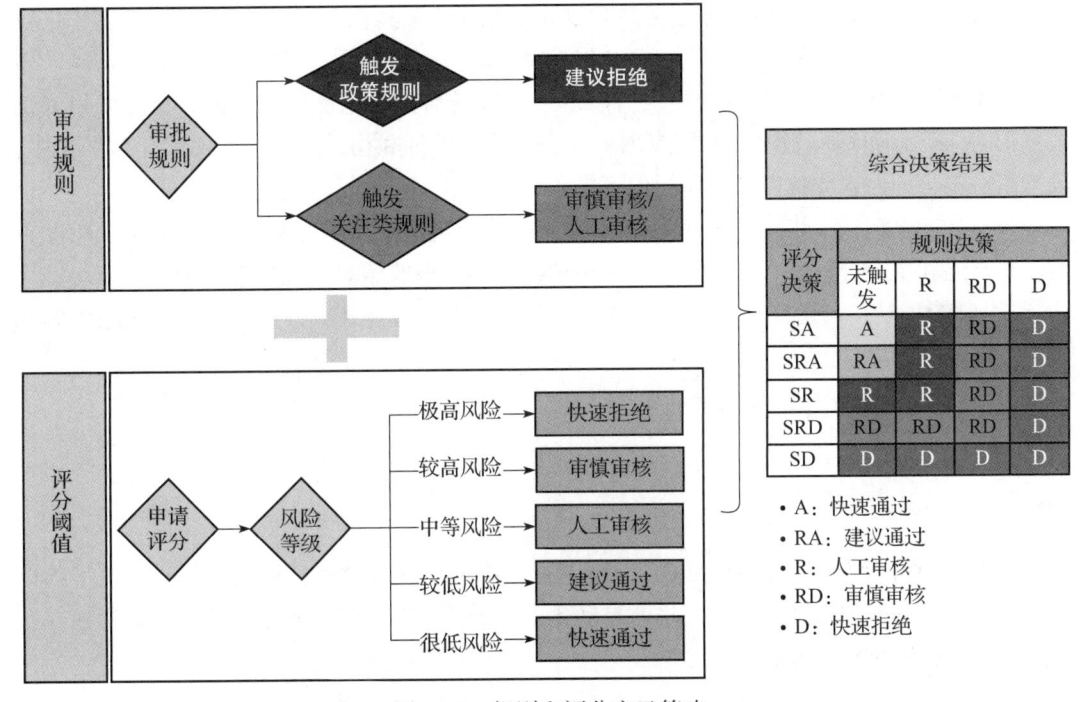

评分决策	未触发	R	RD	D
SA	A	R	RD	D
SRA	RA	R	RD	D
SR	R	R	RD	D
SRD	RD	RD	RD	D
SD	D	D	D	D

- A：快速通过
- RA：建议通过
- R：人工审核
- RD：审慎审核
- D：快速拒绝

图 16-5　规则和评分交叉策略

16.2.4　贷前审批策略经济效益测算

在构建贷前审批策略时，需要与旧策略进行比较，对新审批策略的效果和价值进行测算，评估新策略的经济价值。

对于贷前审批策略，主要关注如下业务指标。

1）审批通过率提升百分比。

2）自动审批率提升百分比。

3）坏账率降低百分比。

新策略能带来的经济价值来自以下两方面。

1）决策价值提升：新策略对好坏样本识别效果更好、预测更准。

2）运营成本降低：直接体现为节省人工审批运营成本和因运营审批时效提升带来的时间成本。

通过上述测算，直接得到新策略（相对于旧策略）净增收益，通过策略净增收益可以很直观地评估出策略价值。

16.3 智能风控领域的更多策略

策略构建是相对灵活的，兼具技术性和艺术性，需要结合具体业务和数据情况灵活分析，好比武林拳法，虽有一定的套路（固定招式），但也需要灵活应变。总的来说，策略构建的思想原则上是基于模型评分这把风险度量的尺子（工具抓手），结合多风险维度，进行客群精细化风险细分。从本质上讲，多数风控策略构建工作就是在做风险细分。

因本书主要定位于评分卡建模，所以本节仅以贷前自动化审批这个最典型的场景为例进行策略构建，介绍模型评分如何应用于业务策略的设计和构建过程中。实际业务场景中，风控策略包含的内容非常广泛，包括但不限于以下场景。

1）信贷场景：外部数据应用策略、信贷反欺诈策略、贷前自动化审批策略、额度策略、差异化利率定价策略、交易欺诈、贷后预警、早期催收策略、晚期催收策略等。

2）营销场景：渠道获客、信用卡激活促动、客户价值提升、存量客户经营策略、客户流失、客户画像等。

3）业务安全场景：账号安全、交易欺诈、商户风险、反洗钱等。

16.4 本章小结

本章重点介绍了基于评分的风控策略应用，首先介绍了模型、规则、策略、政策的概念和定义以及联系和区别，之后以贷前自动化审批场景为例介绍了基于评分的策略构建，并简要介绍了智能风控领域更多的策略。

推荐阅读

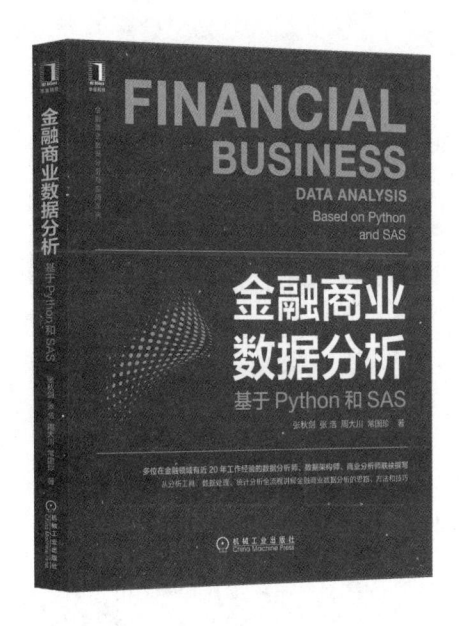

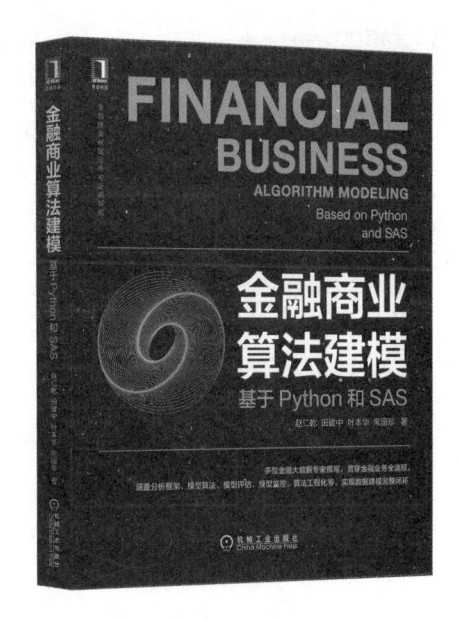

金融商业数据分析：基于Python和SAS

本书贴合金融行业的分析软件环境，将新兴的Python与传统的SAS相结合，以便于读者快速掌握相关技术。本书共14章，分为3篇。软件基础篇（第1～4章）：介绍了SAS EG的菜单操作和Python的快速入门。数据处理篇（第5～9章）：从构建统计指标和数据可视化开始讲解，将数据查询、数据整合与数据清洗相结合，构建出满足分析需求的数据集。统计分析篇（第10～14章）：从假设检验开始讲解，介绍如何从业务洞察中获取灵感，然后用数据验证灵感，并且将得到的灵感构建成统计模型，以便预测客户的未来价值或者营销响应的概率。

金融商业算法建模：基于Python和SAS

本书针对决策类、识别类、优化分析类三大主题，独创九大模板：客户价值预测、营销响应预测、细分画像、交叉销售、申请反欺诈、违规行为识别、预测、运筹优化、流程挖掘，详细讲解了每个模板的算法原理、评估方法、优化方法和应用案例等，内容上极力做到准确、明晰、直观与实用。

此外，本书还对数据科学项目中比较容易被忽视的内容做了补充，包括模型评估、模型监控、算法工程化，指导读者构建易读、高效、健壮的数据科学工程。

推荐阅读

智能风控：Python金融风险管理与评分卡建模

本书基于Python讲解了信用风险管理和评分卡建模，用漫画的风格，从风险业务、统计分析方法、机器学习模型3个维度展开，详细讲解了信用风险量化相关的数据分析与建模手段，并提供大量的应用实例。作者在多家知名金融公司从事算法研究工作，经验丰富，本书得到了学术界和企业界多位金融风险管理专家的高度评价。

全书一共9章，首先介绍了信用风险量化的基础，然后依次讲解了信用评分模型开发过程中的数据处理、用户分群、变量处理、变量衍生、变量筛选、模型训练、拒绝推断、模型校准、决策应用、模型监控、模型重构与迭代、模型报告撰写等内容。

所有章节都由问题、算法、案例三部分组成，针对性和实战性都非常强。

智能风控：原理、算法与工程实践

本书基于Python全面介绍了机器学习在信贷风控领域的应用与实践，从原理、算法与工程实践3个维度全面展开，包含21种实用算法和26个解决方案。

作者是智能风控、人工智能和算法领域的资深专家，曾在多家知名金融科技企业从事风控算法方面的研究与实践，经验丰富，本书得到了风控领域10位专家的高度评价。

智能风控与反欺诈：体系、算法与实践

这是一部指导信贷业务如何用智能风控、反欺诈的技术和方法实现风险控制的著作。本书不仅体系化地讲解了智能风控和反欺诈的体系、算法、模型以及它们在信贷风控领域实践的全流程，还从业务和技术两个角度讲解了传统的金融风控体系如何与智能风控方法实现双剑合璧。

作者是资深的智能风控算法专家，先后就职于头部的互联网公司的金融部门以及头部的公募基金公司，致力于人工智能算法在信贷风控领域的应用。